高等学校应用型本科创新人才培养计划系列教材

高等学校金融与财务专业课改系列教材

Excel 数据处理与财务分析
（第二版）

青岛英谷教育科技股份有限公司

李 娜　董 腾　吕长青　　　　编著

西安电子科技大学出版社

内 容 简 介

本书全面解析了 Excel 函数与公式的核心技术特性及其在财务分析领域的应用策略，不仅详细剖析了这些工具背后的数学原理与财务理论基础，还通过精心挑选的实践案例，为读者构建了一个系统化、结构化的知识体系，使读者能够熟练掌握 Excel 在复杂财务分析中的高效应用技巧。

全书共 9 章，主要内容包括：简单数据分析、图表的应用、数据透视表的应用、函数的应用、往来账款管理与分析、存货与固定资产的管理与分析、员工工资计算与分析、收入及成本分析、财务分析。

本书适合各层次的 Excel 用户，无论是初学者还是中高级用户，都能从中获得有价值的指导。书中的大量实例不仅适合学习，也适合直接在工作中应用，方便读者将理论知识转化为实际操作技能。

图书在版编目（CIP）数据

Excel 数据处理与财务分析 / 青岛英谷教育科技股份有限公司
等编著. -- 2 版. -- 西安 ： 西安电子科技大学出版社, 2025. 8.
ISBN 978-7-5606-7749-1

Ⅰ. TP391.13; F275-39

中国国家版本馆 CIP 数据核字第 2025H88B25 号

Excel 数据处理与财务分析 (第二版)
Excel SHUJU CHULI YU CAIWU FENXI (DI-ER BAN)

策　　划	毛红兵	
责任编辑	刘炳桢　毛红兵	
出版发行	西安电子科技大学出版社（西安市太白南路 2 号）	
电　　话	（029）88202421　88201467	邮　　编　710071
网　　址	www.xduph.com	电子邮箱　xdupfxb001@163.com
经　　销	新华书店	
印刷单位	陕西日报印务有限公司	
版　　次	2025 年 8 月第 2 版	2025 年 8 月第 1 次印刷
开　　本	787 毫米×1092 毫米　1/16	印　　张　17.5
字　　数	411 千字	
定　　价	50.00 元	

ISBN 978-7-5606-7749-1

XDUP 8050002-1

*** 如有印装问题可调换 ***

本书编委会

❖❖❖ 前　　言 ❖❖❖

Excel 是 Microsoft Office 办公软件套件中的关键组件，它以卓越的表格和图表制作能力以及数据分析功能而闻名。Excel 在全球范围内广受欢迎，尤其在行政管理、财务会计和金融统计等领域发挥着重要作用。

党的二十大提出了推动高质量发展的要求。对于企业来说，在财务工作中要注重提高经济效益和质量，优化资源配置，降低运营成本，提高盈利能力。为此，企业应当加强预算管理，制定合理的预算方案，确保各项财务目标的实现；同时要关注市场动态和竞争态势，及时调整财务策略，以应对市场变化和风险挑战。

在财务领域，Excel 的应用至关重要。它不仅为财务人员提供了高效的数据处理工具，还推动了财务管理的科学化和精细化。Excel 的核心功能包括表格处理、图形绘制、函数计算、数学模型支持以及外部数据集成，这些功能满足了不同层次财务工作的需求。利用这些工具，财务决策者可以更清晰地理解财务数据，迅速掌握公司的财务状况，从而做出更准确的财务决策和预算。

鉴于 Excel 在职场中的重要性，掌握其操作已成为许多专业人士必备的技能。为此，我们编写了本书。本书以 Excel 2016 为蓝本，采用由浅入深、循序渐进的方式，系统介绍了 Excel 的操作和应用。本书共 9 章，内容包括简单数据分析、图表的应用、数据透视表的应用、函数的应用、往来账款管理与分析、存货与固定资产的管理与分析、员工工资计算与分析、收入及成本分析、财务分析。书中结合企业真实案例展开介绍，旨在帮助读者将理论知识与实际操作相结合，避免仅停留在理论层面，确保能够熟练运用 Excel 进行实际的财务分析工作。

本书在编写过程中吸收了有关 Excel 2016 版本的理论和实践的最新成果，力求将科学性与趣味性相结合、理论性与实践性相统一。理论部分采用常用操作案例进行介绍，体现了学做结合的完整工作流程，语言表述通俗易懂。实践部分则为读者设计了一些较为简洁易懂的案例，以帮助读者轻松、有效地学习 Excel。

本书具有以下特色：

(1) 知识安排以需要为主线。本书在编写时充分考虑了财务相关专业的培养目标，简化了理论知识的阐述，紧紧围绕财务工作所需的 Excel 技能选取理论知识。

(2) 结构安排以科学为导向。本书在原有传统课程的基础上进行了改革，将知识点根据读者学习的难易程度以及在工作中应用的频度来安排。此外，本书还重点强化了"应用型"财务技能的学习。

(3) 实例设计以实用为目的。本书案例丰富，各知识要点和主要操作均以实例形式进行讲解，有效帮助读者在学习案例的过程中潜移默化地掌握 Excel 软件的操作技巧。

　　本书由青岛英谷教育科技股份有限公司联合山东航空学院、济宁学院等合作院校共同编写。参与本书编写工作的有山东航空学院李娜老师，济宁学院董腾老师，枣庄学院吕长青老师，以及刘恩国、张建玲、杨宏力、王燕、孟洁、马绪恒等。本书在编写期间得到各合作院校专家及一线教师的大力支持。在此，衷心感谢每一位老师与同事为本书的出版所付出的努力。

　　由于编者水平有限，书中难免有不足之处，欢迎大家批评指正！读者在阅读过程中若发现问题或需要本书的相关电子资源，可以通过邮箱(yinggu@121ugrow.com)联系我们。

本书编委会

2025 年 4 月

❖❖❖ 目　　录 ❖❖❖

第1章　简单数据分析

本章目标

- 了解数据填充的方法
- 熟悉数据输入技巧
- 掌握数据验证的操作
- 掌握排序的操作
- 掌握筛选数据列表的操作
- 了解分级显示
- 掌握分类汇总的操作

重点难点

重点：
- ◈ 数据验证的设置
- ◈ 数据列表的排序
- ◈ 筛选数据列表
- ◈ 分类汇总

难点：
- ◈ 数据验证的设置
- ◈ 高级筛选

财务工作的任何环节都离不开数据,借助 Excel 这一强大工具,我们可以更加高效地处理数据,完成各项工作:掌握数据的填充和输入技巧可以提高工作效率;使用数据验证功能可以限制数据输入的内容;使用排序功能可以将杂乱无章的数据按照既定的方式进行排序;使用筛选功能可以快速筛选出满足一定条件的数据;使用分类汇总功能可以汇总数据。本章将通过实例,详细阐述这些基本的 Excel 数据分析功能。

1.1 数据填充与输入技巧

在日常会计处理和财务管理中,经常需要进行大量的数据填充和分析工作。对于相同数据或者有一定规律的数据,可以使用 Excel 的数据填充功能来提高输入的准确性和效率。

1.1.1 自动填充数据

Excel 为用户提供了自动填充功能,可以用于有规律数据的快速输入。当选择一个单元格并将光标移动到单元格右下角时,光标会变成一个细黑"十"字形,这就是填充柄,按住鼠标左键拖动填充柄,即可按指定方式实现单元格的快速填充。

1. 自动重复填充

在工作过程中,有些内容或数据需要重复使用,Excel 可以快速填充重复出现的数据,提高效率。

例 1.1 在工作表的 A1:A10 区域内快速输入相同数字,具体操作步骤如下:

第一步,在单元格 A1 中输入数字 1。

第二步,选择单元格 A1,将光标移至单元格右下角,当光标显示为黑色"十"字形填充柄时,按住鼠标左键向下拖动至单元格 A10,然后释放鼠标,即可在 A1:A10 区域内快速输入多个数字 1,如图 1-1 所示。

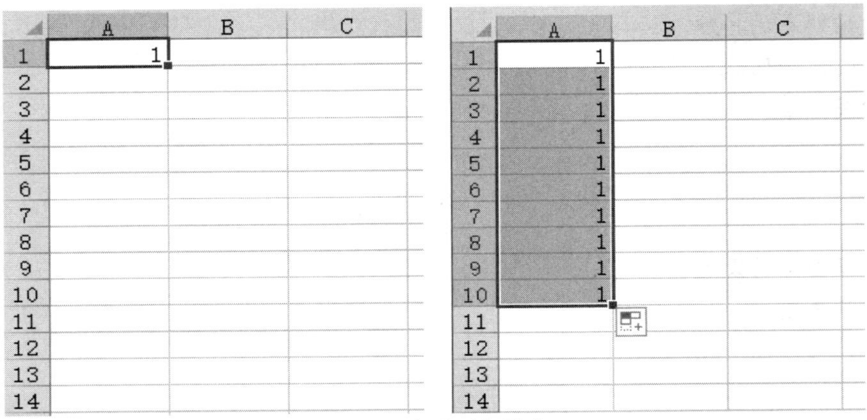

图 1-1 自动重复填充

2. 自动连续填充

Excel 可以自动填充一个连续数字序列。

例 1.2　在工作表的 A1:A10 区域内快速输入 1～10 这 10 个连续数字，具体操作步骤如下：

第一步，在单元格 A1 中输入数字 1，在单元格 A2 中输入数字 2。

第二步，选择 A1:A2 区域，将光标移至单元格 A2 右下角，当光标显示为黑色"十"字形填充柄时，按住鼠标左键向下拖动至单元格 A10，然后释放鼠标，即可在 A1:A10 区域内快速输入 1～10 这 10 个连续数字，如图 1-2 所示。

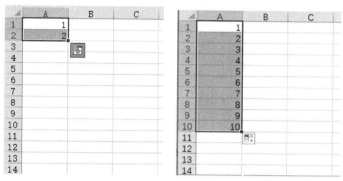

图 1-2　自动连续填充

1.1.2　序列

按一定规律顺序自动填充的数据在 Excel 中被称为序列，如一月、二月、三月……或是星期一、星期二、星期三……用户可以通过设置【自定义序列】来添加新的数据序列，具体操作如下：在【文件】菜单中选择【选项】，在弹出的【Excel 选项】对话框左侧列表中选择【高级】条目，然后在右侧界面中单击【常规】栏下的【编辑自定义列表】按钮，在弹出的【自定义序列】对话框中选择所需的序列，然后单击【确定】按钮，如图 1-3 所示。

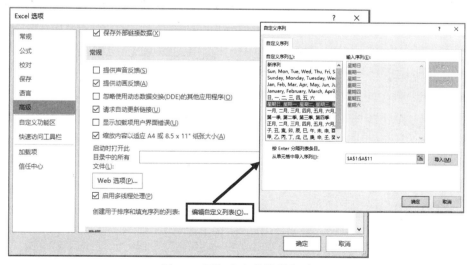

图 1-3　添加自定义数据序列

Excel 自定义序列元素的个数上限为 421 个，多数日常使用的序列都已被系统列为可识别的序列。

当在第一个单元格中输入序列数据时，自动填充功能会默认以连续方式进行填充；但如果该数据是非序列的数值，则会默认进行该数值的重复填充，如图 1-4 所示。

Excel 的自动填充序列功能非常灵活，并非只能从序列的第一个元素开始填充，它可以从任意一个元素开始。当填充的数据到达序列尾部时，下一个单元格就会自动获取序列开头的数据，循环进行填充，如图 1-5 所示。

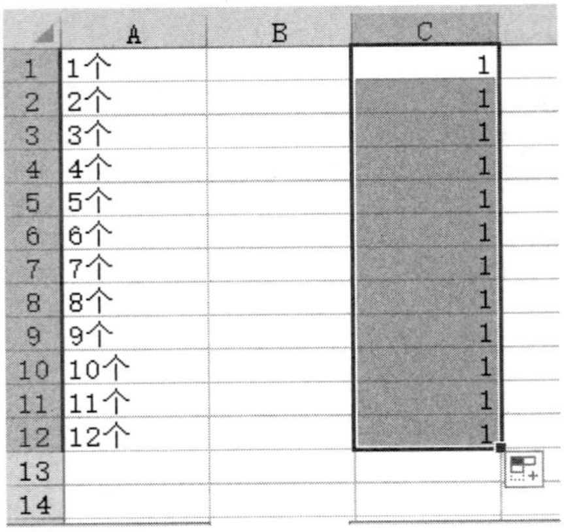

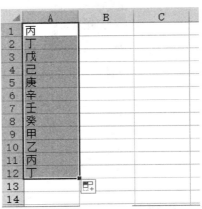

图 1-4　序列的连续填充　　　　　　图 1-5　序列的循环填充

当在第一个、第二个单元格中输入有间隔的序列元素，再同时选中两个单元格时，Excel 会自动按照间隔相同的规律进行填充。例如，在第一个、第二个单元格中分别输入数字 1 和 3，再在两个单元格同时选中的状态下，拖动右下角填充柄进行填充，就可以实现固定间隔的数据填充，即填充结果为一个单数序列，如图 1-6 所示。

如果输入的初始内容无任何规律可循，则 Excel 不会把它视为序列，此时若使用填充柄进行自动填充就不会进行序列填充，而是仅进行简单的重复填充。例如，在第一至第三个单元格中分别输入 A、F、O，再在三个单元格同时选中的状态下，拖动右下角填充柄进行填充，效果如图 1-7 所示。

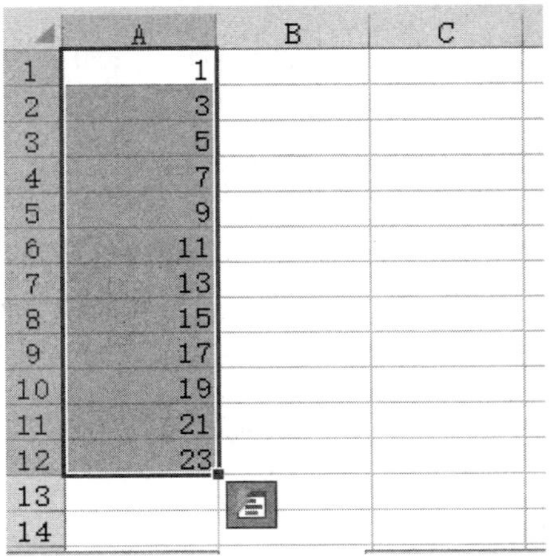

图 1-6　固定间隔序列填充 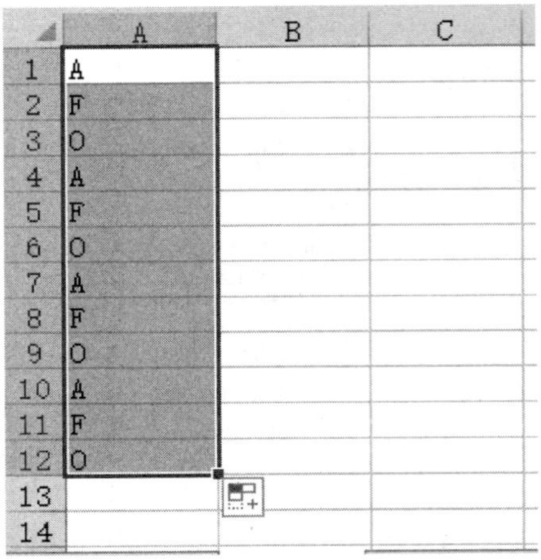　　　　　　图 1-7　无规律重复序列填充

1.1.3　填充选项菜单

在 Excel 中进行自动填充后，会在填充区域的右下角显示【自动填充选项】按钮，单击【自动填充选项】按钮即可打开扩展菜单，出现更多填充选项。扩展菜单中的选项内容取决于所填充的数据类型，如图 1-8 所示。

Excel 可以通过右键快捷菜单来设置填充选项，具体方法为：当光标变为填充柄时，按住鼠标右键拖动至所需位置后释放鼠标，即可弹出一个快捷菜单，其中包含了所有数据类型的填充选项，但只有与所填充的数据类型相匹配的选项可选，不匹配的选项则显示为不可选的灰色，如图 1-9 所示。

图 1-8　【自动填充选项】按钮菜单

图 1-9　右键填充选项菜单

1.1.4　强制换行

在 Excel 单元格中输入大量文字信息时，默认是不对文字进行换行的，这样的文字信息很难在一个单元格中完整显示出来，需要移动光标才能查看全貌。使用自动换行功能可以在一定程度上改善这种状况，但换行的位置不能灵活控制，只能根据列宽来决定。此时就可以使用强制换行功能来解决这一问题。例如，当单元格处于编辑状态时，将光标放在需要换行的位置，按下键盘的【Alt + Enter】组合键，即可实现强制换行。

 使用强制换行功能后，系统会自动勾选【单元格属性】中的【自动换行】复选框，如果取消该复选框的勾选，已被强制换行的单元格内文字会显示为单行，但编辑栏中依然保留换行后的效果，如图 1-10 所示。

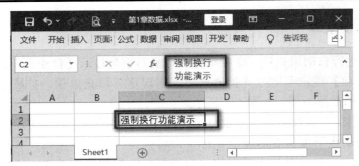

图 1-10　取消【自动换行】复选框后的效果

1.1.5　在多个单元格内同时输入相同数据

在 Excel 工作表的多个单元格内同时输入相同的数据，有以下三种方法：

(1) 在一个单元格中输入数据，再复制到其他单元格内；

(2) 先在一个单元格中输入数据，再使用填充柄对其他单元格进行自动填充；

(3) 同时选中需要输入相同数据的多个单元格，输入所需数据，然后按【Ctrl + Enter】组合键确认，即可在所有选中的单元格内复制出相同的数据。

1.1.6　自动输入小数点

在实际工作中，财务数据往往带有不同位数的小数。如果这些数据需要保留的小数位数相同，可以在 Excel 中设置自动插入小数点，以提高输入效率。

例 1.3　将工作表中所有财务数据保留到小数点后两位，具体操作步骤如下：

第一步，进入【Excel 选项】对话框，选择左侧列表中的【高级】条目，在右侧出现的界面中，勾选【编辑选项】栏下的【自动插入小数点】复选框。

第二步，在【自动插入小数点】复选框下方的【小位数】调整框中，将保留的小数位数设置为"2"，然后单击【确定】按钮，如图 1-11 所示。

图 1-11　设置自动插入小数点

设置完毕后，如需输入"10.1"，则只需输入"1010"，单元格内即会自动显示为"10.1"；如需输入"0.15"，则只需输入"15"，即可在单元格内显示正确数值。

1.1.7　输入指数上标

在 Word 中若要输入指数上标，可以单击导航栏中的【上标】按钮来完成操作，但Excel 中无此功能，而是需要通过设置单元格格式的方法来输入上标。

例 1.4　在当前单元格中显示指数上标，具体操作步骤如下：

第一步，在当前单元格内输入"2090"，然后在单元格中单击鼠标右键，在弹出的菜单中选择【设置单元格格式】，在打开的【设置单元格格式】对话框【数字】选项卡中，将【分类】设置为【文本】，如图 1-12 所示。

图 1-12　将输入的数字设置为文本格式

第二步，在【设置单元格格式】对话框【字体】选项卡中勾选【特殊效果】下的【上标】复选框，然后单击【确定】按钮，如图 1-13 所示。

完成后，单元格内的"2090"就会以上标形式呈现。

图 1-13　将文本设置为指数上标

1.1.8　输入分数

在 Excel 中，如果直接输入分数形式的数据会被识别为日期或者文本，因此需要根据不同情况采用不同的输入方法。

情况一：如果输入的分数包括整数部分，可在整数和分数部分中间输入一个空格，系统就会自动将其识别为分数形式的数值类型。该数据在编辑栏中以数值形式显示，在单元格中则以分数形式显示。例如，在 A1 单元格中输入"1 1/2"后，在编辑栏中的显示效果如图 1-14 所示。

图 1-14　输入分数

情况二：如果输入的分数没有整数部分，可在分数前面输入数字 0，然后输入空格，再输入分数部分。例如，图 1-14 中的 A2 单元格即为输入"0 1/2"后的显示效果。

情况三：如果输入的分数分子大于分母，则系统会自动进行进位运算，以"整数+真分数"的形式显示。例如，图 1-14 中的 A3 单元格即为输入"0 3/2"的显示效果。

情况四：如果输入分数的分子、分母包含大于 1 的公约数，则系统会自动进行约分处理，以最简形式显示。例如，图 1-14 中的 A4 单元格即为输入"0 2/4"后的显示效果。

1.2 数据验证的设置

数据验证是一种高效的数据管理工具，它通过对单元格或单元格区域设置特定的规则，确保输入的数据类型、长度等特征符合预设标准。这一功能不仅提高了数据输入的速度，更保证了数据的准确性和规范性，为数据处理的后续环节奠定了坚实的基础。

1.2.1 设置数据验证的规则

在 Excel 中，数据验证规则需要通过【数据】工具栏的【数据工具】组中的【数据验证】功能来设置。Excel 可以设置整数、小数、序列、日期、时间、文本长度和自定义等七种数据验证规则。

1. 整数

当需要在 Excel 单元格或者单元格区域中输入整数值时，可以通过设置整数数据验证规则来限制输入数据的范围，提高输入的准确度。

例 1.5 设置单元格或单元格区域内为整数值，范围在 1～100 之间，具体操作步骤如下：

第一步，选择需要设置的单元格或单元格区域，在【数据】工具栏的【数据工具】组中选择【数据验证】工具。

第二步，在弹出的【数据验证】对话框中选择【设置】标签，在其中的【允许】下拉菜单中选择【整数】。

第三步，在【数据】下拉菜单中将数据验证的规则设置为【介于】，然后将【最小值】设置为"1"，【最大值】设置为"100"，如图 1-15 所示。

图 1-15 设置整数数据验证规则

2. 小数

小数的数据验证规则设置方法与整数的数据验证规则设置方法类似。

例 1.6 设置单元格或单元格区域内为小数值，范围为小于或等于 1，具体操作步骤如下：

第一步，选择需要设置的单元格或单元格区域，在【数据】工具栏的【数据工具】组中选择【数据验证】工具。

第二步，在弹出的【数据验证】对话框中选择【设置】标签，在其中的【允许】下拉菜单中选择【小数】。

第三步，在【数据】下拉菜单中将数据验证的规则设置为【小于或等于】，然后将【最大值】设置为"1"，即可将输入数据限定在小于或等于 1 的范围内，如图 1-16 所示。

图 1-16 设置小数数据验证规则

3. 序列

有时我们需要在表格中输入几个固定数据中的某一个，此时可以通过设置序列数据验证规则来实现该操作。

例 1.7 设置单元格或单元格区域内为序列值，范围为市场部、销售部、财务部和人资部，具体操作步骤如下。

第一步，选择需要设置的单元格或单元格区域，在【数据】工具栏的【数据工具】组中选择【数据验证】工具。

第二步，在弹出的【数据验证】对话框中选择【设置】标签，在其中的【允许】下拉菜单中选择【序列】。

第三步，在【来源】文本框中输入需要显示的数据范围，多个数据之间用半角状态下的逗号间隔。也可以单击文本框后面的 ⬆ 按钮，然后在表格中选择需要显示的数据范围。

设置完毕，单击设置了序列数据验证的单元格，即可从出现的下拉列表中选择所需数据，如图 1-17 所示。

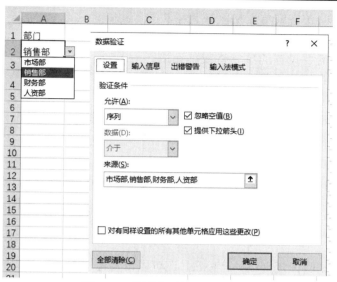

图 1-17　设置序列数据验证规则

4. 日期

如果需要在单元格或单元格区域内输入某个范围的日期型数据，可以通过设置日期数据验证规则来实现该操作。

例 1.8　设置单元格或单元格区域内为日期值，范围为 2022 年 1 月 1 日至 2022 年 12 月 31 日，具体操作步骤如下：

第一步，选择需要设置的单元格或单元格区域，在【数据】工具栏的【数据工具】组中选择【数据验证】工具。

第二步，在弹出的【数据验证】对话框中选择【设置】标签，在其中的【允许】下拉菜单中选择【日期】。

第三步，在【数据】下拉菜单中将数据验证的规则设置为【介于】，然后将【开始日期】设置为"2022 年 1 月 1 日"，【结束日期】设置为"2022 年 12 月 31 日"，如图 1-18 所示。

图 1-18　设置日期数据验证规则

5. 时间

时间数据验证规则与日期数据验证规则的设置类似，如果需要在单元格或单元格区域中输入某个范围的时间值，可以先在【允许】下拉列表中选择【时间】，然后在【数据】下拉列表中设置数据验证的规则，再根据规则要求设置时间范围，即可完成操作。

6. 文本长度

对于一些特殊的数据，如电话号码、身份证号码等长度固定的数据，可以通过设置文本长度数据验证规则来保证数据的准确输入。

例 1.9　设置单元格或单元格区域为手机电话号码，数据长度最大为 11 位，操作步骤如下：

第一步，选择需要设置的单元格或单元格区域，在【数据】工具栏的【数据工具】组中选择【数据验证】工具。

第二步，在弹出的【数据验证】对话框中选择【设置】标签，在其中的【允许】下拉菜单中选择【文本长度】。

第三步，在【数据】下拉菜单中将数据验证规则设置为【等于】，然后将【长度】设置为"11"，如图 1-19 所示。

图 1-19　设置文本长度数据验证规则

7. 自定义

除上述六种数据验证规则以外，Excel 还可以设置【自定义】类型的数据验证规则，即根据需要使用公式来限制输入的数据。

1.2.2　设置数据验证屏幕提示

对单元格设置了数据验证规则后，Excel 可在屏幕上自动显示提示信息，帮助用户正确输入数据。

设置显示数据验证屏幕提示信息的操作步骤为：先在【数据验证】对话框的【输入信息】标签中勾选【选定单元格时显示输入信息】复选框；然后在【标题】文本框中输入提示信息的标题，在【输入信息】文本框中输入提示信息的内容。设置如图 1-20 所示。

图 1-20　设置数据验证屏幕提示

1.2.3　设置数据验证出错警告

默认情况下，在已经设置数据验证规则的单元格中输入不符合规则的数据时，屏幕上会弹出出错警告，提示用户输入的值与已设置的数据验证规则不匹配。

设置显示数据验证出错警告的操作步骤为：先在【数据验证】对话框的【出错警告】标签中勾选【输入无效数据时显示出错警告】复选框；然后在【样式】下拉列表中选择所需的警告样式，最后单击【确定】按钮。设置如图 1-21 所示。

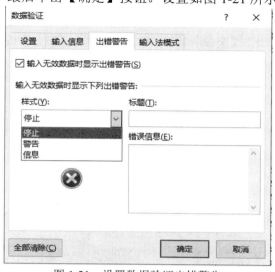

图 1-21　设置数据验证出错警告

出错警告的样式有停止、警告、信息三种，它们分别代表不同级别的警告。

(1) 停止样式：选择【停止】样式后，输入错误数据时，弹出的提示框中会显示【重试】【取消】【帮助】三个按钮，如图 1-22 所示。其中：选择【重试】，单元格进入编辑状态，可重新输入正确的数据；选择【取消】，则直接删除该不符合规则的数据。

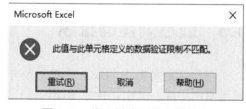

图 1-22　停止样式下的出错警告

(2) 警告样式：选择【警告】样式后，输入错误数据时，弹出的提示框中会显示【是】【否】【取消】【帮助】四个按钮，如图 1-23 所示。其中：选择【是】，系统会自动忽略错误；选择【否】，单元格进入编辑状态，可重新输入正确的值；选择【取消】，则直接删除该不符合规则的数据。

图 1-23　警告样式下的出错警告

(3) 信息样式：选择【信息】样式后，输入错误数据时，弹出的提示框中会显示【确定】【取消】【帮助】三个按钮，如图 1-24 所示。其中：选择【确定】，系统会忽略错误，直接显示输入的数据；选择【取消】，则会删除该不符合规则的数据。

图 1-24　信息样式下的出错警告

1.2.4　清除数据验证

当单元格不再需要设置数据验证时，可以将其清除。清除数据验证后的单元格可以输入任何值，但不会影响之前已经输入的数据。

清除数据验证的操作步骤为：选择要清除数据验证的单元格区域后，在【数据验证】对话框的【设置】标签中单击【全部清除】按钮，然后单击【确定】按钮，如图 1-25 所示。

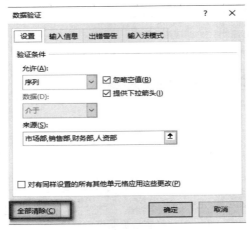

图 1-25　清除数据验证

1.3　数据列表的排序

在日常财务数据的录入、查询及分析的过程中，Excel 的排序、筛选、分类汇总等都属于常用功能。其中，排序功能可以让数据按照特定的顺序排列显示，便于数据的查找。

数据的简单排序是针对 Excel 单元格中的某一列数据进行的，最常用的是升序排列和降序排列，此外还有关键字排序、笔画排序、颜色排序等方式。

1.3.1　升序

升序排列是按照从小到大的顺序进行数据排列，排列后的数据更具规律性，方便查找数据以及观察数据的变化规律。

例 1.10　将图 1-26 所示产品销售统计明细表中的产品按销售单价进行升序排列，操作步骤如下：

第一步，在【销售单价】数列中选择任一单元格，指定作为排序依据的数列。

	A	B	C	D	E	F
1	产品名称	销售数量	销售单价	成本金额	利润率	销售收入
2	A产品	10	1000	600	40.00%	10,000.00
3	B产品	15	1500	1200	20.00%	22,500.00
4	C产品	20	2000	1650	17.50%	40,000.00
5	D产品	18	1600	1200	25.00%	28,800.00
6	E产品	30	800	550	31.25%	24,000.00

图 1-26　某公司产品销售统计明细表

第二步，在【开始】工具栏的【编辑】组中选择【排序和筛选】→【升序】(或者在【数据】工具栏的【排序和筛选】组中单击【升序】工具)，即可将明细表中的产品按【销售单价】数列的值进行升序排列，如图 1-27 所示。

图 1-27　按销售单价将产品升序排列

1.3.2　降序

降序排列与升序排列的顺序相反，但操作步骤基本一致，只是需要单击【排序和筛选】组中的【降序】工具。

例 1.11　将图 1-26 所示产品销售统计明细表中的产品按利润率进行降序排列，操作步骤如下：

第一步，在【利润率】数列中选择任一单元格，指定作为排序依据的数列。

第二步，在【开始】工具栏的【编辑】组中选择【排序和筛选】→【降序】(或者在【数据】工具栏的【排序和筛选】组中单击【降序】工具)，就可以将产品按【利润率】数列的值进行降序排列，如图 1-28 所示。

图 1-28　按利润率将产品降序排列

1.3.3　多个关键字排序

在 Excel 中，除依据某一列数据进行简单排序以外，还可以同时设置多个排序条件(关键字)，让 Excel 按照条件的主次顺序对数据进行排序。

例 1.12 将图 1-26 所示产品销售统计明细表中的产品按名称进行降序排列,按销售数量、销售单价、成本金额、利润率、销售收入进行升序排列,操作步骤如下:

第一步,单击明细表中的任一单元格,在【数据】工具栏的【排序和筛选】组中选择【排序】,在弹出的【排序】对话框中勾选【数据包含标题】,然后将【主要关键字】设置为【产品名称】,【排序依据】设置为【数值】,【次序】设置为【降序】。

第二步,单击【排序】对话框中的【添加条件】按钮,添加多个【次要关键字】,依次设置为【销售数量】【销售单价】【成本金额】【利润率】【销售收入】,将这些次要关键字的【排序依据】都设置为【数值】,【次序】都设置为【升序】,如图 1-29 所示。

图 1-29 设置多个排序条件(关键字)

单击【确定】按钮,完成排序,结果如图 1-30 所示。

	A 产品名称	B 销售数量	C 销售单价	D 成本金额	E 利润率	F 销售收入
1	产品名称	销售数量	销售单价	成本金额	利润率	销售收入
2	E产品	30	800.00	550.00	31.25%	24,000.00
3	D产品	18	1,600.00	1,200.00	25.00%	28,800.00
4	C产品	20	2,000.00	1,650.00	17.50%	40,000.00
5	B产品	15	1,500.00	1,200.00	20.00%	22,500.00
6	A产品	10	1,000.00	600.00	40.00%	10,000.00

图 1-30 按多个条件(关键字)对产品进行排序

1.3.4 按笔画排序

默认情况下,Excel 是按照汉字拼音的首字母顺序对汉字进行排序的,但在对汉字姓氏排序时,按笔画排序更符合中国人的习惯。这种排序的规则是:首先按姓氏的笔画数多少排列;同笔画数内的姓氏再按照起笔顺序排列(依次为横、竖、撇、捺、折);笔画数和起笔顺序都相同的姓氏则进一步按字形结构排列(先左右、再上下、最后整体);而如果姓氏相同,则依次按照姓名的第二、三字排列,排序规则与姓氏相同。

例 1.13 将图 1-31 所示学生信息明细表中的学生按姓氏笔画排序,操作步骤如下:

第一步,选择要排序的数据区域中任一单元格,指定排序的表格区域。

第二步,在【数据】工具栏的【排序和筛选】组中选择【排序】命令。在弹出的【排序】对话框中,将【主要关键字】设置为【姓名】,【排序依据】设置为【数值】,【次序】设置为【升序】。

	A	B	C	D
1	姓名	学号	性别	出生年月
2	王宁	20120503101	男	20050422
3	张强	20120503102	男	20050422
4	赵红	20120503103	女	20060430
5	陈小艺	20120503106	女	20060216
6	隋欣欣	20120503105	女	20061015
7	陈凯	20120503107	男	20061015
8	卢雪梅	20120503108	女	20060412
9	路梅雪	20120503109	女	20060318
10	乔晓玲	20120503110	女	20050108

图 1-31　待排序的学生信息明细表

第三步，单击【排序】对话框中的【选项】按钮，在弹出的【排序选项】对话框中选择【笔画排序】，然后依次单击【确定】按钮，完成设置，如图 1-32 所示。

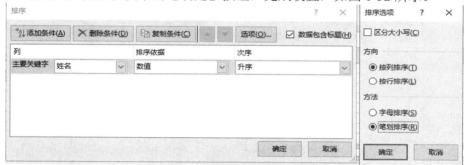

图 1-32　设置按笔画进行排序

排序完成后的学生信息明细表如图 1-33 所示。

	A	B	C	D
1	姓名	学号	性别	出生年月
2	王宁	20120503101	男	20050422
3	卢雪梅	20120503108	女	20060412
4	乔晓玲	20120503110	女	20050108
5	张强	20120503102	男	20050422
6	陈小艺	20120503106	女	20060216
7	陈凯	20120503107	男	20061015
8	赵红	20120503103	女	20060430
9	隋欣欣	20120503105	女	20061015
10	路梅雪	20120503109	女	20060318

图 1-33　按姓氏笔画排序后的学生信息明细表

1.3.5　按颜色排序

在日常工作中，我们经常需要采用更改 Excel 单元格背景色或字体颜色的方式来标注表格中的特殊数据。相应地，Excel 也可以按照单元格和字体的颜色对数据进行排序，使数据的呈现更加直观。

1. 按单一颜色排序

如果在同一表格的同一列中有一种颜色标注的单元格，可以将单元格所在行按照颜色进行排序。

例 1.14 在图 1-34 所示的产品销售统计明细表中，销售数量超过 20 的单元格背景已被设置为黄色，要求按单元格颜色对产品进行排序，将黄色的单元格排在表格顶端，操作步骤如下：

	A	B	C	D	E	F
1	产品名称	销售数量	销售单价	成本金额	利润率	销售收入
2	A产品	10	1000.00	600.00	40.00%	10000.00
3	E产品	30	800.00	550.00	31.25%	24000.00
4	D产品	18	1600.00	1200.00	25.00%	28800.00
5	B产品	15	1500.00	1200.00	20.00%	22500.00
6	C产品	20	2000.00	1650.00	17.50%	40000.00

图 1-34 待排序的产品销售统计明细表

第一步，选择产品销售统计明细表中任意一个黄色单元格。

第二步，单击鼠标右键，在弹出的快捷菜单中选择【排序】→【将所选单元格颜色放在最前面】命令，即可将黄色单元格所在行排在表格顶端，如图 1-35 所示。

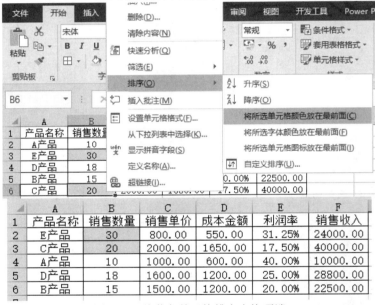

图 1-35 将黄色单元格排在表格顶端

2. 按多种颜色排序

如果在同一表格的同一列中有几个以不同颜色标注的单元格，则可以将单元格所在行按照指定的颜色顺序进行排序。

例 1.15 在图 1-36 所示的产品销售统计明细表中，A 列的单元格有三种不同背景色，要求按照红色、浅绿色、浅蓝色的顺序，对单元格所在行进行排序，操作步骤如下：

	A	B	C	D	E	F
1	产品名称	销售数量	销售单价	成本金额	利润率	销售收入
2	E产品	30	800.00	550.00	31.25%	24,000.00
3	C产品	20	2,000.00	1,650.00	17.50%	40,000.00
4	A产品	10	1,000.00	600.00	40.00%	10,000.00
5	D产品	18	1,600.00	1,200.00	25.00%	28,800.00
6	B产品	15	1,500.00	1,200.00	20.00%	22,500.00

图 1-36 待排序的产品销售统计明细表

第一步，选择待排序表格中的任意一个单元格。

第二步，在【数据】选项卡的【排序和筛选】组中单击【排序】按钮。在弹出的【排序】对话框中，将【主要关键字】设置为【产品名称】，【排序依据】设置为【单元格颜色】，【次序】设置为【▇(红色)】【在顶端】。

第三步，单击【复制条件】按钮，将复制出的两个次要关键字的【次序】分别设置为【▇(浅绿色)】【▇(浅蓝色)】，最后单击【确定】按钮，完成设置，如图 1-37 所示。

图 1-37　指定排序的颜色顺序

排序完成后的产品销售统计明细表如图 1-38 所示。

产品名称	销售数量	销售单价	成本金额	利润率	销售收入
B产品	30	800.00	550.00	31.25%	24,000.00
A产品	10	1,000.00	600.00	40.00%	10,000.00
B产品	15	1,500.00	1,200.00	20.00%	22,500.00
C产品	20	2,000.00	1,650.00	17.50%	40,000.00
D产品	18	1,600.00	1,200.00	25.00%	28,800.00

图 1-38　按指定颜色顺序排序后的产品销售统计明细表

除按单元格背景色排序以外，也可以按单元格中的字体颜色进行排序，只需在【排序】对话框中将【排序依据】设置为【字体颜色】即可。其他操作与按单元格背景色排序相同，此处不再赘述。

1.3.6　按条件格式图标排序

为使单元格中的数据更加直观，我们经常会使用条件格式。单元格的条件格式也可以作为数据的排序依据，即按照条件格式图标进行排序。

例 1.16　在图 1-39 所示的产品销售统计明细表中，要求按【销售收入】一列中的条件格式图标类型进行排序，将黄色矩形条图标所在行排在顶端，红色倒三角图标所在行排在中间，绿色三角图标所在行排在最后，操作步骤如下：

第一步，单击明细表中的任意单元格，指定排序范围。

第二步，在【数据】工具栏的【排序和筛选】组中单击【排序】按钮。在弹出的【排序】对话框中，将【主要关键字】设置为【销售收入】，【排序依据】设置为【单元格图标】，【次序】设置为【▭(黄色矩形条图标)】【在顶端】。

第三步，单击【复制条件】按钮，将复制出的两个次要关键字的【次序】分别设置为【▼(红色倒三角图标)】【▲(绿色三角图标)】，然后单击【确定】按钮，如图 1-40 所示。

	A	B	C	D	E	F
1	产品名称	销售数量	销售单价	成本金额	利润率	销售收入
2	A产品	10	1,000.00	600.00	40.00%	▽ 10,000.00
3	B产品	15	1,500.00	1,200.00	20.00%	▭ 22,500.00
4	C产品	20	2,000.00	1,650.00	17.50%	△ 40,000.00
5	D产品	18	1,600.00	1,200.00	25.00%	▭ 28,800.00
6	E产品	30	800.00	550.00	31.25%	24,000.00

图 1-39　待排序的产品销售统计明细表

图 1-40　设置按条件格式图标类型排序

排序完成后的效果如图 1-41 所示。

	A	B	C	D	E	F
1	产品名称	销售数量	销售单价	成本金额	利润率	销售收入
2	B产品	15	1,500.00	1,200.00	20.00%	▭ 22,500.00
3	D产品	18	1,600.00	1,200.00	25.00%	▭ 28,800.00
4	E产品	30	800.00	550.00	31.25%	▭ 24,000.00
5	A产品	10	1,000.00	600.00	40.00%	▽ 10,000.00
6	C产品	20	2,000.00	1,650.00	17.50%	△ 40,000.00
7						

图 1-41　按条件格式图标类型排序后的产品销售统计明细表

1.3.7　自定义排序

除上述排序方法外，Excel 还可以进行自定义排序，如按照数字顺序或字母顺序等进行排序。进行自定义排序需要先创建一个序列，Excel 会根据该序列对数据进行排序。

例 1.17　在图 1-42 所示的员工档案信息明细表中，要求按照员工的学历高低对员工进行排序，操作步骤如下：

	A	B	C	D	E	F	G	H
1	编号	姓名	性别	出生日期	学历	职务	工资	联系方式
2	1	江雨薇	女	1979-2-2	硕士	主管	¥3,000	6234567
3	2	郝思嘉	女	1980-3-4	本科	副主管	¥2,500	6234568
4	3	林晓彤	女	1980-12-5	本科	员工	¥2,000	7234569
5	4	曾云儿	女	1978-6-1	博士	经理	¥4,500	8234561
6	5	邱月清	女	1980-4-16	本科	员工	¥2,000	8234562
7	6	蔡小蓓	女	1981-1-1	本科	员工	¥2,000	6234562
8	7	尹南	男	1979-12-15	本科	员工	¥1,800	4234564
9	8	薛婧	女	1980-8-9	本科	员工	¥2,000	3234565
10	9	乔小麦	女	1982-7-16	专科	副主管	¥3,000	5211314

图 1-42　待排序的员工档案信息明细表

第一步，按照员工学历的高低顺序创建一个自定义序列。

(1) 新建一张空白工作表，在表中的连续单元格区域(一行或一列单元格)内依次输入"博士""硕士""本科""专科""高中"，并选中该区域。

(2) 选择【文件】菜单中的【选项】命令，在弹出的【Excel 选项】对话框的左侧列表中选择【高级】条目，在右侧界面中单击【常规】栏下的【编辑自定义列表】按钮。

(3) 在弹出的【自定义序列】对话框中，如果右下角【导入】按钮旁边的文本框内已显示了之前选中的区域，则单击【导入】按钮(如果没有，则单击文本框右侧的按钮，再选择输入自定义序列的单元格区域)，然后在左侧的【自定义序列】列表中选择刚才导入的序列，单击【确定】按钮，依次关闭【自定义序列】【Excel 选项】对话框，即可完成自定义序列的创建，如图 1-43 所示。

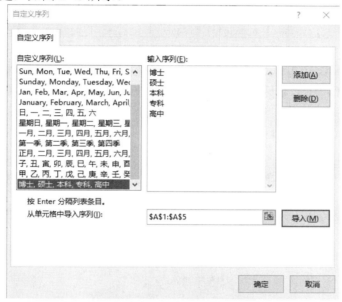

图 1-43　创建作为排序依据的自定义序列

第二步，按照员工学历的高低顺序对员工档案信息明细表进行排序。

(1) 单击待排序数据区域中的任意单元格，指定排序范围。

(2) 在【数据】工具栏的【排序和筛选】组中单击【排序】按钮。在弹出的【排序】对话框中，将【主要关键字】设置为【学历】，【排序依据】设置为【数值】，【次序】设置为【自定义序列】，然后在弹出的【自定义序列】对话框左侧【自定义序列】列表中选择第一步创建的新序列，单击【确定】按钮，排序完成后的员工信息表如图 1-44 所示。

	A	B	C	D	E	F	G	H
1	编号	姓名	性别	出生日期	学历	职务	工资	联系方式
2	4	曾云儿	女	1978-6-1	博士	经理	¥4,500	8234561
3	1	江雨薇	女	1979-2-2	硕士	主管	¥3,000	6234567
4	2	郝思嘉	女	1980-3-4	本科	副主管	¥2,500	6234568
5	3	林晓彤	女	1980-12-5	本科	员工	¥2,000	7234569
6	5	邱月清	女	1980-4-16	本科	员工	¥2,000	8234562
7	6	蔡小蓓	女	1981-1-1	本科	员工	¥2,000	6234562
8	7	尹南	男	1979-12-15	本科	员工	¥1,800	4234564
9	8	薛婧	女	1980-8-9	本科	员工	¥3,000	3234565
10	9	乔小麦	女	1982-7-16	专科	副主管	¥3,000	5211314

图 1-44　按员工学历高低顺序自定义排序后的员工信息表

1.3.8 按行排序

Excel 除可以按列进行排序外，也可以按行进行排序。

例 1.18 在图 1-45 所示的员工档案信息明细表中，要求按照工资数值的升序对员工进行排序，操作步骤如下：

	A	B	C	D	E	F	G
1	姓名	江雨薇	郝思嘉	林晓彤	曾云儿	邱月清	蔡小蓓
2	性别	女	女	女	女	女	女
3	出生日期	1979-2-2	1980-3-4	1980-12-5	1978-6-1	1980-4-16	1981-1-1
4	学历	硕士	本科	本科	博士	本科	本科
5	职务	主管	副主管	员工	经理	员工	员工
6	工资	¥3,000	¥2,500	¥2,000	¥4,500	¥2,000	¥2,000
7	联系方式	6234567	6234568	7234569	8234561	8234562	6234562

图 1-45 待排序的员工档案信息明细表

第一步，选择 B1:G7 区域。在【数据】工具栏的【排序和筛选】组中单击【排序】按钮，在弹出的【排序】对话框中单击【选项】按钮，继续在弹出的【排序选项】对话框中选择【按行排序】，然后单击【确定】按钮，如图 1-46 所示。

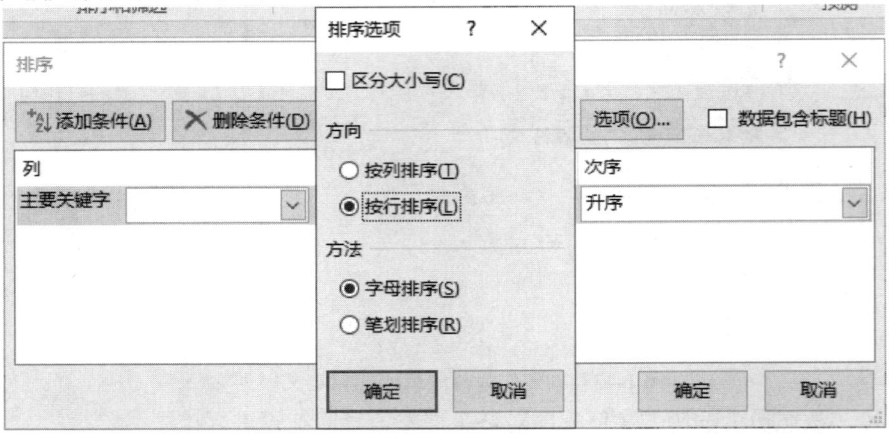

图 1-46 将排序方向改为按行排序

第二步，此时【排序】对话框中的关键字列表框内容由【列】变为了【行】，将【主要关键字】设置为【行 6】，【排序依据】设置为【数值】，【次序】设置为【升序】，然后单击【确定】按钮，如图 1-47 所示。

图 1-47 设置按行排序的条件

排序完成后的表格如图 1-48 所示。

	A	B	C	D	E	F	G
1	姓名	林晓彤	邱月清	蔡小蓓	郝思嘉	江雨薇	曾云儿
2	性别	女	女	女	女	女	女
3	出生日期	1980-12-5	1980-4-16	1981-1-1	1980-3-4	1979-2-2	1978-6-1
4	学历	本科	本科	本科	本科	硕士	博士
5	职务	员工	员工	员工	副主管	主管	经理
6	工资	￥2,000	￥2,000	￥2,000	￥2,500	￥3,000	￥4,500
7	联系方式	7234569	8234562	6234562	6234568	6234567	8234561

图 1-48　按行排序后的员工档案信息明细表

1.4　数据列表的筛选

筛选功能是用 Excel 进行日常财务数据处理分析时频繁使用的功能之一，即只在表格中显示符合用户指定条件的行，同时隐藏其他行。

1.4.1　筛选

对于普通数据列表，通常是先选择待筛选的数据区域，然后单击【数据】工具栏中的【筛选】按钮启动筛选，或者按下【Ctrl + Shift + L】组合键快速启动筛选。

数据列表进入筛选状态后，单击某字段标题单元格中的下拉箭头，会弹出详细的筛选选项菜单，可在菜单下方显示的项目前打勾，设置筛选条件，如图 1-49 所示。

图 1-49　打开筛选选项菜单

筛选完成后，被筛选字段的下拉按钮外观与被筛选出的数据列表的行号颜色都会改变。例如，将【学历】字段的筛选条件设置为"本科"后的筛选结果如图 1-50 所示。

	A	B	C	D	E	F	G	H
1	编号	姓名	性别	出生日期	学历	职务	工资	联系方
3	2	郝思嘉	女	1980-3-4	本科	副主管	￥2,500	6234568
4	3	林晓彤	女	1980-12-5	本科	员工	￥2,000	7234569
6	5	邱月清	女	1980-4-16	本科	员工	￥2,000	8234562
7	6	蔡小蓓	女	1981-1-1	本科	员工	￥2,000	6234562
8	7	尹南	男	1979-12-15	本科	员工	￥1,800	4234564
9	8	薛婧	女	1980-8-9	本科	员工	￥2,000	3234565

图 1-50　筛选完成后的数据列表

1.4.2 按文本特征筛选

对文本型数据字段进行筛选时，筛选选项菜单中会显示【文本筛选】及其扩展选项，选择其中的一项，会弹出【自定义自动筛选方式】对话框，在其中设置逻辑条件，即可按文本特征对文本型数据字段进行筛选，如图 1-51 所示。

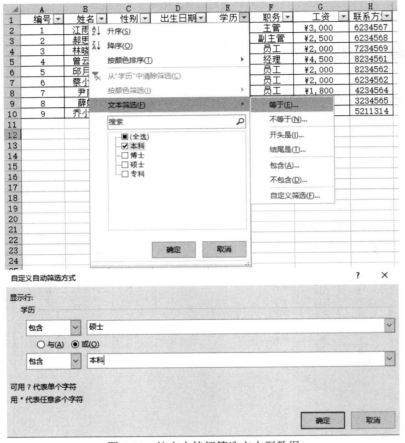

图 1-51 按文本特征筛选文本型数据

1.4.3 按数字特征筛选

对数值型数据字段进行筛选时，筛选选项菜单中会显示【数字筛选】及其扩展选项，在其中设置逻辑条件，即可按数字特征对数值型数据字段进行筛选。

例 1.19 在图 1-42 所示的员工档案信息明细表中，筛选出所有工资高于平均数的员工，操作步骤如下：

第一步，单击【工资】字段标题单元格中的下拉箭头，在弹出的筛选选项菜单中选择【数字筛选】。

第二步，在出现的扩展菜单中选择【高于平均值】，然后单击【确定】按钮，即可筛选出表格中高于平均工资的所有员工，如图 1-52 所示。

图 1-52　按数字特征筛选数值型数据

1.4.4　按日期特征筛选

对日期型数据字段进行筛选时，筛选下拉菜单中会显示【日期筛选】及其扩展选项，在其中设置逻辑条件，或者选择相应的选项，即可按日期特征对日期型数据字段进行筛选，如图 1-53 所示。

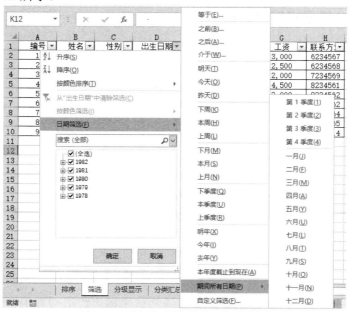

图 1-53　按日期特征筛选日期型数据

1.4.5　按字体颜色、单元格颜色筛选

Excel 支持使用字体颜色或单元格颜色这类特殊标识作为条件来筛选数据。当在待筛选的字段中设置了字体或单元格的颜色时，筛选下拉菜单中的【按颜色筛选】选项就会

变为可用，并显示当前字段中所有用过的字体颜色或者单元格颜色；如果选择【无填充】，则可筛选出所有无填充颜色的单元格，如图 1-54 所示。

图 1-54　按字体或单元格的颜色筛选数据

1.4.6　使用通配符进行模糊筛选

对数据量非常大的表格进行数据筛选时，有时需要筛选出某一类的内容，比如一个大类的产品编号，但这些编号又不完全一致，此时就需要使用通配符来进行模糊筛选。

使用通配符进行模糊筛选，须借助【自定义自动筛选方式】对话框来完成。在模糊筛选中，常用的通配符有以下几种。

(1) 星号(*)：表示匹配任意数量的字符(包括 0 个字符)。

(2) 问号(？)：表示匹配一个字符。

(3) 方括号([ ])：表示匹配方括号内的任意一个字符。

(4) 感叹号(！)：表示匹配不在方括号内的任意一个字符。

(5) 短横线(-)：表示匹配指定范围内的任意一个字符，如 a-z 表示匹配 a 到 z 之间的任意一个字符。

1.4.7　筛选多列数据

对数据列表中的多列同时应用筛选时，通常是先按照数据列表中某一列的筛选条件进行筛选，然后在筛选出的记录中再按另一列的筛选条件进行筛选，以此类推。筛选条件之间的关系是"与"，而不是"或"。

例 1.20　在如图 1-42 所示的员工档案信息明细表中，要求筛选出学历为本科，职务为员工，工资为 2000 的员工，操作步骤如下：

第一步，选择待筛选区域中的任意单元格，在【数据】工具栏的【排序和筛选】组中单击【筛选】按钮，然后单击【学历】字段标题单元格的下拉箭头，在弹出的筛选选项菜单中选择【本科】，如图 1-55 所示。

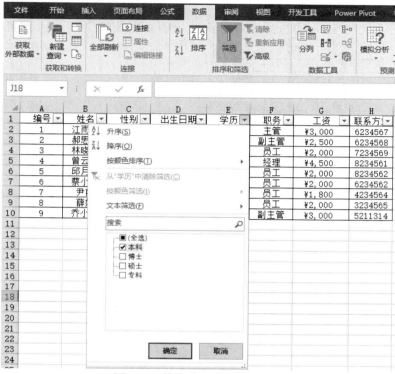

图 1-55　筛选学历为本科的员工

第二步，单击【职务】字段标题单元格的下拉箭头，在弹出的筛选选项菜单中选择【员工】，如图 1-56 所示。

图 1-56　筛选职务为员工的员工

第三步，单击【工资】字段标题单元格的下拉箭头，在弹出的筛选选项菜单中选择【¥2,000】，如图 1-57 所示。

	A	B	C	D	E	F	G	H
1	编号 ▼	姓名 ▼	性别 ▼	出生日期 ▼	学历 ▼	职务 ▼	工资 ▼	联系方 ▼
3	2	郝思嘉	女	1980-3				6234568
4	3	林晓彤	女	1980-12				7234569
6	5	邱月清	女	1980-4				8234562
7	6	蔡小蓓	女	1981-1				6234562
9	7	尹南	男	1979-12				4234564
	8	薛婧	女	1980-8				3234565

升序(S)
降序(O)
按颜色排序(T)
从"工资"中清除筛选(C)
按颜色筛选(I)
数字筛选(F)
搜索
☑（全选）
☐ ¥1,800
☑ ¥2,000
☐ ¥2,500
确定　取消

图 1-57　筛选工资为 2000 的员工

完成全部筛选后的表格如图 1-58 所示。

	A	B	C	D	E	F	G	H
1	编号 ▼	姓名 ▼	性别 ▼	出生日期 ▼	学历 ▼	职务 ▼	工资 ▼	联系方 ▼
4	3	林晓彤	女	1980-12-5	本科	员工	¥2,000	7234569
6	5	邱月清	女	1980-4-16	本科	员工	¥2,000	8234562
7	6	蔡小蓓	女	1981-1-1	本科	员工	¥2,000	6234562
9	8	薛婧	女	1980-8-9	本科	员工	¥2,000	3234565

图 1-58　完成全部筛选后的员工档案信息明细表

1.4.8　取消、复制和删除筛选后的数据

如果需要取消对指定列的筛选，可以在该列的筛选选项菜单中选择【全选】。

如果需要取消对所有列的筛选，可以在【数据】工具栏的【排序和筛选】组中选择【清除】工具，如图 1-59 所示。

图 1-59　清除筛选工具

对筛选结果中的数据进行复制操作时，只会复制可见的行。

同样，如果对筛选结果中的数据进行删除操作，也只会删除可见的行，隐藏的行不受影响。

1.4.9　高级筛选

当筛选的条件比较复杂时，可以分条件进行多次筛选，或者使用高级筛选功能来进行筛选。高级筛选可以看作自动筛选的升级版，它除包含自动筛选的所有功能外，还具备以下功能：

◇ 可以设置更复杂的筛选条件。

◇ 可以将筛选后的结果输出到指定的位置。

◇ 可以筛选出不重复的记录项。

1. 设置高级筛选的条件

要进行高级筛选，需要先在一个单独的区域内设置筛选条件，该条件区域要和待筛选的数据列表分开，而且由于在执行筛选的过程中所有的行都会被隐藏，所以通常会把该条件区域放在待筛选数据列表的上方或者下方，而不是放在一侧。

一个高级筛选的条件区域至少要包含两行数据：一行是列标题，列标题要与数据列表中待筛选列的标题一致；另外一行是筛选条件。

2. 使用"关系与"条件进行筛选

使用"关系与"条件进行筛选，可以从大量的数据中找出同时满足两个或更多个条件的数据。合理运用"关系与"条件筛选，可以准确、高效地处理和分析数据，为决策提供有力支持。

例 1.21　要求运用高级筛选功能，在图 1-42 所示的员工档案信息明细表中筛选出学历为本科且职务为员工的数据，并将结果复制到起始位置为单元格 A16 的表格区域中，操作步骤如下：

第一步，在原表格上方插入 3 个空行，作为高级筛选的条件区域。

第二步，在单元格 A1 中输入"学历"，在单元格 B1 中输入"职务"，在单元格 A2 中输入"本科"，在单元格 B2 中输入"员工"，如图 1-60 所示。

	A	B	C	D	E	F	G	H
1	学历	职务						
2	本科	员工						
3								
4	编号	姓名	性别	出生日期	学历	职务	工资	联系方式
5	1	江雨薇	女	1979-2-2	硕士	主管	¥3,000	6234567
6	2	郝思嘉	女	1980-3-4	本科	副主管	¥2,500	6234568
7	3	林晓彤	女	1980-12-5	本科	员工	¥2,000	7234569
8	4	曾云儿	女	1978-6-1	博士	经理	¥4,500	8234561
9	5	邱月清	女	1980-4-16	本科	员工	¥2,000	8234562
10	6	蔡小蓓	女	1981-1-1	本科	员工	¥2,000	6234562
11	7	尹南	男	1979-12-15	本科	员工	¥1,800	4234564
12	8	薛婧	女	1980-8-9	本科	员工	¥2,000	3234565
13	9	乔小麦	女	1982-7-16	专科	副主管	¥3,000	5211314

图 1-60　设置"关系与"条件区域

第三步，单击要筛选的表格区域中的任意单元格，指定筛选范围。

第四步，在【数据】选项卡的【排列和筛选】组中单击【高级筛选】按钮。在打开的【高级筛选】对话框中选择【将筛选结果复制到其他位置】；在【条件区域】文本框中输入条件区域的位置"$A$1:$B$2"；在【复制到】文本框中输入单元格 A16 的位置"$A$16"，然后单击【确定】按钮。设置如图 1-61 所示。

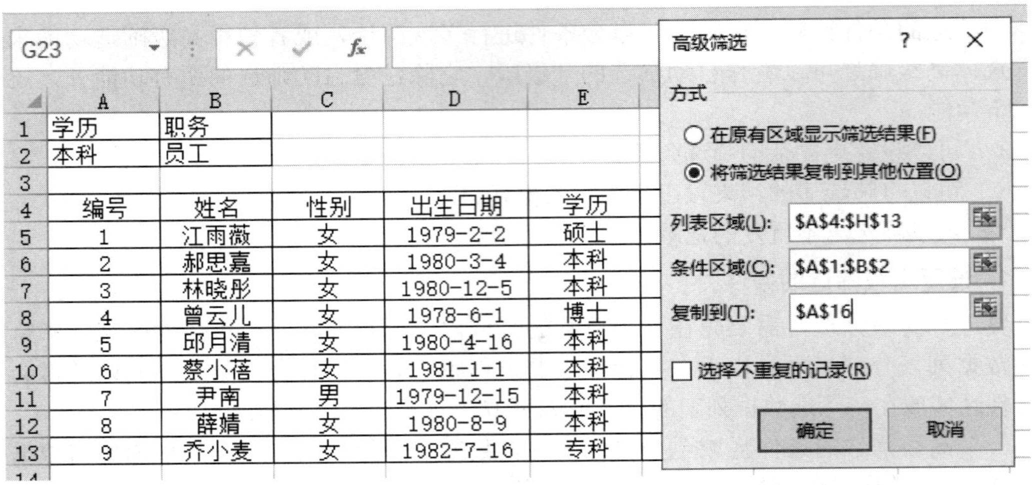

图 1-61　按设置的"关系与"条件进行高级筛选

筛选完成后的表格如图 1-62 所示。

	A	B	C	D	E	F	G	H
1	学历	职务						
2	本科	员工						
3								
4	编号	姓名	性别	出生日期	学历	职务	工资	联系方式
5	1	江雨薇	女	1979-2-2	硕士	主管	¥3,000	6234567
6	2	郝思嘉	女	1980-3-4	本科	副主管	¥2,500	6234568
7	3	林晓彤	女	1980-12-5	本科	员工	¥2,000	7234569
8	4	曾云儿	女	1978-6-1	博士	经理	¥4,500	8234561
9	5	邱月清	女	1980-4-16	本科	员工	¥2,000	8234562
10	6	蔡小蓓	女	1981-1-1	本科	员工	¥2,000	6234562
11	7	尹南	男	1979-12-15	本科	员工	¥1,800	4234564
12	8	薛婧	女	1980-8-9	本科	员工	¥2,000	3234565
13	9	乔小麦	女	1982-7-16	专科	副主管	¥3,000	5211314
14								
15								
16	编号	姓名	性别	出生日期	学历	职务	工资	联系方式
17	3	林晓彤	女	1980-12-5	本科	员工	¥2,000	7234569
18	5	邱月清	女	1980-4-16	本科	员工	¥2,000	8234562
19	6	蔡小蓓	女	1981-1-1	本科	员工	¥2,000	6234562
20	7	尹南	男	1979-12-15	本科	员工	¥1,800	4234564
21	8	薛婧	女	1980-8-9	本科	员工	¥2,000	3234565

图 1-62　使用"关系与"条件进行高级筛选的结果

3. 使用"关系或"条件进行筛选

使用"关系或"条件进行筛选可以帮助用户从大量的数据中找出满足任一条件的数据。如果需要筛选出满足条件一或者条件二的数据，就可以使用"关系或"条件进行高级筛选。

例 1.22　要求运用高级筛选功能，在图 1-42 所示的员工档案信息明细表中筛选出学历为本科或职务为员工的数据，并将结果复制到起始位置为单元格 A17 的表格区域中，操作步骤如下：

第一步，在原表格上方插入 4 个空行，作为高级筛选的条件区域。

第二步，在单元格 A1 中输入"学历"，在单元格 B1 中输入"职务"，在单元格 A2 中输入"本科"，在单元格 B3 中输入"员工"，如图 1-63 所示。

	A	B	C	D	E	F	G	H
1	学历	职务						
2	本科							
3		员工						
4								
5	编号	姓名	性别	出生日期	学历	职务	工资	联系方式
6	1	江雨薇	女	1979-2-2	硕士	主管	¥3,000	6234567
7	2	郝思嘉	女	1980-3-4	本科	副主管	¥2,500	6234568
8	3	林晓彤	女	1980-12-5	本科	员工	¥2,000	7234569
9	4	曾云儿	女	1978-6-1	博士	经理	¥4,500	8234561
10	5	邱月清	女	1980-4-16	本科	员工	¥2,000	8234562
11	6	蔡小蓓	女	1981-1-1	本科	员工	¥2,000	6234562
12	7	尹南	男	1979-12-15	本科	员工	¥1,800	4234564
13	8	薛婧	女	1980-8-9	本科	员工	¥2,000	3234565
14	9	乔小麦	女	1982-7-16	专科	副主管	¥3,000	5211314

图 1-63　设置"关系或"条件区域

第三步，单击要筛选的表格区域中的任意单元格，指定筛选的范围。

第四步，在【数据】选项卡的【排列和筛选】组中单击【高级筛选】按钮，在弹出的【高级筛选】对话框中选择【将筛选结果复制到其他位置】；在【条件区域】文本框中输入条件区域的位置"$A$1:$B$3"；在【复制到】文本框中输入单元格 A17 的位置"$A$17"，然后单击【确定】按钮。设置如图 1-64 所示。

图 1-64　按设置的"关系或"条件进行高级筛选

筛选完成后的表格如图 1-65 所示。

	A	B	C	D	E	F	G	H
1	学历	职务						
2	本科							
3		员工						
4								
5	编号	姓名	性别	出生日期	学历	职务	工资	联系方式
6	1	江雨薇	女	1979-2-2	硕士	主管	¥3,000	6234567
7	2	郝思嘉	女	1980-3-4	本科	副主管	¥2,500	6234568
8	3	林晓彤	女	1980-12-5	本科	员工	¥2,000	7234569
9	4	曾云儿	女	1978-6-1	博士	经理	¥4,500	8234561
10	5	邱月清	女	1980-4-16	本科	员工	¥2,000	8234562
11	6	蔡小蓓	女	1981-1-1	本科	员工	¥2,000	6234562
12	7	尹南	男	1979-12-15	本科	员工	¥1,800	4234564
13	8	薛婧	女	1980-8-9	本科	员工	¥2,000	3234565
14	9	乔小麦	女	1982-7-16	专科	副主管	¥3,000	5211314
15								
16								
17	编号	姓名	性别	出生日期	学历	职务	工资	联系方式
18	2	郝思嘉	女	1980-3-4	本科	副主管	¥2,500	6234568
19	3	林晓彤	女	1980-12-5	本科	员工	¥2,000	7234569
20	5	邱月清	女	1980-4-16	本科	员工	¥2,000	8234562
21	6	蔡小蓓	女	1981-1-1	本科	员工	¥2,000	6234562
22	7	尹南	男	1979-12-15	本科	员工	¥1,800	4234564
23	8	薛婧	女	1980-8-9	本科	员工	¥2,000	3234565

图 1-65　使用"关系或"条件进行高级筛选的结果

注意　"关系与"和"关系或"高级筛选的具体操作步骤基本一致，但设置条件区域的范围略有不同——使用"关系或"进行高级筛选时，需要将两个条件分行列示。

4. 在一列中使用多个"关系或"条件进行筛选

在一列中使用多个"关系或"条件进行筛选，可以确保所有满足任一条件的数据都被一次性准确选出，避免漏选和错选，且无须逐一检查，增强了数据处理的准确性、灵活性和效率，从而帮助用户更好地了解数据的分布和趋势。

例 1.23　要求运用高级筛选功能，在图 1-42 所示的员工档案信息明细表中将学历为专科、硕士、博士的员工数据都筛选出来，并将结果复制到起始位置为单元格 A18 的表格区域中，操作步骤如下：

第一步，在原表格上方插入 5 个空行，作为高级筛选的条件区域。

第二步，在单元格 A1 至 A4 中，依次输入"学历""专科""博士""硕士"，如图 1-66 所示。

	A	B	C	D	E	F	G	H
1	学历							
2	专科							
3	博士							
4	硕士							
5								
6	编号	姓名	性别	出生日期	学历	职务	工资	联系方式
7	1	江雨薇	女	1979-2-2	硕士	主管	¥3,000	6234567
8	2	郝思嘉	女	1980-3-4	本科	副主管	¥2,500	6234568
9	3	林晓彤	女	1980-12-5	本科	员工	¥2,000	7234569
10	4	曾云儿	女	1978-6-1	博士	经理	¥4,500	8234561
11	5	邱月清	女	1980-4-16	本科	员工	¥2,000	8234562
12	6	蔡小蓓	女	1981-1-1	本科	员工	¥2,000	6234562
13	7	尹南	男	1979-12-15	本科	员工	¥1,800	4234564
14	8	薛婧	女	1980-8-9	本科	员工	¥2,000	3234565
15	9	乔小麦	女	1982-7-16	专科	副主管	¥3,000	5211314

图 1-66　设置多个"关系或"条件区域

第三步，单击要筛选的表格区域中的任意单元格，指定筛选的范围。

第四步，在【数据】选项卡的【排列和筛选】组中单击【高级筛选】按钮，在弹出的【高级筛选】对话框中选择【将筛选结果复制到其他位置】；在【条件区域】文本框中输入条件区域的位置"$A$1:$A$4"；在【复制到】文本框中输入单元格 A18 的位置"$A$18"，然后单击【确定】按钮。设置如图 1-67 所示。

图 1-67　按设置的多个"关系或"条件进行高级筛选

筛选完成后的结果如图 1-68 所示。

图 1-68　在一列中使用多个"关系或"条件进行高级筛选的结果

5. 同时使用"关系与"和"关系或"条件进行筛选

日常工作中可能会遇到需要同时使用"关系与"和"关系或"条件进行高级筛选的情况。

例 1.24　要求运用高级筛选功能，在如图 1-42 所示的员工档案信息明细表中筛选出符合以下三类条件的职员：① 性别为女、职务为员工、工资高于 2000 的职员；② 性别为男、职务为员工、工资高于 1500 的职员；③ 性别为女、职务为副主管、工资高于 2800 的职员。将结果复制到起始位置为单元格 A18 的表格区域中，操作步骤如下：

第一步，在原表格上方插入 5 个空行，作为高级筛选的条件区域。

第二步，在单元格 A1 至 C1 中，依次输入"性别""职务""工资"，然后在单元格 A2:C2、A3:C3、A4:C4 中，依次输入三类职员的对应筛选条件，如图 1-69 所示。

	A	B	C	D	E	F	G	H
1	性别	职务	工资					
2	女	员工	>1800					
3	男	员工	>1500					
4	女	副主管	>2800					
5								
6	编号	姓名	性别	出生日期	学历	职务	工资	联系方式
7	1	江雨薇	女	1979-2-2	硕士	主管	¥3,000	6234567
8	2	郝思嘉	女	1980-3-4	本科	副主管	¥2,500	6234568
9	3	林晓彤	女	1980-12-5	本科	员工	¥2,000	7234569
10	4	曾云儿	女	1978-6-1	博士	经理	¥4,500	8234561
11	5	邱月清	女	1980-4-16	本科	员工	¥2,000	8234562
12	6	蔡小蓓	女	1981-1-1	本科	员工	¥2,000	6234562
13	7	尹南	男	1979-12-15	本科	员工	¥1,800	4234564
14	8	薛婧	女	1980-8-9	本科	员工	¥2,000	3234565
15	9	乔小麦	女	1982-7-16	专科	副主管	¥3,000	5211314

图 1-69 设置兼具"关系与"和"关系或"的条件区域

第三步，单击要筛选的表格区域中的任意单元格，指定筛选的范围。

第四步，在【数据】选项卡的【排列和筛选】组中单击【高级筛选】按钮，在弹出的【高级筛选】对话框中选择【将筛选结果复制到其他位置】；在【条件区域】文本框中输入条件区域的位置"$A$1:$C$4"；在【复制到】文本框中输入单元格 A18 的位置"$A$18"，然后单击【确定】按钮。设置如图 1-70 所示。

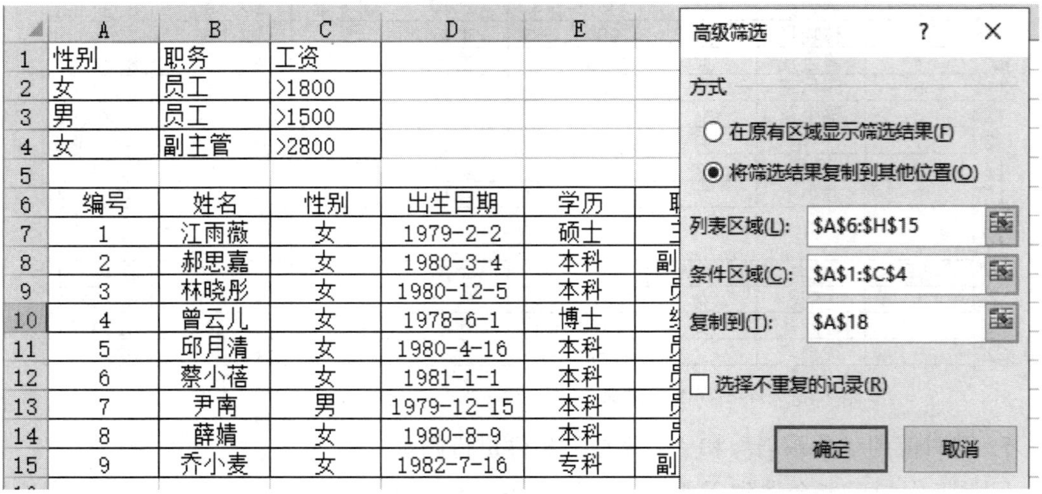

图 1-70 按设置的兼具"关系与"和"关系或"的条件进行高级筛选

筛选完成后的结果如图 1-71 所示。

	A	B	C	D	E	F	G	H
1	性别	职务	工资					
2	女	员工	>1800					
3	男	员工	>1500					
4	女	副主管	>2800					
5								
6	编号	姓名	性别	出生日期	学历	职务	工资	联系方式
7	1	江雨薇	女	1979-2-2	硕士	主管	¥3,000	6234567
8	2	郝思嘉	女	1980-3-4	本科	副主管	¥2,500	6234568
9	3	林晓彤	女	1980-12-5	本科	员工	¥2,000	7234569
10	4	曾云儿	女	1978-6-1	博士	经理	¥4,500	8234561
11	5	邱月清	女	1980-4-16	本科	员工	¥2,000	8234562
12	6	蔡小蓓	女	1981-1-1	本科	员工	¥2,000	6234562
13	7	尹南	男	1979-12-15	本科	员工	¥1,800	4234564
14	8	薛婧	女	1980-8-9	本科	员工	¥2,000	3234565
15	9	乔小麦	女	1982-7-16	专科	副主管	¥3,000	5211314
16								
17								
18	编号	姓名	性别	出生日期	学历	职务	工资	联系方式
19	3	林晓彤	女	1980-12-5	本科	员工	¥2,000	7234569
20	5	邱月清	女	1980-4-16	本科	员工	¥2,000	8234562
21	6	蔡小蓓	女	1981-1-1	本科	员工	¥2,000	6234562
22	7	尹南	男	1979-12-15	本科	员工	¥1,800	4234564
23	8	薛婧	女	1980-8-9	本科	员工	¥2,000	3234565
24	9	乔小麦	女	1982-7-16	专科	副主管	¥3,000	5211314

图 1-71　同时使用"关系或"和"关系与"条件进行高级筛选的结果

1.5　分级显示和分类汇总

分级显示可以将数据归入不同的级别，并在不同级别的明细数据之间快速切换、显示和隐藏。分类汇总包含了分级显示功能，即分类汇总的数据是以分级显示形式呈现的。

1.5.1　分级显示概述

分级显示的主要作用是对数据进行有效的组织和管理，尤其在处理具有大量行列和复杂层次结构的数据时。分级显示的主要优点如下：

(1) 通过分级显示，可以对数据进行分组并显示汇总行或汇总列，或者显示每组的明细数据，有助于用户更直观地理解和分析数据的总体和局部情况。也可以将若干行合并成一个组，以方便数据的统计和分析。

(2) 分级显示还可以快速定位所需的数据。当需要查找某个特定的值，或者需要对某个特定的值进行分析时，可以通过分级显示快速定位到该值所在的行或列。

(3) 对于需要频繁隐藏和显示某些行或列的情况，可以使用分级显示功能代替简单的隐藏和显示操作，从而提高数据处理的效率。

1.5.2　建立分级显示

对于行列数较多、字段类别包含多个层次的数据，可以使用分级显示功能创建多层次的、具有大纲结构的表格。

例 1.25 现需要将如图 1-72 所示的公司车辆使用管理明细表设置为分级显示，以隐藏或显示各级明细数据，操作步骤如下：

车号	使用者	所在部门	使用原因	使用日期	开始使用时间	交车时间	车辆消耗费	报销费	驾驶员补助费
				公司车辆使用管理表					
鲁A 45478	刘南	财务部	公事	2020-2-1	8:00	15:00	¥ 80	¥ 80	
鲁A 45478	王露	财务部	公事	2020-2-3	14:00	20:00	¥ 60	¥ 60	
鲁A 54789	王露	财务部	公事	2020-2-5	9:00	18:00	¥ 90	¥ 90	¥ 30
		财务部汇总					¥ 230		
鲁A 34598	杨晓晓	市场部	公事	2020-2-2	8:30	17:30	¥ 60	¥ 60	
鲁A 34598	杨晓晓	市场部	公事	2020-2-4	14:30	19:20	¥ 50	¥ 50	
鲁A 34598	杨晓晓	市场部	公事	2020-2-6	9:30	11:50	¥ 30	¥ 30	
		市场部汇总					¥ 140		
鲁A 34598	乔平	销售部	公事	2020-2-3	7:50	21:00	¥ 100	¥ 100	
鲁A 47538	乔平	销售部	公事	2020-2-1	10:00	19:20	¥ 50	¥ 50	
		销售部汇总					¥ 150		
鲁A 34598	江雨薇	人力资源部	公事	2020-2-1	9:30	12:00	¥ 30	¥ 30	
鲁A 45478	江雨薇	人力资源部	私事	2020-2-4	13:00	21:00	¥ 80		
		人力资源部汇总					¥ 110		
鲁A 45478	邱月晓	策划部	私事	2020-2-2	9:20	11:50	¥ 10		
鲁A 45478	邱月晓	策划部	私事	2020-2-6	8:00	20:00	¥ 120		
		策划部汇总					¥ 130		
		总计					¥ 760		

图 1-72 待分级显示的车辆使用管理明细表

第一步，选择需要分级显示的数据。

第二步，在【数据】选项卡的【分级显示】组中选择【创建组】→【自动建立分级显示】工具，如图 1-73 所示。

图 1-73 自动建立分级显示

自动建立分级显示后的车辆使用管理明细表如图 1-74 所示。

车号	使用者	所在部门	使用原因	使用日期	开始使用时间	交车时间	车辆消耗费	报销费	驾驶员补
				公司车辆使用管理表					
鲁A 45478	刘南	财务部	公事	2020/2/1	8:00	15:00	¥ 80	¥ 80	
鲁A 45478	王露	财务部	公事	2020/2/3	14:00	20:00	¥ 60	¥ 60	
鲁A 54789	王露	财务部	公事	2020/2/5	9:00	18:00	¥ 90	¥ 90	¥
		财务部汇总					¥ 230		
鲁A 34598	杨晓晓	市场部	公事	2020/2/2	8:30	17:30	¥ 60	¥ 60	
鲁A 34598	杨晓晓	市场部	公事	2020/2/4	14:30	19:20	¥ 50	¥ 50	
鲁A 34598	杨晓晓	市场部	公事	2020/2/6	9:30	11:50	¥ 30	¥ 30	
		市场部汇总					¥ 140		
鲁A 34598	乔平	销售部	公事	2020/2/3	7:50	21:00	¥ 100	¥ 100	
鲁A 47538	乔平	销售部	公事	2020/2/1	10:00	19:20	¥ 50	¥ 50	
		销售部汇总					¥ 150		
鲁A 34598	江雨薇	人力资源部	公事	2020/2/1	9:30	12:00	¥ 30	¥ 30	
鲁A 45478	江雨薇	人力资源部	私事	2020/2/4	13:00	21:00	¥ 80		
		人力资源部汇总					¥ 110		
鲁A 45478	邱月晓	策划部	私事	2020/2/2	9:20	11:50	¥ 10		
鲁A 45478	邱月晓	策划部	私事	2020/2/6	8:00	20:00	¥ 120		
		策划部汇总					¥ 130		
		总计					¥ 760		

图 1-74 自动建立分级显示后的车辆使用管理明细表

1.5.3　清除分级显示

如果需要清除创建完成的分级显示，可以在【数据】工具栏的【分级显示】组中选择【取消组合】→【清除分级显示】，如图 1-75 所示。

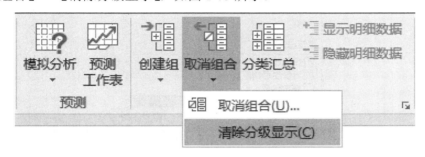

图 1-75　清除分级显示

1.5.4　创建简单的分类汇总

日常工作中，经常需要依据某个字段对数据进行分类汇总，这就需要使用 Excel 的分类汇总功能。该功能以某一字段为分类依据，快速对表内其他字段进行求和、计数、平均值、乘积等运算。

需要注意的是，在使用分类汇总功能之前，首先要对数据列表中作为分类依据的字段进行排序。

例 1.26　现需要计算图 1-76 所示车辆使用管理明细表中所有公事用车的车辆消耗费合计，操作步骤如下：

	车号	使用者	所在部门	使用原因	使用日期	开始使用时间	交车时间	车辆消耗费	报销费	驾驶员补助费
					公司车辆使用管理表					
3	鲁A 45478	江雨薇	人力资源部	私事	2020-2-4	13:00	21:00	￥ 80		
4	鲁A 45478	邱月晓	策划部	私事	2020-2-2	9:20	11:50	￥ 10		
5	鲁A 45478	邱月晓	策划部	私事	2020-2-6	8:00	20:00	￥ 120		
6	鲁A 34598	乔平	销售部	公事	2020-2-3	7:50	21:00	￥ 100	￥ 100	
7	鲁A 47538	乔平	销售部	公事	2020-2-1	10:00	19:20	￥ 50	￥ 50	
8	鲁A 34598	杨晓晓	市场部	公事	2020-2-2	8:30	17:30	￥ 60	￥ 60	
9	鲁A 34598	杨晓晓	市场部	公事	2020-2-4	14:30	19:20	￥ 50	￥ 50	
10	鲁A 34598	杨晓晓	市场部	公事	2020-2-6	9:30	11:50	￥ 30	￥ 30	
11	鲁A 34598	江雨薇	人力资源部	公事	2020-2-1	9:30	12:00	￥ 30	￥ 30	
12	鲁A 45478	刘南	财务部	公事	2020-2-2	8:00	15:00	￥ 80	￥ 80	
13	鲁A 45478	王露	财务部	公事	2020-2-3	14:00	20:00	￥ 60	￥ 60	
14	鲁A 54789	王露	财务部	公事	2020-2-5	9:00	18:00	￥ 90	￥ 90	￥ 30

图 1-76　待分类汇总的车辆使用管理明细表

第一步，以【使用原因】为排序主关键字，对整个明细表进行降序排序。

第二步，单击排序列表中的任意单元格，在【数据】工具栏的【分级显示】组中选择【分类汇总】工具，在弹出的【分类汇总】对话框中，将【分类字段】设置为【使用原因】，【汇总方式】设置为【求和】，【选定汇总项】设置为【车辆消耗费】，勾选【汇总结果显示在数据下方】复选框，然后单击【确定】按钮，完成分类汇总，如图 1-77 所示。

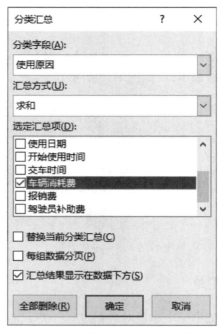

图 1-77　设置分类汇总的参数

分类汇总后的效果如图 1-78 所示。由图可以看到在表格下方生成了对不同【使用原因】的车辆消耗费的分类汇总结果。

		车号	使用者	所在部门	使用原因	使用日期	开始使用时间	交车时间	车辆消耗费	报销费	驾驶员补助费
	1				公司车辆使用管理表						
	2	车号	使用者	所在部门	使用原因	使用日期	开始使用时间	交车时间	车辆消耗费	报销费	驾驶员补助费
	3	鲁A 45478	江雨薇	人力资源部	私事	2020/2/4	13:00	21:00	￥ 80		
	4	鲁A 45478	邱月晓	策划部	私事	2020/2/2	9:20	11:50	￥ 10		
	5	鲁A 45478	邱月晓	策划部	私事	2020/2/6	8:00	20:00	￥ 120		
	6				私事 汇总				￥ 210		
	7	鲁A 34598	乔平	销售部	公事	2020/2/3	7:50	21:00	￥ 100	￥ 100	
	8	鲁A 47538	乔平	销售部	公事	2020/2/1	10:00	19:20	￥ 50	￥ 50	
	9	鲁A 34598	杨晓晓	市场部	公事	2020/2/3	8:30	17:30	￥ 60	￥ 60	
	10	鲁A 34598	杨晓晓	市场部	公事	2020/2/4	14:30	19:20	￥ 50	￥ 50	
	11	鲁A 34598	杨晓晓	市场部	公事	2020/2/6	9:30	11:50	￥ 30	￥ 30	
	12	鲁A 34598	江雨薇	人力资源部	公事	2020/2/1	9:30	12:00	￥ 30	￥ 30	
	13	鲁A 45478	刘南	财务部	公事	2020/2/1	8:00	15:00	￥ 80	￥ 80	
	14	鲁A 45478	王露	财务部	公事	2020/2/3	14:00	20:00	￥ 60	￥ 60	
	15	鲁A 54789	王露	财务部	公事	2020/2/5	9:00	18:00	￥ 90	￥ 90	￥ 30
	16				公事 汇总				￥ 550		
	17				总计				￥ 760		

图 1-78　完成分类汇总后的车辆使用管理明细表

1.5.5　多重分类汇总

多重分类汇总是指对表格中的数据进行多层级、多维度的分类和汇总，该功能可以帮助我们更好地理解和分析复杂的数据集。如果需要在数据列表中同时显示最大值、最小值及汇总值，就需要进行多重分类汇总。

例 1.27　继续在图 1-78 所示的分类汇总后的车辆使用管理明细表中计算不同使用原因的车辆消耗费的最大值与最小值，操作步骤如下：

第一步，选择明细表的任意单元格作为活动单元格。在【数据】工具栏的【分级显示】组中选择【分类汇总】工具，在弹出的【分类汇总】对话框中将【分类字段】设置为【使用原因】，【汇总方式】设置为【最大值】，【选定汇总项】设置为【车辆消耗费】，不要勾选【替换当前分类汇总】复选框，然后单击【确定】按钮，即可将车辆消耗费最大值的分类汇总结果追加在表格下方，如图 1-79 所示。

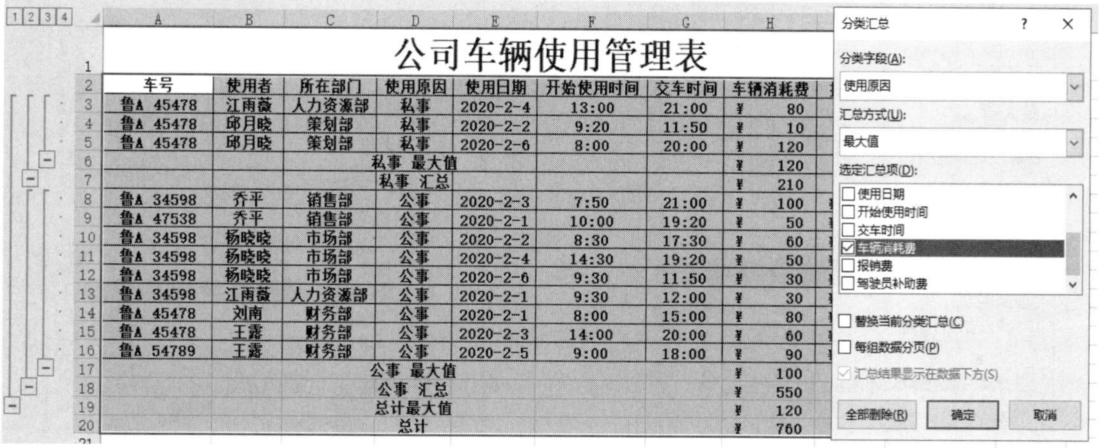

图 1-79　设置分类汇总的参数

第二步，重复上述步骤，继续在表格中追加对车辆消耗费最小值的分类汇总，最终效果如图 1-80 所示。

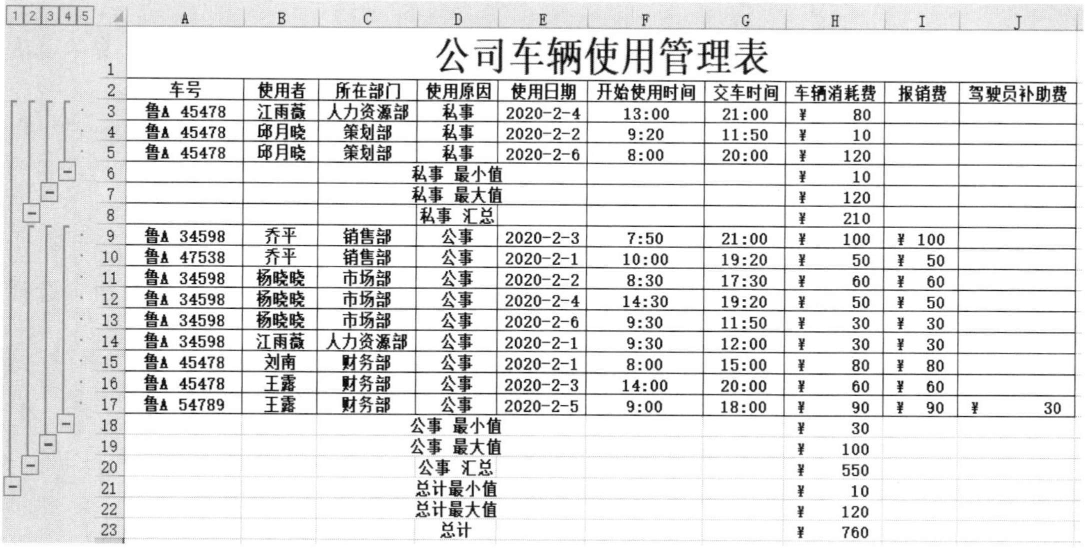

图 1-80　完成多重分类汇总后的最终效果

1.5.6　取消和替换当前的分类汇总

如需取消数据表格中当前已设置的分类汇总，可以在【分类汇总】对话框中单击

【全部删除】按钮，如图 1-81 所示。

如需替换数据表格中当前的分类汇总，可以在【分类汇总】对话框中勾选【替换当前分类汇总】复选框，如图 1-82 所示。

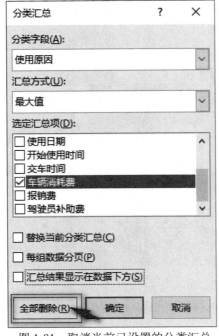

图 1-81　取消当前已设置的分类汇总

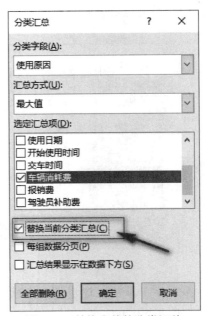

图 1-82　替换当前的分类汇总

 在取消当前的分类汇总后，之前生成的汇总行或列也会被删除。如果需要保留这些汇总行或列，请在取消分类汇总前复制它们。

1.5.7　使用自动分页符

使用自动分页符可以控制打印输出的格式。

方法一：选择要分页的数据区域，在【页面布局】工具栏的【页面设置】组中选择【分隔符】→【插入分页符】，如图 1-83 所示。

图 1-83　插入分页符

方法二：如果表格已经进行了分类汇总，则可以在【分类汇总】对话框中勾选【每组数据分页】复选框，即可实现每组数据单独打印一页，如图 1-84 所示。

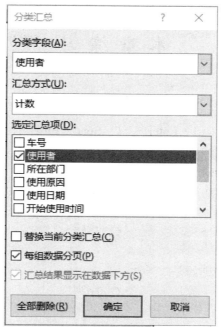

图 1-84　设置将分类汇总后的每组数据单独分一页

 由于自动分页符只影响打印输出的格式，而不影响电子表格的显示，所以如果想隐藏电子表格中的某些行或列，应该使用隐藏功能，而不是分页符。

本 章 小 结

数据验证、排序、筛选以及分类汇总是日常数据处理及财务分析中频繁使用的功能，对于简化工作、提高工作效率有很大帮助。本章重点介绍了 Excel 中数据验证、排序、筛选、分类汇总功能的具体操作方法和注意事项。

数据的简单排序通常是指对数据表格中的某一列进行排序，排序最主要的方式有两种：升序排序和降序排序。升序排序是将数据按照从小到大的顺序进行排列，当对数据进行升序排序后，数据就有了一定的规律性，方便用户快速捕捉关键数据和数据的变化趋势等信息；降序排序与升序排序相反，是将数值由大到小排序。实际工作中人们通常格外关注数据最大的前几项，因此，降序排序在工作中使用得更为频繁。

在 Excel 中，数据的排序方式和排序依据是多样化的，除值的大小以外，排序的依据还可以是关键字、笔画、颜色、行以及自定义序列。

在日常工作中，按单元格的值进行筛选是比较常用的筛选方式。根据值的类型不同，可以进行数字筛选、文本筛选或日期筛选。此外也可以按字体颜色、单元格颜色以及通配符进行筛选。

分类汇总是对数据清单中的数据进行管理的重要工具，可以快速汇总各项数据，并对数据按已有分类进行一些简单的分析。但在执行汇总之前，需要先对数据进行排序操作。

本 章 练 习

一、单项选择题

1. 强制换行的快捷键是(　　　)。

A. Alt + Enter　　　　B. Ctrl + Enter　　　　C. Spac + Enter　　　　D. Ctrl + Shift

2. 在多个单元格内同时输入相同数据的快捷键是(　　　)。

A. Alt + Enter　　　　B. Ctrl + Enter　　　　C. Spac + Enter　　　　D. Ctrl + Shift

3. 设置好自动输入两位小数点以后，如果想在单元格中显示 15.55，下列输入正确的是(　　　)。

A. 15.55　　　　B. 155.5　　　　C. 1555　　　　D. 1.555

二、多项选择题

1. 下列属于数据验证规则的是(　　　)。

A. 整数　　　　B. 小数　　　　C. 序列　　　　D. 文本长度

2. Excel 的排序依据有(　　　)。

A. 单元格值　　　　B. 单元格颜色　　　　C. 字体颜色　　　　D. 条件格式图标

三、判断题

1. 输入指数上标，需要先将数字设置为文本格式。(　　　)

2. 对于分数，在单元格中显示的是分数形式，在编辑栏中显示的是数值形式。(　　　)

3. Excel 可以对合并单元格进行排序。(　　　)

4. 在使用分类汇总功能之前，不需要对数据列表中的相关数据进行排序。(　　　)

四、实践操作题(扫描右侧二维码获取数据源)

1. 使用数据验证功能，将【部门】列的内容设置为只能从生产部、销售部、财务部、研发部、采购部中选择其一。

2. 使用高级筛选功能，筛选出部门是财务部，并且医疗保险金额小于 1000 的员工。

3. 将数据列表中的【部门】列进行升序排序。

4. 使用分类汇总功能，计算各部门医疗保险金额的合计数与养老保险金额的平均数，要求两种汇总方式均保留操作结果。

扫一扫获取数据源

第2章 图表的应用

本章目标

- 了解图表的基本类型
- 掌握图表的创建和编辑
- 掌握复杂图表的制作

重点难点

重点：
◇ 图表的创建和编辑
◇ 复杂图表的制作

难点：
◇ 复杂图表的制作

在 Excel 中，图表的应用非常广泛，可以帮助用户快速理解、比较数据，并直观展示及突出数据趋势。例如，可以使用饼状图展示地区和销售额的关系，或者使用折线图描绘南北地区的销售额变化；若要进行产品销量的对比，条形图是一个很好的选择，而堆积条形图则适合用于比较两家公司的数据。此外，Excel 还提供了散点图、气泡图等多种类型的图表，以适应不同的数据展示需求。本章将举例讲解图表的主要类型以及创建与使用图表的方法。

2.1 图表的类型

正确选择图表类型是有效凸显数据的关键，因此在创建图表之前，我们首先需要了解图表的类型。本节主要介绍 Excel 中常见的六种标准图表类型。

2.1.1 柱形图

柱形图是日常使用最广泛的图表之一，用于展示一段时间内数据的变动情况，或者对不同项目的数据进行比较。

柱形图可分为簇状柱形图、堆积柱形图、百分比柱形图、三维簇状柱形图、三维堆积柱形图、三维百分比堆积柱形图、三维柱形图等七种类型。不同柱形图对数据的展示效果并不相同。下面以图 2-1 所示的某公司商品 A 销售数据表格为数据源，进行简要对比。

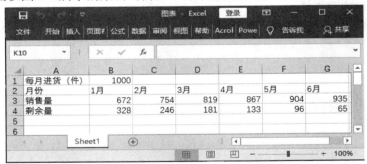

图 2-1　某公司商品 A 的销售数据

根据图 2-1 制作的堆积柱形图如图 2-2 所示。该图展示了商品销售量与剩余量在不同月份之间的变动情况：不同月份的商品总量不变，变动的是商品销售量和剩余量。

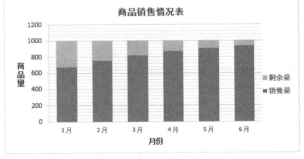

图 2-2　某公司商品 A 的销售数据堆积柱形图

若将图 2-2 的图表类型改为三维堆积柱形图，效果如图 2-3 所示。若将图表类型更改为三维柱形图，效果如图 2-4 所示。

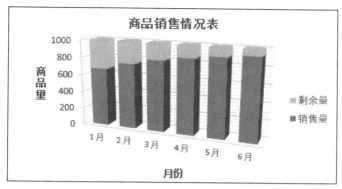

图 2-3　由图 2-2 转化成的三维堆积柱形图

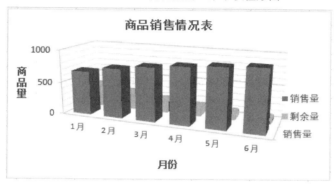

图 2-4　由图 2-2 转化成的三维柱形图

将堆积柱形图转化为三维柱形图的优点如下：

(1) 数据展示的立体感强，可以帮助读者更直观地理解数据的分布和相互关系。

(2) 操作灵活，例如使用【三维旋转】命令可以根据需要或喜好来调整图表元素的旋转、坐标、深度等参数。

(3) 视觉效果好，可以使数据的呈现更加生动有趣。

(4) 适应性强，可以展示多种类型的数据集。

使用三维柱形图的缺点如下：

(1) 数据可读性差，当数据系列过多或数据值相差较大时，可能导致读者难以准确解析图表中的信息。

(2) 视觉混淆，过多的维度可能会更加突出数据的趋势，而不是单个的离散值。这可能导致数据的原始含义被误解或忽略。

(3) 美观性问题，图形的立体感易使其视觉上显得过于复杂。

(4) 适用范围有限，用于大规模数据集时，三维柱形图可能会变得难以阅读和解释。

2.1.2　条形图

Excel 条形图是一种常用的数据可视化工具，主要用于比较和展示各项目之间的数据差异。条形图与柱形图虽然本质类似，但视觉效果是不同的：柱形图是在水平方向上依次展现数据，而条形图是在垂直方向上依次展示数据。

条形图可分为簇状条形图、堆积条形图、百分比条形图、三维簇状条形图、三维堆积条形图、三维百分比堆积条形图等六种类型。

将图 2-2 所示的堆积柱形图改为簇状条形图，效果如图 2-5 所示。

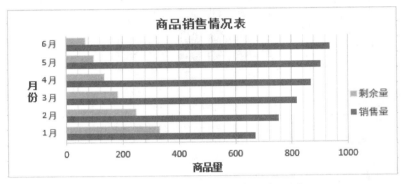

图 2-5　由图 2-2 转换成的簇状条形图

可以看到，如果需要对比分析多个项目在不同阶段的数据表现，或者比较不同部门、不同班级等的某种指标值，使用簇状条形图可以更直观地展示数据的差异。

2.1.3　折线图

折线图常用于展示在相同时间间隔内显示数据的变动趋势，强调的是时间性和变动率，而相对淡化了变动的数量。

折线图可分为折线图、堆积折线图、百分比折线图、数据点折线图、堆积数据点折线图、百分比堆积数据点折线图、三维折线图等七种类型。

将图 2-2 所示的堆积柱形图改为数据点折线图，效果如图 2-6 所示。将其更改为三维折线图，效果如图 2-7 所示。

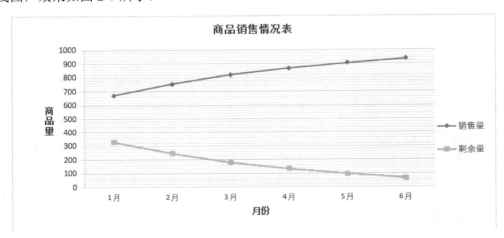

图 2-6　由图 2-2 转换成的数据点折线图

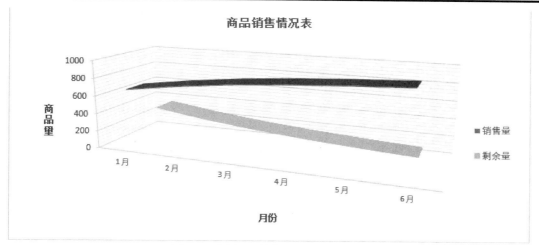

图 2-7 由图 2-2 转换成的三维折线图

折线图可以同时展示多个数据系列的变动趋势，运用不同的颜色、线形及标志来代表不同数据系列的折线。

三维折线图并不适用于所有的图表，例如图 2-7 所示的三维折线图的立体效果就不能清晰展示此类数据的变化趋势，因而不建议使用。

2.1.4 饼图

饼图用于展示数据系列中每一项占该系列数据总和的比例。当多个系列的数据同时被选中作为数据源时，饼图只能展示其中一个系列的数据，在需要对某个系列的数据进行重点强调时，使用饼图能够产生显著的效果。

饼图可分为二维饼图、三维饼图、复合饼图、分离型饼图、分离型三维饼图、复合条饼图等六种类型。

将图 2-2 所示的堆积柱形图改为三维饼图，效果如图 2-8 所示。可以看到，尽管选择的是整个数据区域，但在图中仅显示商品每月销售量占总销售量的比例。

图 2-8 由图 2-2 转换成的三维饼图

复合饼图是一种特殊类型的饼图，其将主饼图和次饼图结合在同一界面，用于展示数据的层级或细分信息。

将图 2-2 所示的堆积柱形图改为复合饼图，首先要选择需要转换为饼图的数据区域，然后单击【插入】工具栏的【图表】组右下角拓展按钮，在弹出的【插入图表】对话框的【所有图表】选项卡中选择【饼图】→【复合饼图】，如图 2-9 所示。

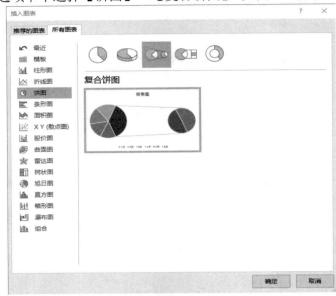

图 2-9　创建复合饼图

在主饼图上单击鼠标右键，在弹出的菜单中选择【数据系列格式】命令，在窗口右侧出现的【设置数据系列格式】对话框的【系列选项】选项卡中，可以进行主饼图和次饼图(图中第二绘图区)的属性设置，如图 2-10 所示。

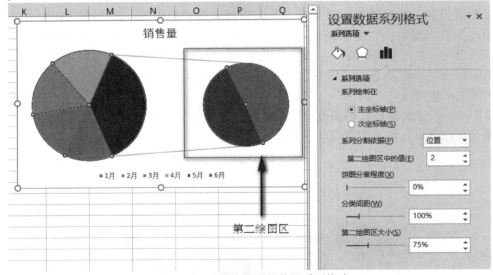

图 2-10　设置次饼图的数据系列格式

复合饼图的优点是可以提高占比较小百分比数据的可读性。制作 Excel 图表时可能会遇到某些占比较小的数据，但这些数据并非不重要的，反而可能反映出一些重要问题，而复合饼图就可以将这部分占比较小的数据"放大"显示，从而大大提高其可读性。

复合饼图还可用于强调数据。如果需要对某项数据进行二次分析，就可以利用复合饼图来突出该项数据的细分情况。

2.1.5　XY 散点图

XY 散点图与折线图类似，可以展示多个数据或数据系列每隔一段时间的变化趋势，通常用于科学数据的展示、实验数据的拟合及数据趋势的预测等。

XY 散点图可分为散点图、平滑线散点图、无数据点平滑线散点图、折线散点图、无数据点折线散点图等五种类型。

创建 XY 散点图时需要至少选择两个数据系列：一列数据作为 X 坐标值，另一列数据作为 Y 坐标值。生成的散点图展示了数据系列 Y 相对于数据系列 X 的值，可通过观察得知两个数据系列之间的关系。

将图 2-2 所示的堆积柱形图更改为散点图，效果如图 2-11 所示。

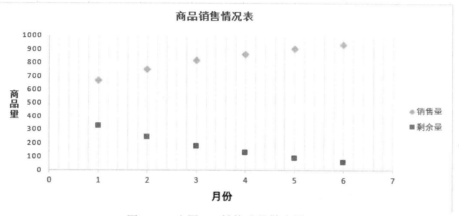

图 2-11　由图 2-2 转换成的散点图

2.1.6　圆环图

圆环图是有重要功能的图表类型，它使用环形来表示数据之间的占比关系，主要特点如下：

(1) 圆环图可以展示多个数据系列。与饼图类似，圆环图也能展示各个部分与整体之间的关系，但圆环图可以同时展示多个数据系列，这是其与饼图的主要区别。

(2) 圆环图可以明确区分各部分占比。圆环图由一个或多个同心的圆环组成，每个圆环划分为若干个圆环段，每个圆环段代表一个数据值在相应数据系列中所占的比例。

(3) 圆环图能够增强数据可读性。通过添加图例、数据标签和文本框，可以更清晰地展示每个扇区所代表的含义，使读者能够快速理解图表所表达的信息。

例如，将图 2-2 所示的堆积柱形图改为圆环图，操作步骤如下：首先要选择需要转换的数据区域，然后单击【插入】工具栏的【图表】组右下角拓展按钮，在弹出的【更改图表类型】对话框的【所有图表】中选择【饼图】→【圆环图】，转换结果如图 2-12 所示。

在圆环图上单击鼠标右键，在弹出的菜单中选择【数据系列格式】命令，在窗口右侧出现的【设置数据系列格式】对话框中，展开【系列选项】菜单，即可进行各扇区属性的设置，如图 2-13 所示。

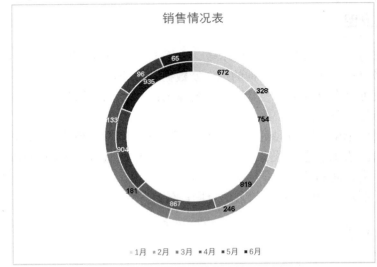

图 2-12　由图 2-2 转换成的圆环图

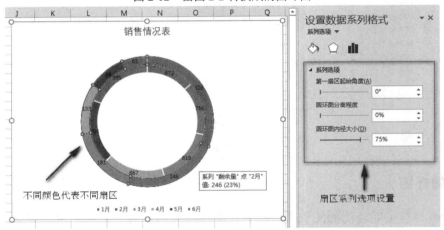

图 2-13　设置圆环图的数据系列选项

使用圆环图可能出现以下问题：

(1) 数据过多时可能难以阅读。当圆环图中的数据系列过多时，尤其是每个系列的数据值相差较小的情况下，圆环图的可读性会大大降低。

(2) 信息密度较低。在只呈现少量数据的场合，使用圆环图可能会降低信息的密度，因为其图形空间的利用率相对较低。

(3) 不适用于表现趋势变化。圆环图主要侧重于表现不同类型数据的比例关系，对于表示数据的趋势变化则不太适用。

2.2　图表的创建

在 Excel 中创建图表的方法有两种：一种是使用快捷键一步创建图表；另一种是通过图表向导创建图表。

2.2.1 使用快捷键一步创建图表

使用快捷键【F11】，可以基于所选数据一步创建图表。

例 2.1 根据图 2-14 所示的 2021 年上半年商品销售统计表一步创建图表，具体操作步骤如下：

种类	名称	1	2	3	4	5	6	总计
		2021上半年商品销售统计表						
		1	2	3	4	5	6	总计
面包	火腿面包	11751	11189	11479	12391	10531	11634	68975
	鱿鱼面包	11086	10039	11060	9848	10082	10116	62231
	热狗面包	10812	9444	9917	9686	10594	9383	59836
	稻香村面包	12851	11197	12663	11412	12180	10217	70520
	小计	46500	41869	45119	43337	43387	41350	261562
牛奶	伊利纯牛奶	7143	7370	7550	6520	7678	7963	44224
	蒙牛纯牛奶	5643	6161	7533	7422	7338	8067	42164
	光明纯牛奶	7224	7126	8196	7111	7115	7965	44737
	小计	20010	20657	23279	21053	22131	23995	131125
方便面	统一方便面	11133	9044	10988	10572	9277	9725	60739
	康师傅方便面	11108	7761	10990	11118	9488	10274	60739
	好劲道方便面	10320	9278	10706	8137	9830	7755	56026
	面霸方便面	9434	10818	10267	9771	10684	10910	61884
	华丰方便面	11152	10564	9509	7247	8673	10803	57948
	小计	53147	47465	52460	46845	47952	49467	297336

图 2-14 2021 年上半年商品销售统计表

第一步，选择图 2-14 所示表格中需要制作图表的数据区域。

第二步，按下快捷键【F11】，Excel 会自动生成一个名为 "Chart + 序号" 的新工作表，并基于所选数据在该工作表中自动创建一个柱形图，如图 2-15 所示。

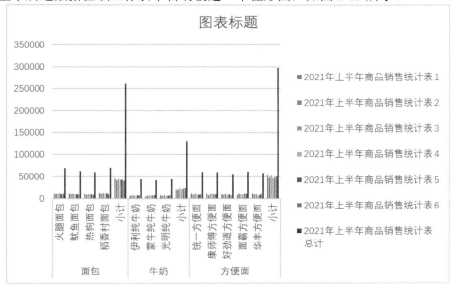

图 2-15 根据图 2-14 一步创建的柱形图

第三步，如果需要，可以继续对图表进行编辑和格式化，如进行调整数据系列、更改图表类型等操作，如图 2-16 所示。

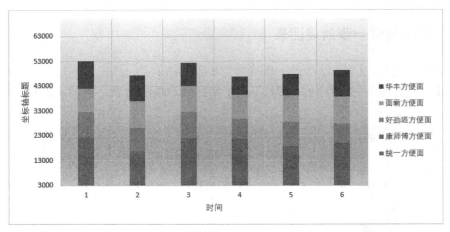

图 2-16　经过调整的 2021 年上半年商品销售统计图表

2.2.2　使用图表向导创建图表

用快捷键一步创建的图表比较简单，往往不能满足用户的需求，因此可以使用图表向导，更有针对性地创建图表。

例 2.2　根据图 2-14 所示的 2021 年上半年商品销售统计表使用图表向导来创建图表，具体步骤如下：

第一步，选择图 2-14 表格中的 B12:H16 区域，作为图表的数据源。

第二步，单击【插入】工具栏的【图表】组右下角按钮，在弹出的【插入图表】对话框中选择【所有图表】选项卡中的【柱形图】→【堆积柱形图】，如图 2-17 所示。

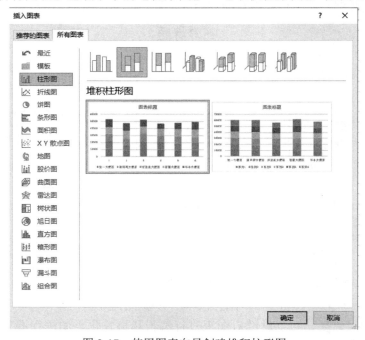

图 2-17　使用图表向导创建堆积柱形图

第三步，对生成的堆积柱形图进行编辑，设置图表标题和图例，如图 2-18 所示。

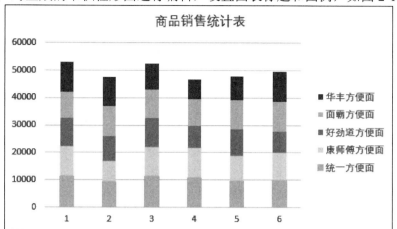

图 2-18　编辑完成的商品销售统计表堆积柱形图

2.3　图表的编辑

　　图表创建完成后，可以对其进行进一步的编辑。图表的编辑操作有更改图表类型、设置图表区格式、设置绘图区格式、设置图表标题、设置图表图例、设置图表坐标轴、设置数据标签、设置误差线和趋势线等。

　　本节将以图 2-19 所示的 2021 年 A 公司销售人员销售统计表为例，对图表的编辑操作进行具体介绍。

	A	B	C
1	2021年A公司销售人员销售统计表		
2	销售员	销售量	销售额
3	张珊珊	500	265,312.00
4	刘丽丽	700	398,541.00
5	赵莉	550	655,654.00
6	王宏斌	650	445,872.00
7	戴晓华	680	320,000.00
8	蒋树斌	890	830,000.00
9	合计	3970	2,915,379.00

图 2-19　2021 年 A 公司销售人员销售统计表

2.3.1　更改图表类型

　　Excel 可以通过更改图表类型，将数据以更清晰、直观的方式呈现出来，帮助用户更好地理解和分析数据。

　　例 2.3　根据图 2-19 所示 2021 年 A 公司销售人员销售统计表创建柱形图，并将其更改为条形图，具体操作如下：

第一步，参考 2.2.2 小节所示步骤，以图 2-19 所示表格的 A3:A8 与 C3:C8 区域为数据源创建簇状柱形图，如图 2-20 所示。

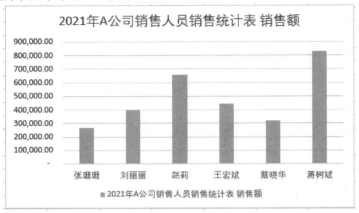

图 2-20　2021 年 A 公司销售人员销售额统计的簇状柱形图

第二步，在柱形图的数据区域上单击鼠标右键，在弹出的快捷菜单中选择【更改图表类型】命令，在打开的【更改图表类型】对话框中选择【所有图表】选项卡中的【条形图】→【簇状条形图】，结果如图 2-21 所示。

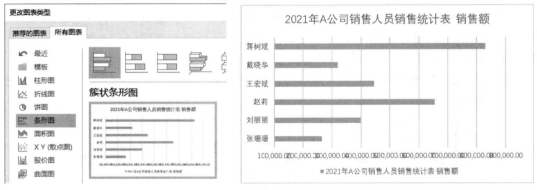

图 2-21　将图 2-20 的柱形图转换为条形图

2.3.2　设置图表区和绘图区格式

设置图表区和绘图区格式可以丰富视觉效果，让图表更加美观，更符合观众的审美习惯。还可以强调重点数据，突出显示特定的数据系列或数据点，从而让关键信息更明显。

例如，在图 2-20 所示 2021 年 A 公司销售人员销售统计簇状柱形图的基础上，要求将图表区设置为浅灰色填充，将绘图区设置为深灰色边框，具体操作如下：在图表区单击鼠标右键，在弹出的右键菜单中选择【设置图表区域格式】命令，在窗口右侧出现的【设置图表区格式】对话框中【填充与线条】选项卡的【填充】栏下选择【纯色填充】，【颜色】设置为浅灰色；然后在绘图区单击鼠标右键，在弹出的右键菜单中选择【设置绘图区格式】命令，在窗口右侧出现的【设置绘图区格式】对话框中，在【填充与线条】选项卡的【边框】栏下选择【实线】，【颜色】设置为深灰色，【宽度】设置为"5.25

磁"。设置完成后的效果如图 2-22 所示。

图 2-22　完成图表区与绘图区格式设置后的显示效果

2.3.3　设置图表标题

设置图表标题的操作包括删除图表标题、添加图表标题、更改图表标题和设置图表标题格式等，下面逐一进行介绍。

1. 删除图表标题

删除图表标题的方法有以下两种。

方法一：单击选择图表标题，然后按【Delete】键，即可删除标题。

方法二：单击选择图表，然后在【图表工具】的【设计】工具栏的【图表布局】组中单击【添加图表元素】，在弹出的扩展菜单中选择【图表标题】→【无】，即可删除标题，如图 2-23 所示。

图 2-23　删除图表标题

删除标题后的图表效果如图 2-24 所示。

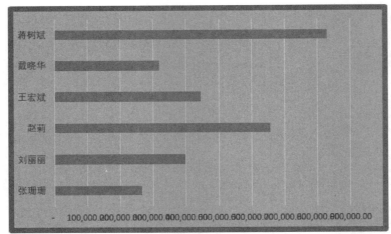

图 2-24　删除标题后的图表

2. 添加图表标题

添加图表标题的方法如下：单击选择图表，然后在【图表工具】的【设计】工具栏的【图表布局】组中单击【添加图表元素】，在弹出的扩展菜单中选择【图表标题】→【图表上方】，即可给图表添加标题，如图 2-25 所示。

图 2-25　添加图表标题

3. 更改图表标题

更改图表标题的具体步骤如下：首先单击选择图表标题，如图 2-26 所示；然后在虚线框内对标题文本进行编辑，之后单击图表任意其他位置，即可完成更改。效果如图 2-27 所示。

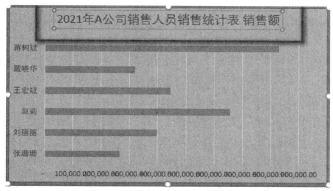

图 2-26　选择需更改的图表标题

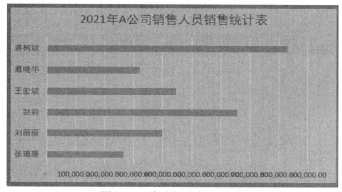

图 2-27　完成图表标题更改

4. 设置图表标题格式

Excel 还可以根据需要，对图表标题的格式进行个性化设置，具体操作步骤如下：选中需要设置格式的图表标题。单击【开始】工具栏的【字体】组右下角按钮，在弹出的【字体】对话框的【字体】选项卡中修改各项参数，即可对标题的字体、大小、粗细和倾斜度等进行设置，如图 2-28 所示。

图 2-28　设置图表标题格式

2.3.4　设置图表图例

图表的图例由文本和标识组成，用来注明图表中不同部分所代表的数据系列。Excel 可以对图例进行删除、显示等操作，下面介绍具体操作方法。

(1) 删除图例：单击选择图表，在【图表工具】的【设计】工具栏的【图表布局】组中单击【添加图表元素】按钮，在弹出的扩展菜单中选择【图例】→【无】命令，即可删除已有的图例。

(2) 显示图例：单击选择图表，在【图表工具】的【设计】工具栏的【图表布局】组中单击【添加图表元素】按钮，在弹出的扩展菜单中选择【图例】命令，然后选择【右侧】【顶部】【左侧】【底部】【其他图例选项】其中之一，即可指定图例显示的位置，如图 2-29 所示。

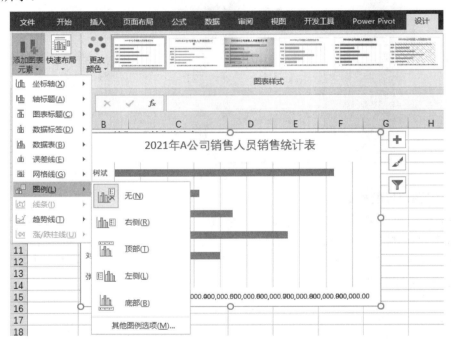

图 2-29　设置图例的显示位置

2.3.5　设置图表坐标轴

一般图表(不包括饼图和圆环图)至少包含两个坐标轴：数值轴和分类轴。数值轴显示数值的间隔；分类轴则显示以任何文本(包含数字文本)标示的分类。部分图表还会有次坐标轴。

图表坐标轴的编辑操作包括编辑数值轴、逆序刻度值、添加次坐标轴等，下面逐一进行介绍。

1. 编辑数值轴

使用图表向导创建的图表，可以自动设置数值轴的范围和刻度单位，也可以根据需要自行编辑这些属性。以 2021 年 A 公司销售人员的簇状柱形图为例，编辑数值轴的方法如下：双击图表中的数值轴，窗口右侧会出现【设置坐标轴格式】对话框，在对话框的【坐标轴选项】选项卡中，将【坐标轴选项】栏下【单位】的最大刻度单位设置为"50000"，即可完成设置，如图 2-30 所示。

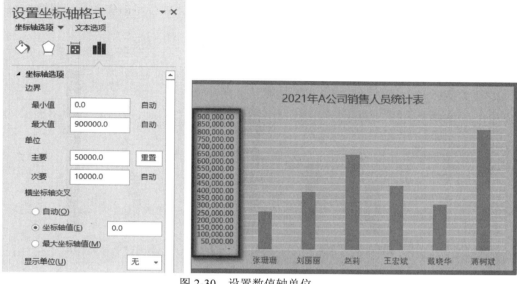

图 2-30　设置数值轴单位

2. 逆序刻度值

逆序刻度值可以让坐标轴的数值刻度反向显示，方法如下：在【设置坐标轴格式】对话框的【坐标轴选项】选项卡中，勾选【坐标轴选项】栏下的【逆序刻度值】，即可完成设置，如图 2-31 所示。

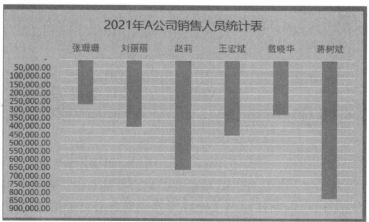

图 2-31　设置逆序刻度值

3. 添加次坐标轴

当图表中的坐标轴数值的数据差异较大，或者需要展示的数据为单位不一的混合类型(如销售量和销售额数据，单位分别为金额和百分比)时，就需要在同一张图上显示不同单位的数据坐标，此时可以添加次坐标轴来满足这一需求。

例 2.4　要求为根据图 2-19 中数据创建的 2021 年 A 公司销售人员销售情况统计图(图 2-32)添加次坐标轴，操作步骤如下：

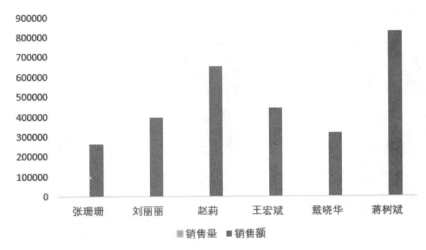

图 2-32　2021 年 A 公司销售人员销售情况统计图

第一步，在图表区中单击鼠标右键，在弹出的菜单中选择【设置图表区域格式】命令，在窗口右侧出现的【设置图表区格式】对话框标题下方，选择【图表选项】→【系列"销售量"】，选择图中由于单位差异没能显示出来的数据系列，效果如图 2-33 所示。

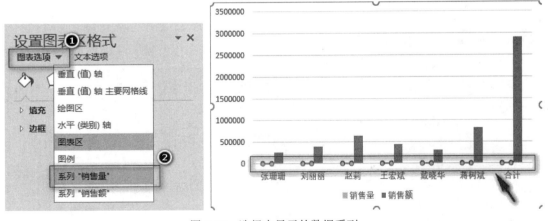

图 2-33　选择未显示的数据系列

第二步，在选择的数据系列上单击鼠标右键，在弹出的菜单中选择【更改系列图表类型】命令，在打开的【更改图表类型】对话框的【所有图表】选项卡左侧选择【组合】，然后在右侧选择【自定义组合图】，如图 2-34 所示。

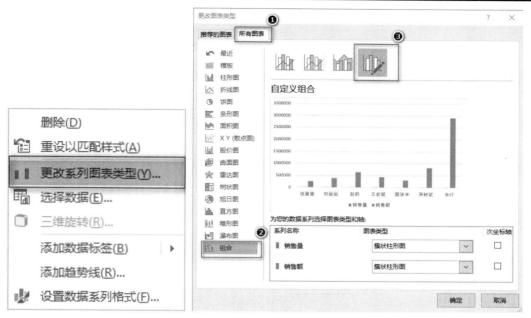

图 2-34　修改未显示数据系列的图表类型

第三步，在【为您的数据系列选择图表类型和轴】栏下方，将【销售量】的【图表类型】设置为【折线图】，并勾选【次坐标轴】，完成添加次坐标轴的设置，如图 2-35 所示。

图 2-35　为图表添加次坐标轴

2.3.6　设置数据标签

数据标签是在图表中显示图表数据的信息，为图表添加数据标签可以使图表信息更直观、更具体。

例 2.5　为图 2-35 中的图表添加数据标签，具体操作步骤如下：

第一步，鼠标单击图表区，会在图表右侧出现【图表元素】【图表样式】【图表筛选器】三个按钮，如图 2-36 所示。

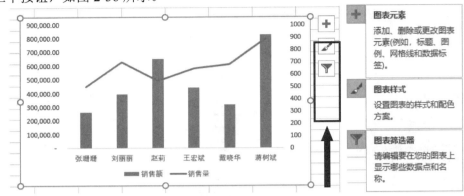

图 2-36　激活图表区设置按钮

第二步，单击【图表元素】按钮，在弹出的菜单中勾选【数据标签】，并指定合适的标签位置，即可为图表添加数据标签，如图 2-37 所示。

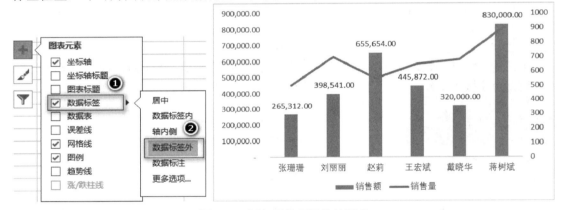

图 2-37　添加了数据标签的图表

2.3.7　设置误差线和趋势线

误差线和趋势线在图表中起到辅助显示的作用。本节以某公司在山东省部分地区的销售额统计明细表(图 2-38)为例，介绍设置误差线和趋势线的具体操作方法。

1. 误差线

误差线是以图形方式展示数据系列中每个数据点可能存在的误差范围，可以基于标准差或标准误差设置，反映数据的不确定度，帮助用户判断数据的可靠和精确程度。

	A	B	C	D	E
1	部分地区销售统计结果				
2	月份	烟台	济南	潍坊	日照
3	1月	567	752	537	487
4	2月	590	563	533	542
5	3月	547	835	502	517
6	4月	461	650	530	516
7	5月	450	585	450	487
8	6月	597	657	513	497
9	7月	580	634	496	548
10	8月	451	772	534	508
11	9月	584	605	513	529
12	10月	533	717	489	540
13	11月	513	826	535	537
14	12月	479	637	491	532

图 2-38　某公司在山东省部分地区的
销售额统计明细表

例 2.6　添加误差线的具体操作步骤如下：

第一步，创建折线图。以图 2-38 为数据源创建烟台和济南的销售额折线图，如图

2-39 所示。

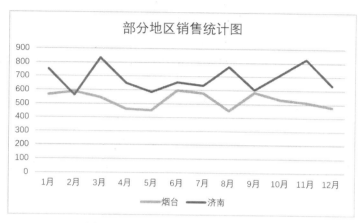

图 2-39　烟台和济南的销售额折线图

第二步，为济南的销售额数据添加误差线。选择代表济南数据的折线，单击图表右侧的【图表元素】按钮，在弹出的菜单中选择【误差线】→【标准误差】，如图 2-40 所示。

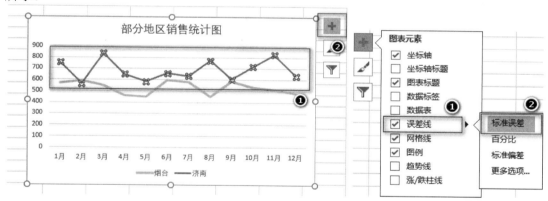

图 2-40　为济南的销售额数据添加误差线

添加误差线后的效果如图 2-41 所示。

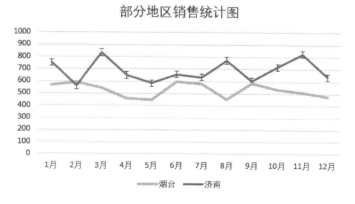

图 2-41　添加误差线后的效果

2. 趋势线

趋势线是一种用于描述数据变化规律的辅助工具，通常为一条直线或曲线。对于有时间跨度的数据，趋势线可以清晰地展示数据的走势，并据此预测未来可能的变化。如需在图表中表示一组数据的趋势或模式时，可通过添加趋势线使数据趋势更直观并易于理解。

例2.7 添加趋势线的具体操作步骤如下：

第一步，创建折线图(本例中直接利用图 2-41 的折线图进行操作)。

第二步，为烟台的销售额数据添加趋势线。选择代表烟台数据的折线，单击图表右侧的【图表元素】按钮，在弹出的菜单中选择【趋势线】→【线性预测】，如图 2-42 所示。

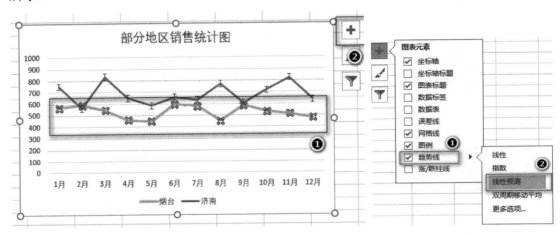

图 2-42 为烟台的销售额数据添加趋势线

添加趋势线后的效果如图 2-43 所示。

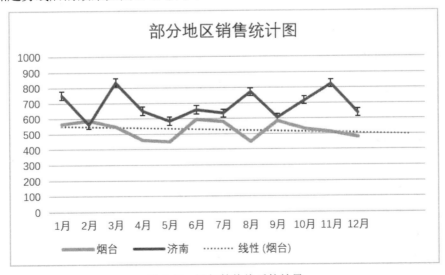

图 2-43 添加趋势线后的效果

2.4 复杂图表的制作

在某些特殊情况下，普通图表可能无法满足特定的需求。为解决这个问题，本节将以图 2-44 所示的某大学计算机学院 041-2 班学生成绩表为例，对复杂图表的制作方法进行详细介绍，包括如何利用函数创建动态图表、如何利用函数和窗体控件构建更灵活的动态图表，以及创建组合动态图表等。

学号	姓名	性别	随机过程	时间序列分析	高等数学	离散数学
计算机学院041-2班学生成绩表						
2020525001	刘峰	男	77	76	64	68
2020525002	王莉莉	女	91	71	94	59
2020525003	周敏	女	79	59	77	87
2020525004	范进	男	65	86	75	87
2020525005	黄建	男	70	58	85	58
2020525006	张扬	男	87	71	78	67
2020525007	安定人	男	94	53	62	61
2020525008	丁梦媛	女	63	78	83	75
2020525009	吴国庆	男	76	87	74	87
2020525010	张小琴	女	64	85	78	85
2020525011	苏音	女	79	81	77	83
2020525012	赵刚	男	86	56	83	56
2020525013	马波	男	86	81	63	69
2020525014	赵国庆	男	91	79	84	55
2020525015	刘忠	男	73	62	86	82
2020525016	李冰冰	女	76	64	74	62
2020525017	张伟	男	90	69	77	84
2020525018	李四	男	86	78	69	67
2020525019	李逵	男	82	75	73	66
2020525020	王红	女	58	62	64	79

图 2-44　某大学计算机学院 041-2 班学生成绩表

2.4.1 利用函数创建动态图表

利用函数创建的动态图表能够根据数据的变化自动更新图表，方便用户及时了解数据的趋势和变化情况，使得数据分析更为直观和灵活。此外，动态图表还可以帮助用户更好地理解数据之间的关系，从而做出更准确的决策。

例 2.8　以图 2-44 所示的成绩表为数据源，利用函数创建动态图表，操作步骤如下：

第一步，选择表格的 B2:B22 区域，将其复制到 I2:I22 区域中；然后在单元格 J2 中输入公式"=INDIRECT(ADDRESS(ROW(D2),CELL("COL")))"，回车得到计算结果为 0。

该公式根据单元格 D2 的行号和列号(COL)获取对应的单元格值，它使用 INDIRECT 函数和 ADDRESS 函数来实现这个功能，其中：

◇ ROW(D2)：获取单元格 D2 的行号。

◇ CELL("COL")：获取单元格 D2 的列号"COL"。

◇ ADDRESS(ROW(D2),CELL("COL"))：将行号和列号组合成一个地址字符串。

✦ INDIRECT()：返回由地址字符串指定的引用，立即对引用进行计算并显示其内容。如只需更改公式中单元格的引用，而不更改公式本身，则可以使用该函数。

 注意 该公式中包含循环引用，公式中的"CELL("COL")"返回的是公式所在单元格的列号。如果选择了其他的单元格，按【F9】键就会根据新列号重新计算公式的值。

第二步，将单元格 J2 中的公式下拉填充至单元格 J22，然后选择单元格 D2，按【F9】键刷新，单元格区域 J2:J22 中就会同步显示单元格区域 D2:D22 中的数据，如图 2-45 所示。

	A	B	C	D	E	F	G	H	I	J	K
1				计算机学院041-2班学生成绩表							
2	学号	姓名	性别	随机过程	时间序列分析	高等数学	离散数学		姓名	随机过程	
3	2020525001	刘峰	男	77	76	64	68		刘峰	77	
4	2020525002	王莉莉	女	91	71	94	59		王莉莉	91	
5	2020525003	周敏	女	79	59	77	87		周敏	79	
6	2020525004	范进	男	65	86	75	87		范进	65	
7	2020525005	黄建	男	70	58	85	58		黄建	70	
8	2020525006	张扬	男	87	71	78	67		张扬	87	
9	2020525007	安定人	男	94	53	62	61		安定人	94	
10	2020525008	丁梦媛	女	63	78	83	75		丁梦媛	63	
11	2020525009	吴国庆	男	76	87	74	87		吴国庆	76	
12	2020525010	张小琴	女	64	85	78	85		张小琴	64	
13	2020525011	苏音	女	79	81	77	83		苏音	79	
14	2020525012	赵刚	男	86	56	83	56		赵刚	86	
15	2020525013	马波	男	86	81	63	69		马波	86	
16	2020525014	赵国庆	男	91	79	84	55		赵国庆	91	
17	2020525015	刘忠	男	73	62	86	82		刘忠	73	
18	2020525016	李冰冰	女	76	64	74	62		李冰冰	76	
19	2020525017	张伟	男	90	69	77	84		张伟	90	
20	2020525018	李四	男	86	78	69	67		李四	86	
21	2020525019	李逵	男	82	75	73	66		李逵	82	
22	2020525020	王红	女	58	62	64	79		王红	58	

图 2-45　获取 D2:D22 对应的单元格值

第三步，选择单元格 I2:J22，创建簇状柱形图，即可得到"随机过程"课程成绩的簇状柱形图，如图 2-46 所示。

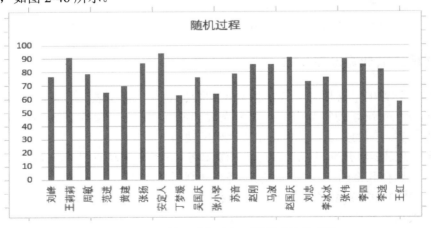

图 2-46　生成的"随机过程"课程成绩柱形图

如果需要查看其他课程，例如"时间序列分析"的成绩图表，可选择单元格 E2，然后按【F9】键，Excel 就会重新计算表中的数据，并自动将图 2-46 更新为相应的图表，如图 2-47 所示。

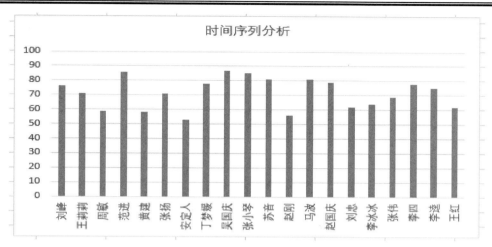

图 2-47　按【F9】后刷新生成的"时间序列分析"课程成绩柱形图

2.4.2　利用函数和窗体控件创建动态图表

利用窗体控件创建动态图表，可以让用户通过简单的操作来实时更新图表中的数据，从而以视觉化的方式动态展示数据的变化趋势、对比关系或统计结果，使得复杂的数据分析过程变得更加直观和有趣。对于数据分析、报告制作以及决策支持等领域来说，都是一种非常实用且高效的工具。

例 2.9　以图 2-44 所示的成绩表为例，利用窗体控件创建动态图表，操作步骤如下：

第一步，设置控件下拉列表项。在成绩表的 L3:L6 区域中，依次输入"随机过程""时间序列分析""高等数学"和"离散数学"，如图 2-48 所示。

第二步，添加窗体控件。在【开发工具】工具栏的【控件】组中选择【插入】→【组合框窗体控件】，如图 2-49 所示。

图 2-48　设置控件下拉列表项　　　　　　图 2-49　添加窗体控件

此时光标变为十字形状，可在工作表中的任意位置拖出窗体控件。右键单击该控件，在弹出的快捷菜单中选择【设置控件格式】，在弹出的【设置控件格式】对话框的【控制】选项卡中，将【数据源区域】设置为下拉列表项所在的位置"$L$3:$L$6"，将【单元格链接】设置为"$I$3"，将【下拉显示项数】设置为"4"，然后单击【确定】按钮，完成窗体控件设置，如图 2-50 所示。

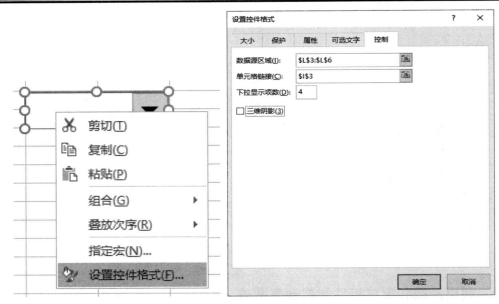

图 2-50　设置窗体控件格式

第三步，将单元格 B2:B22 区域中的数据复制到单元格 J2:J22 区域中，在单元格 K3 中输入公式"=INDEX(D2:G22,1,$I$3)"，返回 D2:G22 区域中的首行与某列交叉处单元格的值，列数为 I3 单元格中的值，即控件下拉列表项的序号，然后将公式向下复制至单元格 K22。这样，当在组合框窗体控件的下拉列表中选择某个项目，如【时间序列分析】时，I3 单元格中就会显示该项目对应的值 2，并在 K2:K22 区域中显示 D2:G22 区域中第二列【时间序列分析】的数据，如图 2-51 所示。

学号	姓名	性别	随机过程	时间序列分	高等数学	离散数学		姓名	时间序列分析	
				计算机学院041-2班学生成绩表						
2020525001	刘峰	男	77	76	64	68		刘峰	76	随机过程
2020525002	王莉莉	女	91	71	94	59		王莉莉	71	时间序列分析
2020525003	周敏	女	79	59	77	87		周敏	59	高等数学
2020525004	范进	男	65	86	75	87		范进	86	离散数学
2020525005	黄建	男	70	58	85	58		黄建	58	
2020525006	张扬	男	87	71	78	67		张扬	71	
2020525007	安定人	男	94	53	62	61		安定人	53	
2020525008	丁梦媛	女	63	78	83	75		丁梦媛	78	时间序列分析
2020525009	吴国庆	男	76	87	74	87		吴国庆	87	
2020525010	张小琴	女	64	85	78	85		张小琴	85	
2020525011	苏音	女	79	81	77	83		苏音	81	
2020525012	赵刚	男	86	56	83	56		赵刚	56	
2020525013	马波	男	86	81	63	69		马波	81	
2020525014	赵国庆	男	91	79	84	55		赵国庆	79	
2020525015	刘忠	男	73	62	86	82		刘忠	62	
2020525016	李冰冰	女	76	64	74	62		李冰冰	64	
2020525017	张伟	男	90	69	77	84		张伟	69	
2020525018	李四	男	86	78	69	67		李四	78	
2020525019	李逸	男	82	75	73	66		李逸	75	
2020525020	王红	女	58	62	64	79		王红	62	

图 2-51　使用组合框窗体控件选择动态图表数据源

第四步，以 J2:K22 单元格区域为数据源创建柱形图。将组合框窗体控件拖动到柱形图的上方标题位置，在控件上单击鼠标右键，在弹出的快捷菜单中选择【叠放次序】→【置于顶层】命令。此时切换控件下拉列表中的不同项目，即可使图表显示不同的数据系列，从而实现图表数据的动态显示，如图 2-52 所示。

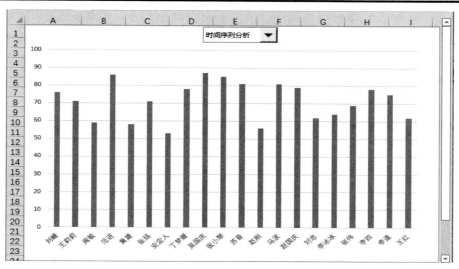

图 2-52 用函数和窗体控件创建的动态图表

2.4.3 创建组合动态图表

前面我们创建了学生各科成绩的动态柱形图，而如果能将平均成绩也显示在同一个图表中，就能很容易地看出某学生的成绩是在平均分之上还是之下。

例 2.10 创建组合动态图表的操作步骤如下：

第一步，在图 2-51 所示表格的单元格 M2 中输入"平均分"，然后在单元格 M3 中输入求平均公式"=AVERAGE($K$3:$K$22)"，即可求得某一科目的平均分，然后将该公式填充至单元格 M22 中，如图 2-53 所示。

M3		✕ ✓ fx	=AVERAGE($K$3:$K$22)	
▲	J	K	L	M	N
1					
2	姓名	0		平均分	
3	刘峰	77	随机过程	78.7	
4	王莉莉	91	时间序列分析	78.7	
5	周敏	79	高等数学	78.7	
6	范进	65	离散数学	78.7	
7	黄建	70		78.7	
8	张扬	87		78.7	
9	安定人	94		78.7	
10	丁梦媛	63		78.7	
11	吴国庆	76		78.7	
12	张小琴	64		78.7	
13	苏音	79		78.7	
14	赵刚	86		78.7	
15	马波	86		78.7	
16	赵国庆	91		78.7	
17	刘忠	73		78.7	
18	李冰冰	76		78.7	
19	张伟	90		78.7	
20	李四	86		78.7	
21	李逸	82		78.7	
22	王红	58		78.7	

图 2-53 求出某一科目的平均分

第二步，右键单击图 2-52 所示动态图表的绘图区，在弹出的快捷菜单中选择【选择数据】命令，在打开的【选择数据源】对话框中单击【添加】按钮，在弹出的【编辑数据系列】对话框的【系列名称】文本框中输入"平均分"，在【系列值】文本框中选择单元格区域 M3:M22，单击【确定】按钮，如图 2-54 所示。

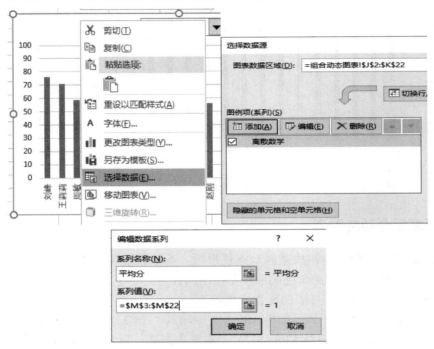

图 2-54　添加平均分数据序列

生成的柱形图如图 2-55 所示。

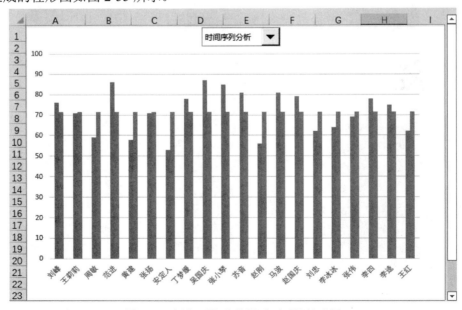

图 2-55　添加平均分数据系列后的柱形图

第三步，右键单击平均分数据系列的任意柱形，在弹出的快捷菜单中选择【更改图表类型】命令，在出现的【更改图表类型】对话框中选择【所有图表】选项卡中的【折线】→【折线图】，然后单击【确定】按钮生成图表。完成的组合动态图表如图 2-56 所示。

此时切换组合框窗体控件的下拉列表项，图中的成绩和平均分都会随之发生变化。

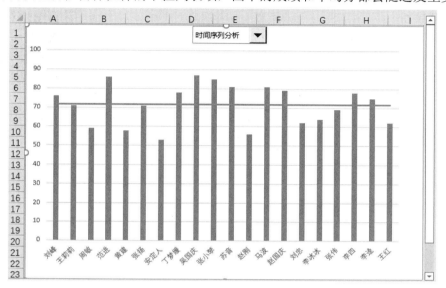

图 2-56　最终完成的组合动态图表

本 章 小 结

Excel 图表的常规类型有柱形图、条形图、折线图、饼图、XY 散点图、圆环图等，分别适用于不同的数据类型。柱形图是日常工作中应用最广泛的图表之一，用来展示一段时间内数据的变化或是对各个项目的数据进行比较。条形图与柱形图非常类似，可用来描述项目之间数值的差异情况，主要突出数值的差异而淡化时间和类别的差异。折线图展示的是相同时间间隔内数据的变化趋势，强调的是时间性和变动率而不是变动量。饼图展示数据系列中每一项占该系列数据总和的比例关系，默认只能展示单个数据系列。XY 散点图类似于折线图，可以展示多个数据或者多个数据系列的数据在相等时间间隔下的变化趋势。圆环图与饼图类似，也用于展示数据的整体与部分之间的比例关系，但圆环图可以同时展示多个数据系列。

图表创建完成后，还可以对图表进行进一步的编辑。图表的编辑包括更改图表类型、设置图表区格式、设置绘图区格式、设置图表标题、设置图表图例、设置图表坐标轴、设置网格线、设置数据标签等。

有时候简单的图表并不能满足用户的需求，为解决这一问题，本章介绍了几种复杂图表的制作方法，包括如何利用函数创建动态图表、如何利用函数和窗体控件创建动态图表，以及如何创建组合动态图表等。

本 章 练 习

扫描右侧二维码获取数据源，进行以下练习。

实操项目 1

把工商银行营业总收入的趋势线改为对数形式，并显示公式，比较各种不同类型的优缺点。

实操项目 2

制作复合图表，展示工商银行历年营业总成本及其同比变化，要求有次坐标轴，营业成本用红色柱形图表示，同比变化用蓝色折线图表示，并显示折线图的数据标签。

扫一扫获取数据源

第3章 数据透视表的应用

本章目标

- 熟悉数据透视表的界面结构
- 掌握数据透视表的布局设计
- 掌握数据透视表的格式设置
- 了解数据透视表的刷新功能
- 掌握数据透视表的切片器设置
- 掌握数据透视表的项目组合设置

重点难点

重点:
- ◇ 数据透视表的布局设计
- ◇ 数据透视表的项目组合设置

难点:
- ◇ 数据透视表的切片器设置
- ◇ 数据透视表的项目组合设置

Excel 中的数据透视表是一种强大的数据分析工具,可以满足用户对大量数据进行求和、计数等运算的需求,并且可以动态地调整它们的版面布局。在财务工作中,经常需要对相关数据进行汇总、求和、求平均值等操作,而数据透视表恰好能够满足这些需求。本章将详细介绍数据透视表的创建与编辑方法。

3.1 认识数据透视表

数据透视表基于数据透视技术,通过动态重排和汇总数据,使用户能够从多个角度对数据进行分类和分组,它提供了一种直观、便捷且易用的方式帮助用户创建自定义报表,而无须编写复杂的公式或宏。

数据透视表是一种交互式报表,可以随时灵活选择页、行和列中的不同元素对数据进行分析、汇总和可视化,帮助用户快速了解数据的关联性和趋势,显示和打印所需区域的明细数据。数据透视表还可以帮助用户分析、组织数据,如计算平均数或标准差、建立列联表、计算百分比和建立新的数据子集等。通过重新安排数据透视表,用户可以实现多角度查看数据的目的。

3.1.1 数据透视表的结构

作为最常用、功能最全的 Excel 数据分析工具之一,数据透视表综合了数据排序、筛选、分类汇总等数据分析工具的优点,可以灵活地以多种不同方式展示数据。合理运用数据透视表进行计算与分析,能够将许多复杂的问题简单化,并且极大地提高工作效率。

例如,根据某公司的员工资料情况表制作的数据透视表如图 3-1 所示。该透视表按照员工的学历和职务进行了分类汇总,从中能清晰地看到不同员工的工资情况(也可以通过对职务的筛选,查看不同职务员工的工资情况)。

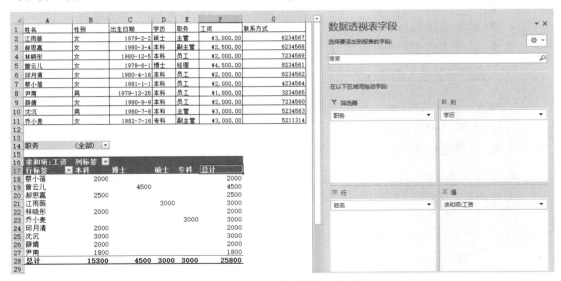

图 3-1 数据表格与数据透视表

　　从结构上看，数据透视表由四个部分组成。

1. 行区域

　　【行标签】区域位于数据透视表的左侧，用于分类和分组数据。通过将字段拖放到行标签区域，可以按照该字段的不同取值对数据进行分组，以便查看和分析每一组数据的具体信息。例如，在图 3-1 中，可以将【姓名】字段拖到行标签区域，这样就能分别查看不同类别人员的个人信息情况。

2. 列区域

　　【列标签】区域位于数据透视表的上方，用于进一步细分数据，与行标签一起构成数据透视表的二维表格结构。通过将字段拖放到列标签区域，可以按照该字段的不同取值对数据进行分类，以便从不同的维度查看数据。例如，在图 3-1 中，可以将【学历】字段拖到列标签区域，这样就能分别查看不同人员的学历情况。

3. 数值区域

　　【值】区域位于数据透视表的中间，用于显示数值汇总、计数、平均值等统计结果，可以根据需要选择合适的统计函数对数据进行计算。例如，在图 3-1 中，可以将【工资】字段拖到值区域，并选择"求和"函数，这样就能计算出每类学历不同人员的总工资额。

4. 报表筛选区域

　　【筛选】区域位于数据透视表的顶部，用于筛选和过滤数据。通过将字段拖放到筛选区域，可以根据该字段的不同取值对数据透视表中的数据进行筛选，以便只显示满足特定条件的数据。例如，在图 3-1 中，可以将【职务】字段拖到筛选器区域，然后选择特定的职务类别进行筛选，这样就能只查看符合该职务的人员数据信息。

　　通过合理设置和使用这些区域，用户可以对数据透视表进行灵活地布局和操作，以满足各种数据分析和汇总的需求。

3.1.2　创建数据透视表

　　创建数据透视表可以采用以下类型的数据源。

1. Excel 表格和表格区域

　　数据透视表可以使用表格和表格区域内的数据来创建。注意：标题行不能有空白单元格或合并的单元格，否则无法生成数据透视表。

2. 外部数据源

　　当大量数据保存在 Excel 之外(如 Microsoft Access 或 Microsoft SQL Server 数据库中)，可以连接到这些外部数据源，创建一个数据透视表来汇总、分析、浏览和呈现这些数据。

3. 数据模型

　　在工作簿中搭建好数据模型后，可以基于该模型创建数据透视表，进行数据分析。

　　例 3.1　某公司的费用发生明细表如图 3-2 所示，这些明细已经按部门每日发生额进行了统计，现需要将其以数据透视表的形式呈现出来，具体操作步骤如下：

	A	B	C	D	E	F
1	月	日	凭证号数	部门	摘要	发生额
2	07	8	记-0030	总经办	广告费	¥4,130.00
3	07	3	记-0013	市场部	办公费	¥24.00
4	07	8	记-0030	总经办	广告费	¥37.54
5	07	2	记-0010	市场部	办公费	¥150.00
6	07	8	记-0030	客服部	招待费	¥160.00
7	07	8	记-0030	客服部	广告费	¥171.81
8	07	6	记-0025	售后部	差旅费	¥199.00
9	07	9	记-0031	财务部	招待费	¥241.00
10	07	8	记-0030	客服部	广告费	¥279.06
11	07	6	记-0031	售后部	差旅费	¥329.06
12	07	4	记-0030	销售部	办公费	¥500.00
13	07	1	记-0029	财务部	办公费	¥561.76
14	07	4	记-0021	销售部	办公费	¥618.00
15	07	1	记-0003	财务部	办公费	¥767.00
16	07	6	记-0021	售后部	差旅费	¥840.00
17	07	8	记-0030	行政部	招待费	¥1,307.00
18	07	8	记-0030	财务部	广告费	¥2,608.97
19	07	6	记-0029	销售部	差旅费	¥7,660.00
20	07	6	记-0029	销售部	广告费	¥12,600.00

图 3-2　某公司费用发生明细表

第一步，单击数据列表区域中的任意单元格，在【插入】工具栏的【表格】组中选择【数据透视表】，弹出数据透视表创建对话框【创建数据透视表】，表格或区域范围会自动根据列表区域选定，单击【确定】按钮即可创建一张空的数据透视表，如图 3-3 所示。

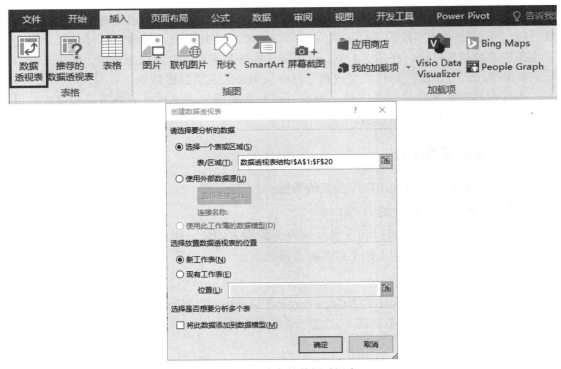

图 3-3　创建空的数据透视表

改变【创建数据透视表】对话框内的设置，可以创建不同的数据透视表：改变【选择一个表或区域】的设置，可以指定数据透视表的数据源；改变【选择放置数据透视表的位置】的设置，可以指定新建的数据透视表是放置在新工作表还是当前工作表中。

创建完成的空的数据透视表如图 3-4 所示。

第二步，在窗口右侧出现如图 3-5 所示的【数据透视表字段】对话框，先勾选【发生额】字段，该字段将出现在【值】区域中，同时也被添加到数据透视表中；然后勾选【日】字段，并将其拖拽至【行】区域内；最后勾选【部门】字段，并将其拖拽至【列】区域内。

图 3-4　数据透视表空表

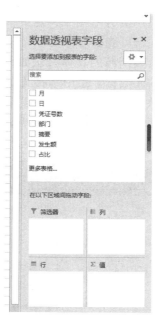

图 3-5　选择要加入数据透视表中的字段

创建完毕的数据透视表如图 3-6 所示。

求和项:发生额	列标签							
行标签	财务部	客服部	市场部	售后部	销售部	行政部	总经办	总计
1	1328.76							1328.76
2			150					150
3			24					24
4					1118			1118
6				1368.06	20260			21628.06
8	2608.97	610.87				1307	4167.54	8694.38
9	241							241
总计	4178.73	610.87	174	1368.06	21378	1307	4167.54	33184.2

图 3-6　创建完毕的数据透视表

3.2　编辑数据透视表

在使用数据透视表进行数据分析时，可以对数据透视表进行编辑，以满足不同的数据分析需求。

3.2.1　更改数据源

创建数据透视表后，可以将数据透视表的数据源更改为不同的 Excel 表或单元格区域，也可更改为其他外部数据源。但是，如果已在本质上更改了源数据，请考虑创建新的数据透视表。例如，将【年】列和【日】列合并为一个新的【日期】列，那么这种重组就改变了数据的基本结构，原有的数据透视表就可能无法适应这种结构变化而导致错误或不准确的分析结果。这种情况下，为确保数据的准确性和分析的有效性，创建新的数据透视表可能更为稳妥。

更改数据源的具体方法如下：单击数据透视表，在【数据透视表工具】的【分析】工具栏的【数据】组中选择【更改数据源】→【更改数据源】，在弹出的【更改数据透视表数据源】对话框中单击【表/区域】后的输入框，即可在表格中选取新的数据源单元格区域，确保新的数据源包含需要显示在透视表中的所有数据，然后单击【确定】按钮，即可将新的数据源应用于数据透视表，如图 3-7 所示。

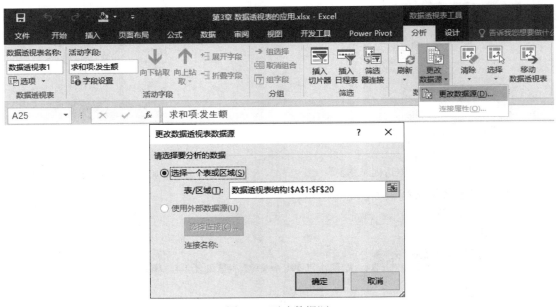

图 3-7　更改数据源

3.2.2　更新数据透视表

当数据透视表的数据源内容发生改变时，数据透视表的内容也应随之更新。用户可以手动刷新数据透视表，也可以设置自动刷新。

1. 手动刷新数据透视表

数据源的内容发生改变后，单击数据透视表的任意单元格，在【数据透视表工具】的【分析】工具栏的【数据】组中选择【刷新】→【刷新】(或【全部刷新】)命令；或者在数据透视表的任意单元格内单击鼠标右键，在弹出的菜单中选择【刷新】命令。这两种方法都可实现数据透视表的手动数据更新，如图 3-8 所示。

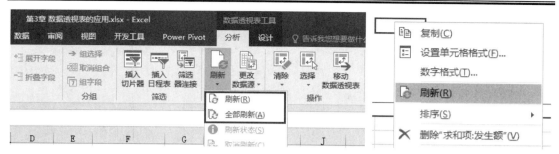

图 3-8　手动刷新数据透视表

2. 自动刷新数据透视表

设置在重新打开 Excel 表时自动刷新数据透视表的方法是：在数据透视表的任意单元格内单击鼠标右键，在弹出的菜单中选择【数据透视表选项】命令，然后在【数据透视表选项】对话框中勾选【数据】选项卡下的【打开文件时刷新数据】，最后单击【确定】按钮，如图 3-9 所示。之后每次重新打开 Excel 表，数据透视表的数据都会随数据源变化自动更新。

图 3-9　自动刷新数据透视表

3.2.3　数据透视表的布局

数据透视表的布局是指如何安排透视表中的字段和项目。用户可以通过把【数据透视表字段】中的字段拖放到透视表的不同区域来调整数据透视表的布局，如图 3-10 所示。

图 3-10　数据透视表字段和布局

1. 行标签

将字段拖放到【行】区域，可以按行分组和显示该字段的数据。

2. 列标签

将字段拖放到【列】区域，可以按列分组和显示该字段的数据。

3. 值字段

将字段拖放到【值】区域，可以对该字段的数据进行汇总和计算。

4. 筛选器

将字段拖放到【筛选】区域，可以根据特定条件筛选和过滤该字段的数据。

3.2.4　设置字段

在数据透视表中，设置字段是指对透视表中的字段进行调整和配置。通过设置字段，用户可以灵活地控制数据透视表的结构和显示方式，以满足不同的分析需求。

1. 添加字段

在数据透视表字段列表中，可以选择要添加到透视表的字段，然后拖动字段到对话框下方的【行】【列】【值】或【筛选】区域，或者在字段上单击鼠标右键，在弹出菜单中选择对应命令，即可将字段添加到数据透视表相应的位置，如图 3-11 所示。添加字段后，数据透视表将对字段的数据进行分组、汇总和计算。

图 3-11　添加字段

2. 删除字段

如果要删除数据透视表中的某个字段，可以将该字段拖动到其所在区域之外，或者在该字段上单击鼠标右键，在弹出的菜单中选择【删除字段】命令，如图 3-12 所示。删除字段后，数据透视表将不再显示该字段的数据和计算结果。

图 3-12　删除字段

3. 重新排列字段

用户可以在数据透视表布局窗口各区域中拖动字段来重新排列字段的顺序，或单击某个字段,在弹出的扩展菜单中选择【上移】【下移】【移至开头】【移至末尾】命令,即可实现对字段的排序。字段位置改变后,透视表将重新计算和显示数据,如图 3-13(a)、(b)所示。

(a) 重新排列字段前

(b) 重新排列字段后

图 3-13　重新排列字段

4. 插入计算字段

Excel 允许在数据透视表中创建计算字段,计算字段的值是基于数据透视表中已有字段的值的计算结果。

例 3.2　某公司各部门办公费、招待费、差旅费、广告费每年度预算共计 100 000元,现要根据已知的发生额,计算支出占比,操作步骤如下:

第一步,单击数据透视表内的任意单元格,在【数据透视表工具】的【分析】工具栏的【分析】组中选择【字段、项目和集】→【计算字段】，如图 3-14 所示。

图 3-14　插入计算字段

第二步，在弹出的【插入计算字段】对话框中，输入计算字段的名称和所用公式。本例中，在【名称】框中输入"占比"，【公式】框中输入"=发生额/100000"，然后单击【确定】按钮，如图 3-15 所示。

操作完毕，Excel 会自动将计算字段【占比】添加到值区域，并计算相应的值，如图 3-16 所示。

图 3-15　设置要插入的计算字段

图 3-16　插入计算字段后的效果

行标签	求和项:发生额	求和项:占比
财务部	4178.73	¥0.04
行政部	1307	¥0.01
客服部	610.87	¥0.01
市场部	174	¥0.00
售后部	1368.06	¥0.01
销售部	21378	¥0.21
总经办	4167.54	¥0.04
总计	33184.2	¥0.33

计算字段非常有用，特别是当需要在数据透视表中进行额外的数据分析，却又不想或不能更改原始数据源时，使用计算字段可以灵活扩展数据透视表的分析能力。

5．隐藏与显示字段

在如图 3-17 所示的【数据透视表字段】对话框中，取消勾选需要隐藏字段前面的复选框，即可将该字段的数据从数据透视表中隐藏；勾选需要显示字段前面的复选框，即可将该字段的数据继续显示在数据透视表中。

通过隐藏和显示字段，用户可以根据需要控制数据透视表中显示的字段，对需要专注于特定数据分析

图 3-17　显示与隐藏字段

或简化数据视图的工作非常有用。

6. 按字段排序

数据透视表中按字段排序时，可右键单击字段标题，在弹出的快捷菜单中选择【排序】→【升序】(或【降序】)，即可按照所选字段的值对数据进行排序，如图 3-18 所示。

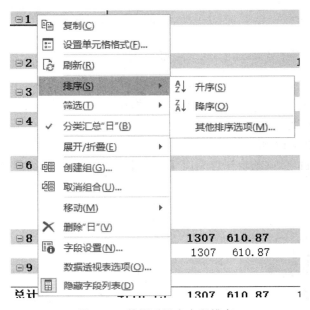

图 3-18　数据透视表字段排序

7. 值排序

数据透视表值排序是将选择的数值字段拖动到字段列表的【值】区域，然后在数据透视表中单击该数值字段对应的字段标题，最后在【数据】工具栏中的【排序和筛选】组中单击升序或降序按钮，即可进行排序，如图 3-19 所示。

求和项:发生额	列标签				
行标签	办公费	差旅费	广告费	招待费	总计
⊟1	1328.76				1328.76
财务部	1328.76				1328.76
⊟2	150				150
市场部	150				150
⊟3	24				24
市场部	24				24
⊟4	1118				1118
销售部	1118				1118
⊟6		9028.06	12600		21628.06
售后部		1368.06			68.06
销售部		7660	12600		20260
⊟8			7227.38		04.38
财务部		2608.97			08.97
行政部				1307	1307
客服部			450.87	160	610.87
总经办			4167.54		4167.54
⊟9				241	241
财务部				241	241
总计	2620.76	9028.06	19827.38	1708	33184.2

求和项:发生额
值: 无数值
行: 6
列: 招待费

图 3-19　数据透视表值排序

3.2.5　值汇总方式与数字显示方式

选择合适的值汇总方式和数字显示方式，对数据透视表中数据的汇总和格式化非常重要。值汇总方式使用户可以按指定的方式对透视表中的数据进行求和、计数、平均值等计算；数字显示方式则可以控制透视表中数据的格式，如小数点后保留几位、是否使用千位分隔符等。

1. 指定值汇总方式

值汇总方式是指定对透视表中的值字段进行怎样的汇总计算。值汇总方式可以是求和、计数、平均值、最大值、最小值等，可根据需求选择合适的值汇总方式。

在数据透视表的【值】区域中，右键单击需要汇总的值字段，在弹出的菜单中选择【值字段设置】命令，然后在弹出的【值字段设置】对话框中，指定【值汇总方式】选项卡下的【值字段汇总方式】列表中值字段的汇总方式，如图 3-20 所示。

图 3-20　指定值汇总方式

2. 设置数字显示方式

数字显示方式是指定数据透视表中数值数据的格式和显示方式，可以设置数值的小数位数、千位分隔符、货币符号等。

在数据透视表的【值】区域中，右键单击要更改数字显示方式的值字段，在弹出的菜单中选择【值字段设置】命令，然后在打开的【值字段设置】对话框中单击【数字格式】按钮，在弹出的【设置单元格格式】对话框中选择所需的数字格式即可，如图 3-21 所示。

图 3-21　设置数字显示方式

3.3　切片器

Excel 的切片器是一种强大的工具，可以用来对数据透视表的数据进行快速过滤和分析。例如，如果切片器设置为"部门"，用户可以通过点击特定的部门名称来查看仅属于该部门的数据。切片器以图形界面的形式出现，为用户提供了一种直观的方式来筛选和查看数据透视表的数据，使用户能够更加灵活地探索数据的不同维度，从而更好地理解和分析数据。

3.3.1　插入切片器

单击数据透视表中的任意单元格，在【数据透视表工具】的【分析】工具栏的【筛选】组中选择【插入切片器】，如图 3-22 所示。也可以在【插入】工具栏的【筛选器】组中选择【切片器】。

图 3-22　选择插入切片器

在弹出的【插入切片器】对话框中选择需要在切片器中显示的字段，然后单击【确定】按钮，Excel 就将创建一个切片器，如图 3-23 所示。该切片器将以默认大小和位置显示在工作表中，如图 3-24 所示。

图 3-23　选择要在切片器中显示的字段

图 3-24　切片器效果图

　　如需移动切片器的位置，可以按住切片器的标题栏将它拖动到所需的位置；如需调整切片器的大小，可以将鼠标放在切片器边缘使用调整手柄。

3.3.2　连接切片器

　　连接切片器是指将一个或多个数据透视表与切片器进行关联，以便同时筛选多个透视表的数据。

　　选择一个切片器，在 Excel 的顶部菜单栏中会出现【切片器工具】菜单。在【切片器工具】的【选项】工具栏的【切片器】组中选择【报表连接】，在弹出的【数据透视表连接】对话框中单击透视表名称旁边的复选框，可以选择要连接的数据透视表，然后单击【确定】按钮，即可建立切片器与所选数据透视表的连接，如图 3-25 所示。

图 3-25　选择连接切片器

连接设置完毕后，选择一个或多个切片器选项，所有连接的透视表都将根据所选的值进行筛选，可以帮助用户更方便地分析和比较不同透视表中的数据。

3.3.3　设置切片器

为更好地满足数据分析的需要，可以在【切片器工具】的【选项】工具栏中进行设置，进一步自定义和优化切片器的外观和功能。

1. 名称设置

在【选项】工具栏的【切片器】组中选择【切片器设置】工具，在弹出的【切片器设置】对话框中，可以设置切片器的名称、页眉、排序和筛选方式等，如图 3-26 所示。

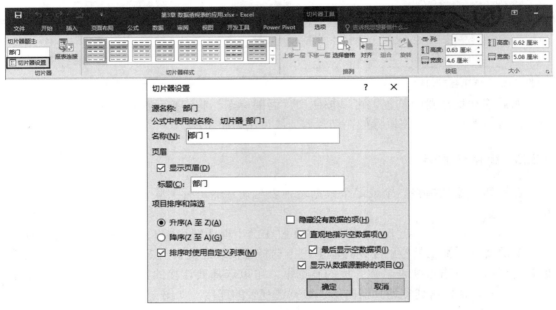

图 3-26　设置切片器名称

2. 样式设置

在【选项】工具栏的【切片器样式】组中，可以选择切片器的样式预设，指定切片器的外观和显示方式。

3. 布局设置

在【选项】工具栏的【排列】组中选择【上移一层】【下移一层】或【对齐】工具，即可调整切片器的布局方式。

4. 按钮设置

在【选项】工具栏的【按钮】组中，可以修改切片器的列数，或者调整切片器按钮的宽度和高度。

5. 大小设置

在【选项】工具栏的【大小】组中，可以调整切片器的宽度和高度。

3.4　数据透视表的操作

数据透视表创建完毕后，可以对透视表进行各种操作，以进一步分析和展示数据。

3.4.1　分页显示

分页显示可以将数据透视表中的数据分割成若干页来显示，以便更清晰地查看、聚焦和分析数据，在处理大量数据或比较不同数据时非常有用。

设置分页显示的具体操作为：在数据透视表中找到要进行分页显示的数据字段的标题，然后在【数据透视表工具】的【分析】工具栏的【数据透视表】组中单击【选项】的拓展按钮，在出现的拓展菜单中选择【显示报表筛选页】命令，然后在弹出的【显示报表筛选页】对话框中选择想要查看的字段，最后单击【确定】按钮，即可得到分页显示的数据分析表，如图 3-27 所示。

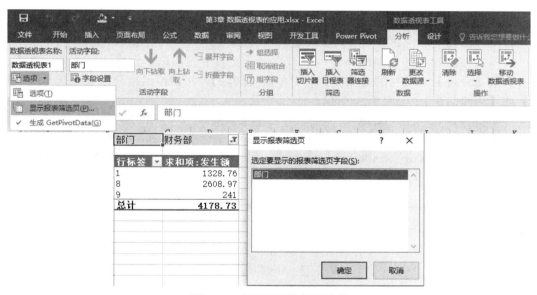

图 3-27　分页显示数据透视表

3.4.2　移动数据透视表

为创建更加直观和具有吸引力的报告或展示，有时可能需要将数据透视表移动到特定的位置或工作表中，以便与其他图表或数据一起展示。

移动数据透视表的具体操作为：单击数据透视表中的任意单元格，然后在【数据透视表工具】的【分析】工具栏的【操作】组中选择【移动数据透视表】，在弹出的【移动数据透视表】对话框中设置数据透视表的移动目标位置，即可将数据透视表移动到新位置，如图 3-28 所示。

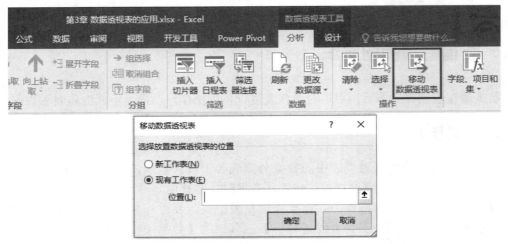

图 3-28　移动数据透视表

3.4.3　清除数据透视表

清除数据透视表将还原数据透视表的原始布局、字段和设置，但不会删除原始数据，使用户能够重新构建数据透视表或更改其设置。

清除数据透视表的具体操作为：单击数据透视表中的任意单元格，在【数据透视表工具】的【分析】工具栏的【操作】组中单击【清除】，然后根据用户需求选择【全部清除】或【清除筛选】，如图 3-29 所示。

图 3-29　清除数据透视表

3.5　数据透视图

数据透视图是数据透视表功能的一部分，它提供了一种可视和交互的方式来分析和汇总数据。数据透视图能以图形的形式实现数据可视化，帮助用户快速分析出数据的趋势，优化决策过程。

3.5.1　生成数据透视图

选择数据透视表的某个区域(该区域需包含要在数据透视图中展示的数据)，然后在

【数据透视表工具】的【分析】工具栏的【工具】组中选择【数据透视图】，如图 3-30 所示。

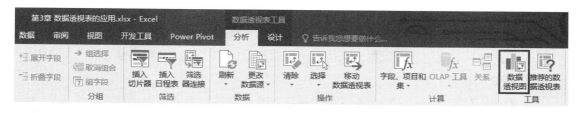

图 3-30　选择插入数据透视图

在弹出的【插入图表】对话框中选择图表类型，然后单击【确定】按钮，即可根据所选择的图表类型生成相应的数据透视图，如图 3-31 所示。

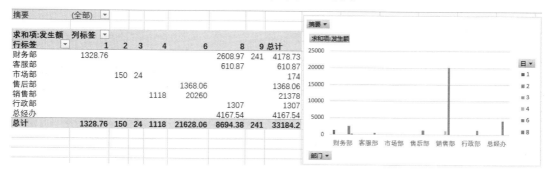

图 3-31　生成的数据透视图

对生成的数据透视图，还可以进一步编辑和自定义，以满足特定的分析需求。

3.5.2　编辑数据透视图

数据透视图与数据透视表是动态关联的。对生成的数据透视图，可以使用图表工具栏直接进行编辑，如更改图表样式、添加图例、调整轴标签等；也可以调整作为数据源的数据透视表的布局、字段和汇总方式等，相应的数据透视图就将自动更新以反映这些更改。

单击数据透视图，在【数据透视图工具】的【设计】工具栏中可以看到各组数据透视图编辑工具，如图 3-32 所示。

图 3-32　数据透视图编辑工具

1. 图表布局组

在【设计】工具栏的【图表布局】组中，可以设置布局图例、轴标签和数据标签等，并对它们进行位置和样式的调整。

2. 图表样式组

在【设计】工具栏的【图表样式】组中，可以设置图表样式和颜色方案，使数据透视图更具吸引力和可读性。

3. 图表数据组

在【设计】工具栏的【数据】组中，可以对行数据和列数据进行切换。

4. 图表类型组

在【设计】工具栏的【类型】组中，可以更改数据透视图的图表类型。

5. 图表位置组

在【设计】工具栏的【位置】组中，可以将数据透视图移至工作簿中的其他工作表。

3.6 数据仪表盘

数据仪表盘是一种以可视化方式展示关键数据和指标的高效信息管理工具，如图 3-33 所示。可以使用数据透视表、数据透视图以及数据切片等功能创建数据仪表盘。

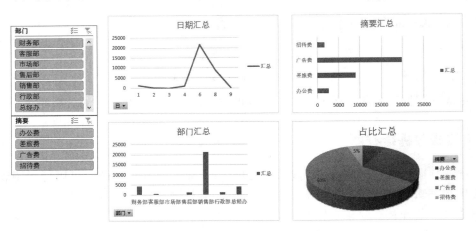

图 3-33 数据仪表盘

创建数据仪表盘的操作步骤如图 3-34 所示。

图 3-34 创建数据仪表盘

1. 了解需求

了解数据分析的需求和目的，明确用户需要从仪表盘中获取哪些信息以及他们将如何使用这些信息。

2. 探索数据

了解数据源具备的维度，明确以何种图表回答需求问题，并检查数据的完整性和规范性。

3. 绘制草图

构思仪表盘，绘制仪表盘草图。

4. 制作仪表盘

逐一制作透视表和透视图，将图表及表格汇总到报告页，插入切片器，设置切片器关联。

5. 调试调优

检查切片器关联是否正确，进行页面排版与美化，撰写帮助信息，测试不同外观风格的视觉观感。

6. 发布仪表盘

隐藏中间工作表，将仪表盘部署到目标平台，确保所有用户都能访问。

在数据仪表盘中也可以添加其他元素，如文本框、按钮、下拉列表等，以增强仪表盘的交互性和功能性。

在使用过程中，可以根据需要对数据透视表和透视图进行更新和调整，确保数据仪表盘始终显示最新的数据。

本 章 小 结

数据透视表是一种交互式报表，可以根据不同的需求提取、组织和分析数据，实现对大量数据的快速分类汇总及比较，并快速查看统计结果。用户还可以选择其中的页、行和列区域，将这些区域的明细数据显示并打印出来。

数据透视表可以满足不同用户的需要，使用透视表的创建、排序、筛选等功能，用户可以轻松实现自己的特定需求。

数据透视图可以将数据透视表的数据可视化，通过柱状图、饼状图、折线图等图表，直观地反映数据透视表中各数据之间的关系。

本 章 练 习

某公司部门费用统计如表 3-1 所示。

表 3-1　部门费用统计表

编号	日期	员工姓名	所属部门	费用类别	入额/元	出额/元	余额/元	备注
0001	2012/3/29	肖华	财务部	第一季度费用	50 000	38 000	17 650	北京
0002	2012/3/14	陈真	销售部	差旅费	1000	900	100	上海
0003	2012/3/4	张霞	秘书处	办公费	800	300	500	办公柜
0004	2012/3/5	刘东	研发部	办公费	2000	1800	200	喷墨机

续表

编号	日期	员工姓名	所属部门	费用类别	入额/元	出额/元	余额/元	备注
0005	2012/3/6	李晓梅	企划部	办公费	800	250	550	打印纸
0006	2012/3/7	吴小燕	企划部	办公费	300	120	180	复写纸
0007	2012/3/15	张樊	销售部	差旅费	300	300	0	武汉
0008	2012/2/1	李杰	销售部	招待费	800	780	20	招待所
0009	2012/3/30	周浩	企划部	宣传费	8000	6500	1500	化妆品广告
0010	2012/3/16	舒娟	研发部	差旅费	1200	1000	200	北京
0011	2012/3/8	向梅	秘书处	办公费	400	360	40	培训费
0012	2012/3/17	何东吉	研发部	办公费	20 000	18 000	2000	深圳
0013	2012/2/2	赵志杰	企划部	招待费	600	500	100	电影费
0014	2012/3/18	朱子晓	企划部	差旅费	600	580	20	武汉
0015	2012/3/19	章琳	企划部	差旅费	600	560	40	广州
0016	2012/3/9	桔梗	秘书处	办公费	600	400	200	办公柜

请根据表中数据进行以下练习。

实操项目 1

创建一张包含【所属部门】【员工姓名】和【入额】字段的数据透视表。

实操项目 2

在数据透视表中插入名为"占比"的计算字段，并设置该字段使用的公式为"=出额/入额"，要求对公式指定的字段进行计算并显示计算结果。

实操项目 3

根据数据透视表创建数据透视图，分析所属部门的支出情况与各类别费用的支出情况，并对透视图的数据系列和坐标轴的格式进行设置，使数据展示更清晰和直观。

第4章 函数的应用

本章目标

- 了解公式、函数的基本概念
- 掌握常见函数的应用
- 掌握财务中常见函数的应用

重点难点

重点：

◇ 常见逻辑函数中 TRUE、FALSE、IF、AND、OR、NOT 等函数的应用

◇ 常见数学与统计函数中 SUM、SUMIF、SUMIFS、SUMPRODUCT、COUNT、COUNTF、COUNTFS、DCOUNT、AVERAGE、DAVERAGE、LARGE、SMALL、MEDIAN、STDEV 等函数的应用

◇ 常见查找与引用函数中 VLOOKUP、HLOOKUP、MATCH、INDEX、OFFSET、HYPERLINK 等函数的应用

◇ 常见日期与时间函数中 DATE、DATEVALUE、DATEDIF、TODAY、NOW、YEAR、MONTH、WEEKDAY、DAY、TIME、HOUR、MINUTE、SECOND 等函数的应用

◇ 常见文本函数中 FIND、FINDB、LEFT、MID、RIGHT、LEN、LENB、TEXT、VAULE 等函数的应用

难点：

◇ 数学与统计函数中 LARGE、SMALL、MEDIAN、STDEV 函数的区别
◇ 文本函数中 FIND、FINDB 函数的区别
◇ 文本函数中 LEFT、MID、RIGHT 函数的区别
◇ 文本函数中 LEN、LENB 函数的区别

Excel 通过内建的公式或函数来协助用户完成多种数据的计算和分析任务。这些函数的应用领域广泛，既包括日常工作，也包括财务专项分析。本章将针对这两个领域中的常见需求，通过实例详细讲解相关函数的含义及语法应用。

4.1 公式与函数基础

本节介绍 Excel 中函数与公式的基础知识。理解并熟练运用这些函数与公式，对于后续学习以及运用它们解决各类问题至关重要。

4.1.1 认识公式

公式是进行数据处理与分析的工具。通俗地讲，公式就是使用数据运算符来处理数值、文本、函数等，从而得到运算结果。

Excel 中的公式与数学中的公式类似，是一种用于计算的表达式，通常以"="开头，在后面包含了各种运算符、常量数值、文本、工作表函数及单元格地址。

1. 公式的组成

公式的组成要素有等号(=)、常量、运算符、单元格引用、函数、数值或任意字符串等。

(1) 常量：指直接输入公式中的值，如数字"1"，日期"2015-07-15"等。

(2) 运算符：指连接公式中的基本元素并完成特定计算的符号，不同运算符用来进行不同的运算，如"+"","等。

(3) 单元格引用：即指定要进行运算的单元格地址，可以是单个单元格、单元格区域、同一工作簿中其他工作表的单元格或其他工作簿中某张工作表的单元格。

(4) 函数：包括函数及函数的参数，也是公式中的基本元素之一。

(5) 数值或任意符串：包括数字或文本等各类数据，如"0.2456""单位名称""BMW007"等。

2. 公式常用的运算符

公式中常用的运算符类型有算术运算符、比较运算符、文本运算符和引用运算符四种。

(1) 算术运算符：包括了加(+)、减(−)、乘(*)、除(/)、百分比(%)以及乘幂(^)等各种常规的算术运算。

(2) 比较运算符：主要用于比较两个或多个数字、文本、单元格内容或函数结果的大小关系，结果为逻辑值 TRUE 或 FALSE。常见运算符有=、<、>、<=、>=。

(3) 文本运算符：主要用于将文本字符或字符串进行连接和合并。此类运算符常见的有"&"。例如，"North&Wind"的运算结果为字符串"Northwind"。

(4) 引用运算符：用于对单元格内数据的引用，是 Excel 特有的运算符，常见的如表4-1所示。

表 4-1　引 用 运 算 符

运算符	含　　义	示　例	运 算 结 果
:	冒号，区域运算符，生成对两个引用之间所有单元格的引用	A1:B2	单元格 A1、A2、B1、B2
,	逗号，联合运算符，将多个引用合并为一个引用	A1,B3	单元格 A1、B3
(空格)	交集运算符，生成对两个引用中共有的单元格的引用	B3:E4 C1:C5	单元格 C3 和 C4(两单元格区域的交叉单元格)

3. 公式的计算顺序

公式的计算顺序与运算符的优先级有关。通俗地讲，运算符的优先级别决定了在公式中先计算哪一部分，后计算哪一部分。运算符的优先级别如表 4-2 所示。

表 4-2　运算符的优先级别

优先级别	运　算　符
1	:、,、(空格)
2	−(符号)
3	%
4	∧
5	*、/
6	+、−(减号)
7	&
8	=、<、>、<=、>=、<>

在实际运用中，很多时候都需要首先计算优先级别低的运算符，此时就可以使用括号。如果公式中有括号，就会优先计算括号中的内容；如果括号中还有括号，则会优先从最里面的括号中的内容开始，依次向外计算。

4.1.2　公式的应用

下面将结合实例，详细讲解日常工作中常用公式的应用方法。

1. 输入编辑公式

例如，某月末，财务部统计 A 产品在济南、烟台的销售数量及销售价格，并核算出各地区的销售总额。此时可以选择以下两种输入编辑方式。

(1) 在编辑栏中输入并编辑公式。选择单元格 E3，然后在该单元格的编辑栏中输入公式"=C3*D3"，如图 4-1(a)所示。

(2) 在单元格中输入并编辑公式。除在编辑栏中输入公式外，也可直接在单元格中输入公式。选择单元格 E4，在其中直接输入公式"=C4*D4"，输入的公式也会在该单元格的编辑栏中显示，如图 4-1(b)所示。

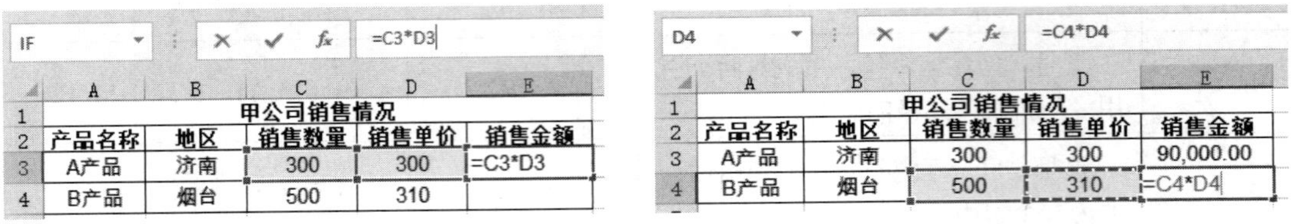

(a) 在编辑栏中编辑输入公式　　　　　　　　(b) 在单元格中编辑输入公式

图 4-1　输入编辑公式

2. 复制公式

当需要在多个单元格中输入相同公式时，逐一输入显然会影响工作效率。此时使用 Excel 提供的复制/粘贴功能，即可方便地将同一个公式应用于其他单元格。

选择要复制的单元格，在【开始】工具栏的【剪贴板】组中单击【复制】按钮，再选择要粘贴的目标单元格，然后单击【剪贴板】组中的【粘贴】按钮，即可将原单元格中的公式复制到目标单元格中，并自动计算对应的数据。

4.1.3　认识函数

函数是 Excel 中的一种预定义操作，它接受输入值(称为参数)，然后根据特定的算法或逻辑进行运算，并返回结果。函数可以执行各种数学、逻辑、文本、日期等运算。掌握常见的 Excel 函数，如求和(SUM)、查找(VLOOKUP)、求平均数(AVERAGE)等，能够帮助用户提高工作效率，同时有效保障数据处理的准确性。

1. 函数的结构

函数的基本结构是"=函数名(参数)"。其中：

(1) 函数名是指要执行的操作。函数名前必须有等号(=)。

(2) 参数是函数的输入值，不同的函数可能需要不同数量和类型的参数。

(3) 括号是用于包围参数，即使没有参数，括号也是必需的。

例如，"=SUM(A1:A10)"函数可以计算单元格 A1 到 A10 的和。

2. 函数的操作

与公式一样，函数也可以进行编辑、复制和粘贴。可以直接在单元格中输入函数，也可以使用【插入函数】对话框来构建函数。

在【公式】工具栏中单击【函数库】组中的【插入函数】按钮(通常是一个"*fx*"图标)，在弹出的【插入函数】对话框中，可以搜索或从列表中选择所需函数。

例如，在【插入函数】对话框的【搜索函数】下方输入框中输入"IF"，然后单击【转到】按钮(或者在类别下拉菜单中选择【逻辑】，从列表中选择 IF 函数，然后单击【确定】按钮)，即可弹出【函数参数】对话框，如图 4-2 所示。在【函数参数】对话框中的参数输入区域中填入参数，或在工作表中选择参数所在区域后，单击【确定】按钮，即可得出函数运算结果。

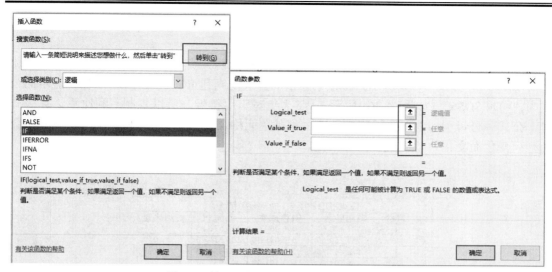

图 4-2　使用【插入函数】对话框构建函数

4.1.4　引用

在 Excel 中，引用是指在公式中使用单元格地址(范围)来获取数据或执行计算。通过"引用"可以在公式中引用其他单元格的数据，从而实现动态计算和数据处理。常见的引用类型有相对引用、绝对引用、混合引用三种。

1. 相对引用

相对引用是最常见的引用类型，也是默认的引用类型。当在公式中使用相对引用时，单元格地址会相对于公式所在的位置进行调整。

例如，若在单元格 A1 中输入公式"=B1+C1"，那么将该公式拖拽复制到单元格 A2 中时，公式会自动调整为"=B2+C2"，即对 B1 和 C1 的引用会相对于公式的位置进行调整。

2. 绝对引用

绝对引用是指在公式中使用固定的单元格地址，该地址不会随着公式位置的改变而改变。

在 Excel 中，使用"$"符号来指定绝对引用，如"$B$1"就表示绝对引用单元格 B1。例如，若在单元格 A1 中输入公式"=$B$1+$C$1"，那么无论如何拖拽或复制该公式，对单元格 B1 和 C1 的引用都保持不变。

3. 混合引用

混合引用是相对引用和绝对引用的组合，即在公式中，某些部分是相对引用，而其他部分是绝对引用。如"$B1"表示列 B 是绝对引用，而行号 1 是相对引用；"B$1"则表示列 B 是相对引用，而行号 1 是绝对引用。

例如，若在单元格 A1 中输入公式"=$B1+C$1"，那么将该公式拖拽复制到单元格 A2 时，公式会自动调整为"=$B2+C$1"——即对列$B1 的引用是相对的，对行 C$1 的行引用是相对的。

例 4.1 某公司财务部现要计算该公司 2023 年第一季度的销售情况,并测算各月毛利占第一季度总毛利的比重。

选择单元格 E3,在其中输入公式"=D3/$D$6",输入完毕后自动计算出 1 月毛利比重为 29.48%,如图 4-3(a)所示。将该单元格的公式复制到 E4 中,则 E4 中自动显示的公式为"=D4/$D$6",如图 4-3(b)所示。因$为绝对引用符号,所以复制毛利比重计算公式时,公式中分母引用的单元格固定不变,都是单元格 D6,而分子为相对引用,单元格会随行列变化而变化。

	A	B	C	D	E
	E3		fx	=D3/$D$6	
1		2023年第一季度销售			
2	月份	销售收入	销售成本	毛利润	毛利比重
3	1	821,170.00	695,600.00	125,570.00	29.48%
4	2	751,560.50	615,045.60	136,514.90	32.05%
5	3	885,413.36	721,546.30	163,867.06	
6	合计	2,458,143.86	2,032,191.90	425,951.96	

(a)

	A	B	C	D	E
	E4		fx	=D4/$D$6	
1		2023年第一季度销售			
2	月份	销售收入	销售成本	毛利润	毛利比重
3	1	821,170.00	695,600.00	125,570.00	29.48%
4	2	751,560.50	615,045.60	136,514.90	32.05%
5	3	885,413.36	721,546.30	163,867.06	
6	合计	2,458,143.86	2,032,191.90	425,951.96	

(b)

图 4-3 混合引用计算示例

4.1.5 认识错误值

在 Excel 中,当公式出现错误或无法执行计算时,会返回特定的错误值。了解和识别这些错误值对于调试和纠正公式非常重要。

1. #DIV/0!(除以零错误)

一个数被零除时,公式会返回此错误值。

2. #VALUE!(无效数值错误)

公式中包含无效的数值操作,或者使用了错误的数据类型时,会返回此错误值。例如使用了无效的函数参数,或将文本字符串与数值相加。

3. #REF!(引用错误)

公式中引用了无效的单元格地址或范围时,会返回此错误值。该错误可能是因为删除了被引用的单元格或范围,或者移动了公式所引用的单元格位置。

4. #NAME?(名称错误)

公式中引用了不存在的函数名称或定义的名称时,会返回此错误值。该错误可能是因为拼写错误,也可能是引用的函数或名称尚未定义。

5. #N/A (不可用错误)

公式中引用的数值或信息不可用时，会返回此错误值。例如在查找某个值时，如果该值不存在，就会返回#N/A。

以上仅是一些常见的错误值示例，Excel 还有其他错误值，如 #NUM!(数值错误)、#NULL! (空引用错误)等。

4.2　逻辑函数

逻辑函数是 Excel 中常用的函数类型，用于进行条件判断和逻辑运算。逻辑函数能根据给定的条件返回不同的结果，帮助用户进行复杂的决策和数据分析。

4.2.1　TRUE 和 FALSE 函数

在 Excel 中，TRUE 和 FALSE 函数是两个常用的逻辑函数，它们分别返回逻辑值真(TRUE)和假(FALSE)。这两个函数可以在逻辑判断和条件表达式中使用，帮助用户进行简单的逻辑运算和条件判断。

1. TRUE 函数

TRUE 函数是一个无需参数的函数，当满足条件时，直接返回逻辑值真。

2. FALSE 函数

FALSE 函数是一个无需参数的函数，当不满足条件时，直接返回逻辑值假。

例如，甲公司的销售数量和出库数量应该是一致的，可以运用 TRUE 和 FALSE 函数来验证两个数据是否相同：在单元格中输入公式“=B3=C3”，如果 B3 与 C3 条件一致，结果为 TRUE，否则为 FALSE，如图 4-4 所示。

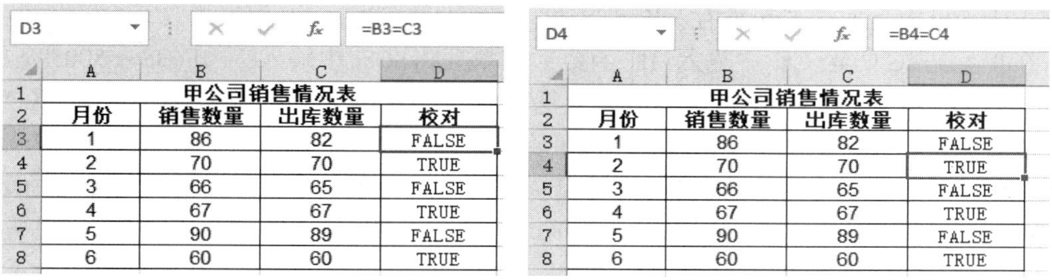

	A	B	C	D
1	甲公司销售情况表			
2	月份	销售数量	出库数量	校对
3	1	86	82	FALSE
4	2	70	70	TRUE
5	3	66	65	FALSE
6	4	67	67	TRUE
7	5	90	89	FALSE
8	6	60	60	TRUE

	A	B	C	D
1	甲公司销售情况表			
2	月份	销售数量	出库数量	校对
3	1	86	82	FALSE
4	2	70	70	TRUE
5	3	66	65	FALSE
6	4	67	67	TRUE
7	5	90	89	FALSE
8	6	60	60	TRUE

图 4-4　逻辑函数应用示例

TRUE 和 FALSE 函数通常作为构建逻辑表达式、进行条件判断和逻辑运算的基础，同时它们还可以与其他逻辑函数(如 IF、AND、OR 等)结合使用，进一步增加逻辑运算的复杂性和深度。

4.2.2　IF 函数

IF 函数用于对条件进行判断，条件结果采用 TRUE 或 FALSE 表示，IF 根据该结果执行不同的操作。

语法：IF(logical_test ,value_if_true , value_if_false)。

- ✧ logical_test：这是一个条件表达式，其结果必须为 TRUE 或 FALSE。这个测试决定了接下来的操作：如果测试结果为 TURE，则执行 value_if_true；如果为 FALSE，则执行 value_if_false。
- ✧ value_if_true：当 logical_test 的结果为 TRUE 时，IF 函数将返回这个值或执行这个参数中的公式。
- ✧ value_if_false：当 logical_test 的结果为 FALSE 时，函数将返回这个值或执行这个参数中的公式。

例 4.2 如果要求学生期末考试成绩大于或等于 60 分显示及格，低于 60 分显示不及格。则可以在单元格 C3 中输入 IF 函数“=IF(B3>=60,"及格","不及格")”，输入完毕后，将该函数复制到下方单元格中即可，如图 4-5 所示。

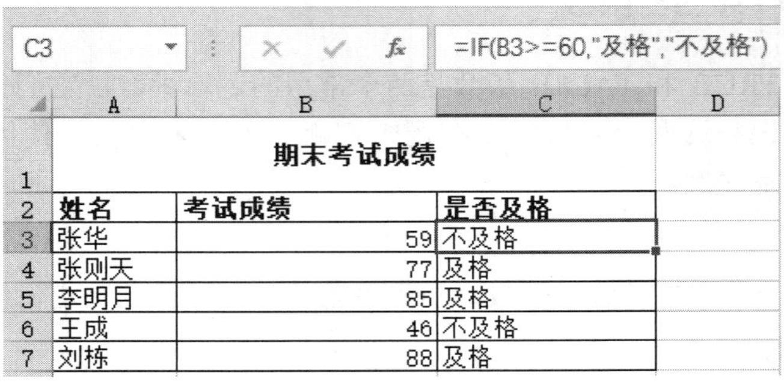
C3 =IF(B3>=60,"及格","不及格")

	A	B	C
1	期末考试成绩		
2	姓名	考试成绩	是否及格
3	张华	59	不及格
4	张则天	77	及格
5	李明月	85	及格
6	王成	46	不及格
7	刘栋	88	及格

图 4-5 IF 函数应用示例

IF 函数的参数也常设置为公式，与其他公式相结合，可以充分发挥 IF 函数的最大作用。

例 4.3 现要求统计企业 2023 年年末五种商品的库存情况。当库存商品金额小于 200 万元时，显示库存为短缺状态；金额在 200 至 500 万元之间，显示库存为平稳状态；金额大于 500 万元时，显示库存为充足状态。

在单元格 C4 至 C8 中输入 IF 函数：在单元格 C8 中输入“=IF(B8>=500,"充足",IF(B8>=200, "平稳", "短缺"))”，然后向上复制至单元格 C4，输入完毕后即可显示各类库存商品对应的状态，如图 4-6(a)所示。也可以用 Excel 的【插入函数】对话框插入函数，选择 IF 函数后，在【函数参数】对话框中输入 IF 函数的各个参数，然后单击【确定】按钮，亦可同样显示各类库存商品对应的情况，如图 4-6(b)所示。

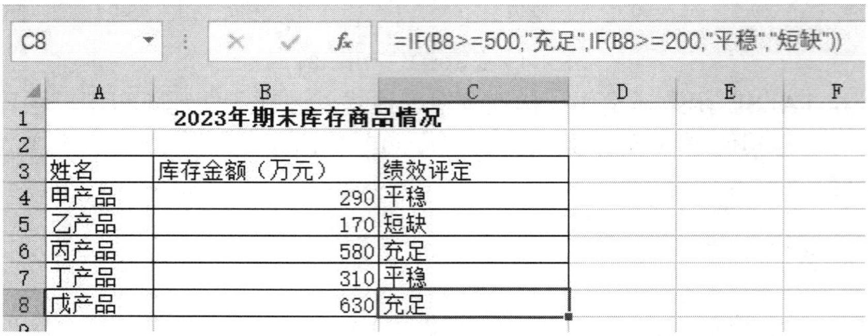
C8 =IF(B8>=500,"充足",IF(B8>=200,"平稳","短缺"))

	A	B	C
1	2023年期末库存商品情况		
2			
3	姓名	库存金额（万元）	绩效评定
4	甲产品	290	平稳
5	乙产品	170	短缺
6	丙产品	580	充足
7	丁产品	310	平稳
8	戊产品	630	充足

(a)

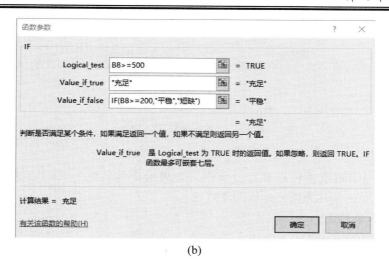

(b)

图 4-6　两种插入含公式参数的 IF 函数的方法

4.2.3　AND、OR、NOT 函数

在 Excel 中，AND、OR 和 NOT 函数也是常用的逻辑函数，可以根据多个条件进行复杂的逻辑运算和条件判断。

1. AND 函数

AND 函数用于判断多个条件是否同时为真。如果所有条件都为真，则 AND 函数返回 TRUE；如果至少一个条件为假，则返回 FALSE。

语法：AND(条件 1,条件 2, ...)。

❖　若 AND(TRUE,TRUE)，所有参数均为 TURE，则返回结果为 TURE。

❖　若 AND(TRUE,FALSE)，有一个参数为 FALSE，则返回结果为 FALSE。

例如，利用函数"=AND(A1>10, A2<20)"判断是否 A1 的值大于 10 且 A2 的值小于 20，如果两个条件都为真，则返回 TRUE，否则返回 FALSE，如图 4-7 所示。

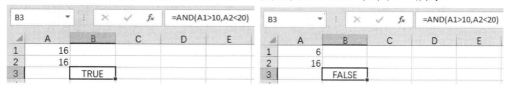

图 4-7　AND 函数应用示例

2. OR 函数

OR 函数用于判断多个条件是否有至少一个为真。如果至少一个条件为真，则 OR 函数返回 TRUE；如果所有条件都为假，则返回 FALSE。

语法：OR(条件 1,条件 2, ...)。

❖　若 OR(TRUE,FALSE)，有一个参数为 TURE，则返回结果为 TURE。

❖　若 OR(FALSE,FALSE)，所有参数均为 FALSE，则返回结果为 FALSE。

例如，利用函数"=OR(A1>10,A2<20)"判断是否 A1 的值大于 10 或 A2 的值小于 20，如果其中一个条件为真，则返回 TRUE，否则返回 FALSE，如图 4-8 所示。

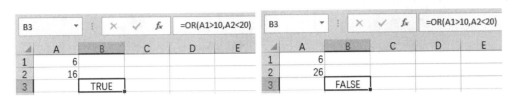

图 4-8　OR 函数应用示例

3. NOT 函数

NOT 函数用于对逻辑值进行取反操作。如果给定的条件为真，则 NOT 函数返回 FALSE；如果给定的条件为假，则返回 TRUE。

语法：NOT(条件)。

例如，利用函数"=NOT(A1>10)"判断是否 A1 的值大于 10，如果条件为假，则返回 TRUE，否则返回 FALSE，如图 4-9 所示。

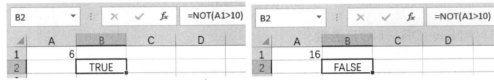

图 4-9　NOT 函数示例

4.3 数学与统计函数

数学与统计函数主要用于进行各种数值计算和统计分析，是处理数据、进行数学运算、计算统计指标的重要工具。

4.3.1 SUM、SUMIF、SUMIFS、SUMPRODUCT 函数

Excel 为数值计算和汇总提供了灵活多样的函数，适用于不同的应用场景。如 SUM 常用于基本求和，SUMIF、SUMIFS 和 SUMPRODUCT 则更适合需要根据条件进行汇总或复杂计算的情况。

1. SUM 函数

SUM 函数用于计算一系列数值的总和，非常适合快速计算总数。其参数可以是区域、单元格引用、数组、常量、公式或另一个函数的结果。

语法：SUM(number1,[number2,]…)。

◇　number1：必需参数，需要相加的第一个数值参数。

◇　number2,…：可选参数，需要相加的第 2 到第 255 个数值参数。

例 4.4　已知甲企业 1 月份销售收入 1 250 400 元，2 月份销售收入 2 325 000 元，3 月份销售收入 2 420 500 元，现需合计第 1 季度 3 个月的销售收入总额。可以在单元格 B6 中输入函数"=SUM(B3:B5)"，计算得出 3 个月的合计收入总额为 5 995 900 元，如图 4-10 所示。

B6　=SUM(B3:B5)

	A	B
1	甲企业第一季度销售收入	
2	月份	销售收入
3	1月	1,250,400.00
4	2月	2,325,000.00
5	3月	2,420,500.00
6	合计	5,995,900.00

图 4-10　SUM 函数应用示例一

例 4.5　现需以某企业第一季度各月毛利润情况表数据为基础，计算第一季度毛利润的合计数。可以在单元格 C7 中输入函数“=SUM(B5:D5)”，计算得出第一季度毛利润的合计数为 31 955.07 元，如图 4-11 所示。

C7　=SUM(B5:D5)

	A	B	C	D
1	某企业第一季度各月毛利润情况表			
2	月份	1月份	2月份	3月份
3	销售收入	64,520.00	71,523.50	69,510.20
4	销售成本	53,929.69	60,160.56	59,508.38
5	毛利润	10,590.31	11,362.94	10,001.82
6				
7	第一季度毛利润合计数		31,955.07	

图 4-11　SUM 函数应用示例二

2. SUMIF 函数

SUMIF 函数用于对满足某个条件的区域所对应的单元格的值进行求和。

语法：SUMIF(range,criteria,[sum_range])。

✧ range：必需参数，指定用于判断是否满足求和条件的条件区域，可以是一列、一行或是多个单元格组成的区域。

✧ criteria：必需参数，指定条件区域需满足的条件，其形式可以是数字、表达式、单元格引用、文本或函数。

✧ sum_range：可选参数，指定进行求和计算的单元格区域。如果省略，则会默认使用 range 参数指定的区域进行求和。

例 4.6　甲公司 1—6 月份 A 产品和 B 产品的销售情况如图 4-12 所示，现要求根据表格进行以下计算：

	A	B	C
1	甲公司销售情况表		
2	月份	A产品销售金额	B产品销售金额
3	1	55,000.00	82,500.00
4	2	70,000.00	105,000.00
5	3	23,000.00	30,000.00
6	4	45,000.00	67,500.00
7	5	63,000.00	94,500.00
8	6	37,000.00	55,500.00

图 4-12　甲公司 1—6 月份产品销售情况表

第一步，将单月单品超过 50000 元的销售金额求和。根据题目要求，在单元格 C10

中输入函数“=SUMIF(B3:C8,">50000")”，求和结果为 593 000 元，如图 4-13(a)所示。

第二步，当 A 产品的单月销售金额超过 50000 元时，将当月 B 产品的销售金额求和。根据题目要求，在单元格 C11 中输入函数“=SUMIF(B3:B8,">50000",C3:C8)”，求和结果为 282 000 元，如图 4-13(b)所示。

C10　=SUMIF(B3:C8,">=50000")

	A	B	C
1	甲公司销售情况表		
2	月份	A产品销售金额	B产品销售金额
3	1	55,000.00	82,500.00
4	2	70,000.00	105,000.00
5	3	23,000.00	30,000.00
6	4	45,000.00	67,500.00
7	5	63,000.00	94,500.00
8	6	37,000.00	55,500.00
9			
10	1	单月单品超过50000的销售金额求和	593,000.00
11	2	单月中A产品销售金额超过50000,其所对应的当月B产品的销售金额	

(a)

C11　=SUMIF(B3:B8,">=50000",C3:C8)

	A	B	C
1	甲公司销售情况表		
2	月份	A产品销售金额	B产品销售金额
3	1	55,000.00	82,500.00
4	2	70,000.00	105,000.00
5	3	23,000.00	30,000.00
6	4	45,000.00	67,500.00
7	5	63,000.00	94,500.00
8	6	37,000.00	55,500.00
9			
10	1	单月单品超过50000的销售金额求和	593,000.00
11	2	单月中A产品销售金额超过50000,其所对应的当月B产品的销售金额	282,000.00

(b)

图 4-13　SUMIF 函数应用示例

3. SUMIFS 函数

SUMIFS 函数用于对满足多个条件的一组单元格的值进行求和。

语法：SUMIFS(sum_range,criteria_range1,criteria1,[criteria_range2,criteria2], ...)。

✧ sum_range：必需参数，指定进行求和计算的单元格区域。

✧ criteria_range1：必需参数，指定第一个求和条件区域。Excel 会搜索该区域内是否有符合 criteria1 参数所规定条件的单元格，一旦找到，将计算 sum_range 参数指定区域中同行对应单元格值的和。

✧ criteria1：必需参数，用于确定第一个求和条件区域需满足的第一个条件。

✧ criteria_range2,criteria2,…：可选参数，指定其他的求和条件区域及其对应的需满足条件。最多可以输入 127 个区域/条件对。

例 4.7　甲公司不同产品在不同地区的销售情况如图 4-14 所示，现要求根据表格进行以下计算：

	A	B	C	D
1	甲公司销售情况			
2	产品名称	地区	销售数量	销售金额
3	A产品	济南	300	90,000.00
4	B产品	烟台	500	155,000.00
5	A产品	济南	330	99,000.00
6	B产品	烟台	360	111,600.00
7	A产品	烟台	550	165,000.00
8	B产品	济南	460	142,600.00

图 4-14　甲公司不同产品在不同地区的销售情况表

第一步，将 A 产品在济南地区的销售数量求和。根据题目要求，在单元格 C11 中输入函数“=SUMIFS(C3:C8,A3:A8,A11,B3:B8, B11)”，求和结果为 630 件，如图 4-15(a)所示。

第二步，将 B 产品在烟台地区的销售金额求和。根据题目要求，在单元格 D12 中输入函数“=SUMIFS(D3:D8,A3:A8,A12,B3:B8, B12)”，求和结果为 266 600 元，如图 4-15(b)所示。

C11　=SUMIFS(C3:C8,A3:A8,A11,B3:B8,B11)

	A	B	C	D	E
1	甲公司销售情况				
2	产品名称	地区	销售数量	销售金额	
3	A产品	济南	300	90,000.00	
4	B产品	烟台	500	155,000.00	
5	A产品	济南	330	99,000.00	
6	B产品	烟台	360	111,600.00	
7	A产品	烟台	550	165,000.00	
8	B产品	济南	460	142,600.00	
9					
10	产品名称	地区	销售数量	销售金额	
11	A产品	济南	630		
12	B产品	烟台			

(a)

D12　=SUMIFS(D3:D8,A3:A8,A12,B3:B8,B12)

	A	B	C	D	E
1	甲公司销售情况				
2	产品名称	地区	销售数量	销售金额	
3	A产品	济南	300	90,000.00	
4	B产品	烟台	500	155,000.00	
5	A产品	济南	330	99,000.00	
6	B产品	烟台	360	111,600.00	
7	A产品	烟台	550	165,000.00	
8	B产品	济南	460	142,600.00	
9					
10	产品名称	地区	销售数量	销售金额	
11	A产品	济南	630		
12	B产品	烟台		266600	

(b)

图 4-15　SUMIFS 函数应用示例

4. SUMPRODUCT 函数

SUMPRODUCT 函数用于对多个数组中的元素进行乘积计算，再将乘积相加得出一个总和。

语法：SUMPRODUCT(array1,[array2],[array3], ...)。

✧ array1：必需参数，指定数组 1，其中的元素需与其他数组中的对应元素相乘，并将乘积求和。而当函数没有其他的数组参数时，则只会将该数组中的数值相加，此时的计算结果与 SUM 函数相同。

✧ [array2],[array3],...：可选参数，指定数组 2 到 255，每个数组中的元素都要与其他数组中的对应元素相乘，并将乘积求和。

例 4.8　如图 4-16 所示，甲公司在济南和烟台地区销售 A、B 两种型号的产品，所有地区的销售情况已经统计完成，现需要统计总销售金额。

根据题目要求，在单元格 D10 中输入函数“=SUMPRODUCT(C3:C8,D3:D8)”，得出总销售金额为 763 200 元。

D10　=SUMPRODUCT(C3:C8,D3:D8)

	A	B	C	D
1	甲公司销售情况			
2	产品名称	地区	销售数量	销售单价
3	A产品	济南	300	300
4	B产品	烟台	500	310
5	A产品	济南	330	300
6	B产品	烟台	360	310
7	A产品	烟台	550	300
8	B产品	济南	460	310
9				
10			销售金额	763200

图 4-16　SUMPRODUCT 函数应用示例

注意　(1) 函数 SUM、SUMIF、SUMIFS、SUMPRODUCT 都可用于求和计算，它们的区别是：SUM 是直接求和；SUMIF 是单条件求和；SUMIFS 是多条件求和；SUMPRODUCT 是将数组中对应的元素相乘，并返回乘积之和。

(2) SUMIFS 和 SUMIF 的参数顺序有所不同。具体而言，sum_range 参数在 SUMIFS 中是第一个参数，而在 SUMIF 中却是第三个参数，这是使用这两个函数时出现错误的一个常见原因。

4.3.2 COUNT、COUNTIF、COUNTIFS、DCOUNT 函数

在 Excel 中，COUNT、COUNTIF、COUNTIFS 和 DCOUNT 函数常用于计算值的数量，或根据特定条件进行计数。

1. COUNT 函数

COUNT 函数用于统计参数指定区域中包含数字的单元格个数，或者参数列表中数字的个数。该函数仅统计包含数字的单元格数量，而忽略空单元格、逻辑值或文本数据，因此，通过比较 COUNT 函数的结果与给定单元格区域的总单元格数，我们就可以间接判断该区域中是否包含空单元格。

语法：COUNT(value1,[value2],...)。

✧ value1：必需参数，通常用于指定需要计数的单元格区域。

✧ value2,…：可选参数，指定需要计数的其他单元格区域，最多可指定 255 个。

例 4.9 如图 4-17 所示，甲公司在济南、烟台等地区销售 A、B、C 三种型号的产品，所有地区的销售情况已经统计完成，现需要统计甲公司在所有地区销售的所有产品型号的销售笔数，每种产品型号在每个地区有销售量记录的记为一笔。

根据题目要求，在单元格 B13 中输入函数“=COUNT (C3:C11)”，得出销售笔数为 8。

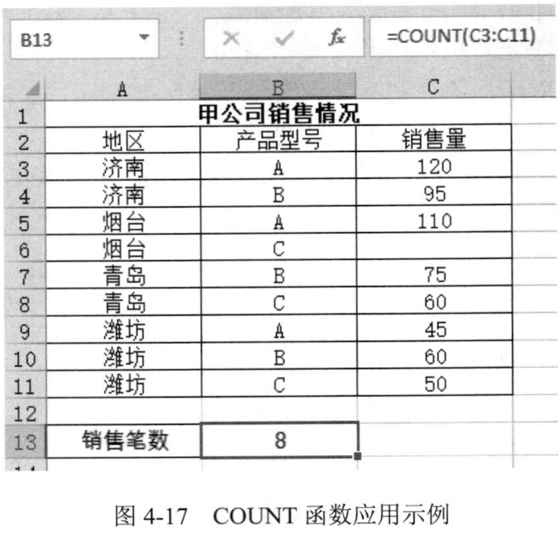

	A	B	C
1	甲公司销售情况		
2	地区	产品型号	销售量
3	济南	A	120
4	济南	B	95
5	烟台	A	110
6	烟台	C	
7	青岛	B	75
8	青岛	C	60
9	潍坊	A	45
10	潍坊	B	60
11	潍坊	C	50
12			
13	销售笔数	8	

图 4-17 COUNT 函数应用示例

2. COUNTIF 函数

COUNTIF 函数用于对指定区域中满足特定条件的单元格进行计数。

语法：COUNTIF(range,criteria)。

✧ range：必需参数，指定需要计数的单元格区域。指定的区域可以包括数字、数组或包含数字的引用，空白和文本值将被忽略。

✧ criteria：必需参数，指定被计数单元格需满足的条件，可以是数字、表达式、单元格引用或文本字符串。例如，该参数可以是数字 1，逻辑表达式“>1”，单元格引用“A1”，文本字符串“班级”。

例 4.10 如图 4-18 所示，甲公司在济南、烟台等地区销售 A、B、C 三种型号的产品，所有地区的销售情况已经统计完成，现需要分别统计甲公司在每个地区销售的所有产品型号的销售笔数。每种产品型号在每个地区有销售量记录的记为一笔。

根据题目要求，在单元格 B13 中输入函数“=COUNTIF(A3:C10,A13)”，然后将公式下拉填充至单元格 B16，即可得出各地区的销售笔数分别为济南 2 笔，烟台 1 笔，青岛 2 笔，潍坊 3 笔。

B13　=COUNTIF(A3:C10,A13)

	A	B	C
1	甲公司销售情况		
2	地区	产品型号	销售量
3	济南	A	120
4	济南	B	95
5	烟台	A	110
6	青岛	B	75
7	青岛	C	60
8	潍坊	A	45
9	潍坊	B	60
10	潍坊	C	50
11			
12	地区	销售笔数	
13	济南	2	
14	烟台	1	
15	青岛	2	
16	潍坊	3	

图 4-18　COUNTIF 函数应用示例

3. COUNTIFS 函数

COUNTIFS 函数用于对多个区域中满足特定条件的单元格进行计数，可以同时设定多个条件。

语法：COUNTIFS(criteria_range1,criteria1,[criteria_range2, criteria2],…)。

✧ criteria_range1：必需参数，指定第一个条件区域。

✧ criteria1：必需参数，指定第一个需要满足的条件。条件的形式可以为数字、表达式、单元格引用或文本。

✧ criteria_range2,criteria2,…：可选参数，指定其他条件区域及其对应的需满足条件，最多可指定 127 个区域/条件对。若仅有 1 个条件区域，则相当于 COUNTIF 函数。

例 4.11 如图 4-19 所示，甲公司在济南、烟台等地区销售 A～F 六种型号的产品，所有地区的销售情况已经统计完成，现需要统计济南地区单笔销售数量大于 300 的笔数。每种产品型号在每个地区有销售量记录的记为一笔。

根据题目要求，在单元格 B11 中输入函数“=COUNTIFS(B2:B8,A11,C2:C8,">300")”，得出单笔数量大于 300 的销售笔数为 2 笔。

B11 =COUNTIFS(B2:B8,A11,C2:C8,">300")

	A	B	C	D
1	甲公司销售情况			
2	产品名称	地区	销售数量	销售金额
3	A产品	济南	200	45,030.00
4	B产品	烟台	500	65,400.00
5	C产品	济南	350	33,000.00
6	D产品	青岛	170	85,000.00
7	E产品	烟台	550	42,180.00
8	F产品	济南	420	71,500.00
9				
10	地区	销售数量大于300的笔数		
11	济南	2		

图 4-19　COUNTIFS 函数应用示例

4. DCOUNT 函数

DCOUNT 函数用于统计数据库(列表)满足指定条件的记录中，指定字段(列)内包含数字的单元格数量。数据库通常指的是一个包含一组相关数据的列表，其中每列代表一个不同的字段(即数据的特定类别或属性)，每行代表一个单独的记录(即数据集中的一个实体或数据点)。

语法：DCOUNT(database,field,criteria)。

- ✧ database：必需参数，指定构成数据库(列表)的单元格区域，列表的第一行需包含每一字段(列)的标签。
- ✧ field：必需参数，指定待计数的字段(列)。可以是带双引号的列标签，如“销售数量”；也可以是代表列位置的数字(不带双引号)，如 1 表示第一列，2 表示第二列，以此类推。
- ✧ criteria：必需参数，为包含指定条件的单元格区域。该区域至少包含一个列标签，并且列标签下方至少包含一个存放指定条件的单元格。

例 4.12　如图 4-20 所示，甲公司在济南、烟台等地区销售 A～F 六种型号的产品，所有地区的销售情况已统计完成，现需要统计销售金额大于 50 000 元的地区数量。

C10 =DCOUNT(A2:D8,4,A10:A11)

	A	B	C	D
1	甲公司销售情况			
2	产品名称	地区	销售数量	销售金额
3	A产品	济南	200	45030
4	B产品	烟台	500	65400
5	C产品	枣庄	350	33000
6	D产品	青岛	170	85000
7	E产品	威海	550	42180
8	F产品	临沂	420	71500
9				
10	销售金额		3	
11	>50000			

图 4-20　DCOUNT 函数应用示例

根据题目要求，在单元格 C10 中输入函数“=DCOUNT(A2:D8,4,A10:A11)”，得出满足条件的地区数量为 3。

（1） COUNT 函数专门用于统计数字类单元格的个数，COUNTIF、COUNTIFS 函数则可以统计表达式、引用或文本类单元格的个数。

（2） COUNTIF 是单条件计数，用于统计满足单个给定条件的单元格数量；COUNTIFS 是多条件计数，用于统计满足多个给定条件的单元格数量；DCOUNT 函数则是在数据库样式的单元格区域内进行条件计数，它计算满足指定条件的记录中指定字段(列)内包含数字的单元格数量。

4.3.3　AVERAGE、DAVERAGE 函数

在 Excel 中，AVERAGE、DAVERAGE 函数主要用于计算数值的平均值，是数据分析的重要工具。这些函数简化了从基本的平均值计算到基于条件的复杂平均值计算的过程。

1. AVERAGE 函数

AVERAGE 函数用于计算选定区域数值的平均值。

语法：AVERAGE(number1,[number2],…)。

◇　number1：必需参数，指定需计算平均值的第一个数字、单元格引用或单元格区域。

◇　number2,…：可选参数，指定需计算平均值的其他数字、单元格引用或单元格区域，最多可指定 255 个。

例 4.13　如图 4-21 所示，甲公司销售 A、B 两种产品，1—6 月份的销售情况已经统计完成，现需要计算各月平均的销售情况。

	B9		× ✓	fx	=AVERAGE(B3,B4,B5,B6,B7,B8)

甲公司销售情况表

	A	B	C	D
1		甲公司销售情况表		
2	月份	A产品销售金额	B产品销售金额	
3	1	55,000.00	82,500.00	
4	2	70,000.00	105,000.00	
5	3	23,000.00	30,000.00	
6	4	45,000.00	67,500.00	
7	5	63,000.00	94,500.00	
8	6	37,000.00	55,500.00	
9	平均值	48,833.33		

(a)

	C9		× ✓	fx	=AVERAGE(C3:C8)

	A	B	C
1		甲公司销售情况表	
2	月份	A产品销售金额	B产品销售金额
3	1	55,000.00	82,500.00
4	2	70,000.00	105,000.00
5	3	23,000.00	30,000.00
6	4	45,000.00	67,500.00
7	5	63,000.00	94,500.00
8	6	37,000.00	55,500.00
9	平均值	48,833.33	72,500.00

(b)

图 4-21　AVERAGE 函数应用示例

根据题目的要求，在单元格 B9 中输入函数"=AVERAGE(B3,B4,B5,B6,B7,B8)"，得出 A 产品销售金额的平均值为 48 833.33 元，如图 4-21(a)所示。

也可将公式中的参数以单元格区域形式指定，以提高效率。如在单元格 C9 中输入函数"=AVERAGE(C3:C8)"，即可得出 B 产品销售金额的平均值为 72 500 元，如图 4-21(b)所示。

2. DAVERAGE 函数

DAVERAGE 函数用于对数据库(列表)中满足指定条件的记录字段(列)中的数值求平均值。

语法：DAVERAGE(database,field,criteria)。

✧ database：必需参数，指定构成数据库(列表)的单元格区域。

✧ field：必需参数，指定待计算的列。可以是带双引号的列标签，如“销售金额”；也可以是所选区域中代表列位置的数字(无双引号)，如 2 表示第 2 列。

✧ criteria：必需参数，指定包含所指定条件的单元格区域。

例 4.14 如图 4-22 所示，甲公司在济南、青岛、烟台三地销售 A～F 六种不同型号的产品，求济南所销售产品的平均销售金额。

根据题目要求，在单元格 B11 中输入函数“=DAVERAGE(A2:D8,"销售金额",A10:A11)”，得出济南地区产品的平均销售金额为 49 843.33 元。

B11 =DAVERAGE(A2:D8,"销售金额",A10:A11)

	A	B	C	D
1	甲公司销售情况			
2	产品名称	地区	销售数量	销售金额
3	A产品	济南	200	45,030.00
4	B产品	烟台	500	65,400.00
5	C产品	济南	350	33,000.00
6	D产品	青岛	170	85,000.00
7	E产品	烟台	550	42,180.00
8	F产品	济南	420	71,500.00
9				
10	地区	平均销售金额		
11	济南	49843.33		

图 4-22 济南地区产品平均销售金额

例 4.15 如图 4-23 所示，甲公司财务部制作了一份固定资产统计表，对公司的办公桌与电脑采购情况进行了统计，现要求根据该表计算办公桌采购时的平均价格，即平均原值。

根据题目要求，在单元格 B11 中输入函数“=DAVERAGE(A2:D8,4,A10:A11)”，得出办公桌的平均原值为 33 090 元。

B11 =DAVERAGE(A2:D8,4,A10:A11)

	A	B	C	D
1	甲公司固定资产统计表			
2	资产名称	地点	数量	原值
3	电脑	办公室	1	8,000.00
4	办公桌	办公室	1	24,000.00
5	电脑	销售部	1	8,300.00
6	电脑	财务部	1	75,300.00
7	办公桌	财务部	1	42,180.00
8	电脑	人力资源	1	7,500.00
9				
10	资产名称	平均原值		
11	办公桌	33,090.00		

图 4-23 办公桌的平均原值

4.3.4 LARGE、SMALL、MEDIAN、STDEV.P 函数

Excel 中，LARGE、SMALL、MEDIAN 和 STDEV.P 函数提供了基本的数据排序、中心趋势分析以及衡量数据变异性的功能。

1. LARGE 函数

LARGE 函数返回数据集中第 k 大的值，在进行排名分析时非常有用。

语法：LARGE(array,k)。

◇ array：必需参数，指定返回值所在的数组或单元格区域。

◇ k：必需参数，指定返回值在数组或单元格区域中的位置(从大到小排列，1 代表最大值，2 代表第二大值，以此类推)。

例 4.16　如图 4-24 所示，在某班级的期末考试成绩单中，找出语文及数学单科最高成绩。

根据题目要求，语文最高成绩可在单元格 B9 中输入函数"=LARGE(B3:B7,1)"查找，返回结果为 88；数学最高成绩可在单元格 B10 中输入函数"=LARGE(C3:C7,1)"查找，返回结果为 96。

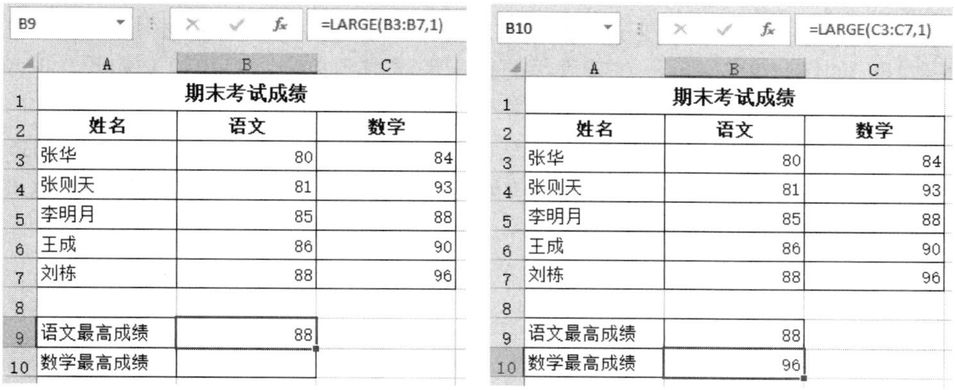

图 4-24　LARGE 函数应用示例

2. SMALL 函数

SMALL 函数返回数据集中第 k 小的值。

语法：SMALL(array,k)。

◇ array：必需参数，指定返回值所在的数组或单元格区域。

◇ k：必需参数，指定返回值在数组或单元格区域里的位置(从小到大排列，1 代表最小值，2 代表第二小值，以此类推)。

例 4.17　如图 4-25 所示，在某班级的期末考试成绩单中，找出语文和数学的单科最低成绩。

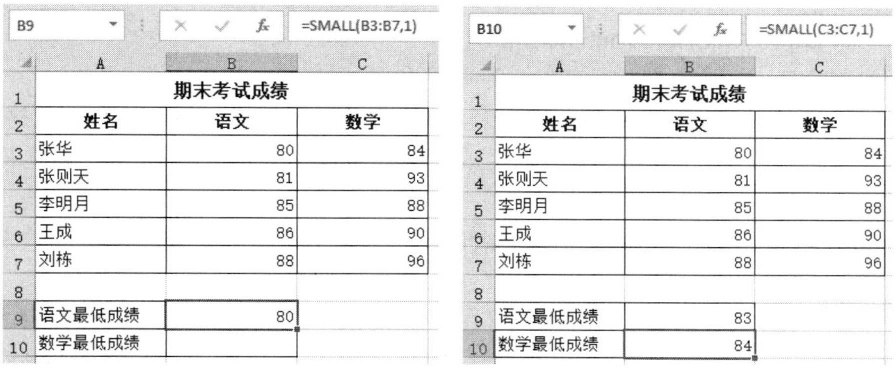

图 4-25　SMALL 函数应用示例

根据题目要求，语文最低成绩可在单元格 B9 中输入公式“=SMALL(B3:B7,1)”查找，返回结果为 80；数学最低成绩可在单元格 B10 中输入公式“= SMALL (C3:C7,1)”查找，返回结果为 84。

3. MEDIAN 函数

MEDIAN 函数返回一组已知数字的中值。中值是在一组按序排列的数值中位于中间位置的数值。如果参数中包含偶数个数字，则 MEDIAN 函数将返回位于中间的两个数字的平均值。

语法：MEDIAN(number1,[number2],...)。

✧ number1,number2,...：number1 为必需参数，除 number1 以外的其他参数是可选的。这些参数可以是数字，也可以是包含数字的名称、数组或引用。

例 4.18 如图 4-26 所示，在某班级的期末考试成绩单中，找出语文和数学的单科中间成绩。

根据题目要求，语文中间成绩可在单元格 B8 中输入函数“=MEDIAN(B3:B6)”求得，返回结果为 83；数学中间成绩可在单元格 B9 中输入函数“=MEDIAN(C3:C6)”求得，返回结果为 89。

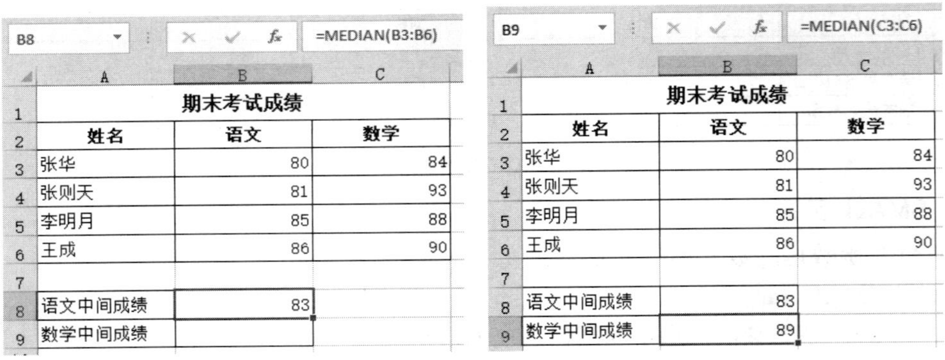

B8 =MEDIAN(B3:B6)

	A	B	C
1	期末考试成绩		
2	姓名	语文	数学
3	张华	80	84
4	张则天	81	93
5	李明月	85	88
6	王成	86	90
7			
8	语文中间成绩	83	
9	数学中间成绩		

B9 =MEDIAN(C3:C6)

	A	B	C
1	期末考试成绩		
2	姓名	语文	数学
3	张华	80	84
4	张则天	81	93
5	李明月	85	88
6	王成	86	90
7			
8	语文中间成绩	83	
9	数学中间成绩	89	

图 4-26 MEDIAN 函数应用示例

4. STDEV.P 函数

STDEV.P 函数用于计算所选单元格区域数值的标准偏差。标准偏差用于测量数值在平均值附近分布的范围大小，反映数值相对于平均值的离散程度。

语法：STDEV.P(number1,[number2],...)。

✧ number1：必需参数，指定需要计算标准偏差的第 1 个单元格区域。

✧ number2,...：可选参数，指定需要计算标准偏差的第 2 到第 255 个单元格区域。

✧ 如有多个参数，可以用单一数组或对某个数组的引用来代替各个参数间的逗号分隔。

例 4.19 如图 4-27 所示，根据某班级的期末考试成绩单，计算语文及数学成绩的标准偏差。

根据题目要求，计算语文成绩标准差可在单元格 B9 中输入函数“=STDEV.P(B3:B7)”，返回值为 3.03；数学成绩标准差可在单元格 B10 中输入函数“=STDEV.P(C3:C7)”，返回值为 4.12。

图 4-27　STDEV.P 函数应用示例

4.4　查找与引用函数

在数据处理过程中，我们经常需要查找并引用某些数据。查找和引用函数可以帮助用户迅速找到特定数据或特定单元格的位置，并实现数据的提取和匹配。

4.4.1　VLOOKUP、HLOOKUP 函数

财务工作中，需要处理的数据量往往相当庞大，仅仅依靠人工进行信息查询很难保证查询的精准度，效率也相对较低。因此，VLOOKUP 函数与 HLOOKUP 函数广泛应用于对财务数据的查询。

1. VLOOKUP 函数

VLOOKUP 函数用于在选定单元格区域的首列查找指定的值，并返回该值所在行的其他指定列的值。

语法：VLOOKUP (lookup_value,table_array,col_index_num,range_lookup)。

◇　lookup_value：指定在选定单元格区域内首列中查找的值。

◇　table_array：指定待查找的单元格区域，可以是单元格区域的引用或区域名称。

◇　col_index_num：指定返回值所在列的位置序号，如 1 表示第一列。

◇　range_lookup：逻辑值，指定要查找的是精确匹配值还是近似匹配值。TRUE 表示近似匹配；FALSE 表示精确匹配。近似匹配会查找最接近(但不超过)查找值的项，适合处理分段数据(如税率表或分数段)，例如需根据收入范围查找适用的税率时，使用近似匹配可以找到最接近但不超过给定收入的税率。精确匹配会查找与查找值完全相同的项，如果找不到则会返回错误，例如查找特定的产品 ID 或用户姓名时就需要使用精确匹配，因为即使是微小的差异也可能导致完全不同的结果。

例 4.20　如图 4-28 所示，甲公司期末仓库有 A、B、C 三种产品，现需要查询仓库中 C 产品的库存总金额。

根据题目要求，在单元格 C7 中输入函数"=VLOOKUP("C 产品",A2:D5,4,TRUE)"，

得出 C 产品的库存总金额为 4500 元。

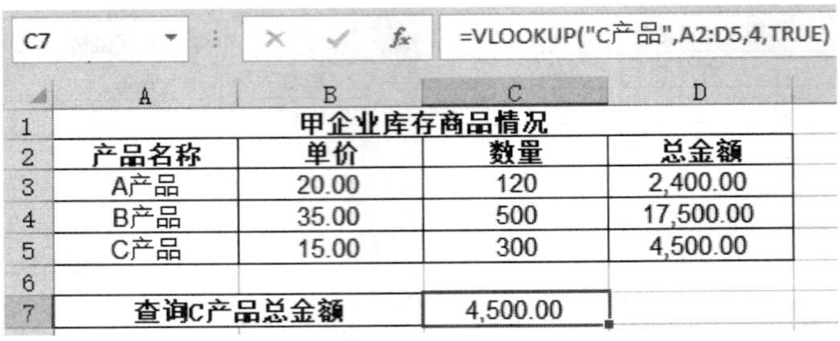

C7 =VLOOKUP("C产品",A2:D5,4,TRUE)

	A	B	C	D
1	甲企业库存商品情况			
2	产品名称	单价	数量	总金额
3	A产品	20.00	120	2,400.00
4	B产品	35.00	500	17,500.00
5	C产品	15.00	300	4,500.00
6				
7	查询C产品总金额		4,500.00	

图 4-28　VLOOKUP 函数应用示例一

例 4.21　如图 4-29 所示，某企业第一季度各月毛利率情况已统计完毕，现需要查询 1 月份的销售成本。

根据题目要求，在单元格 C7 中输入函数“=VLOOKUP("销售成本",A3:D5,2)”，得出 1 月份的销售成本为 53 929.69 元。

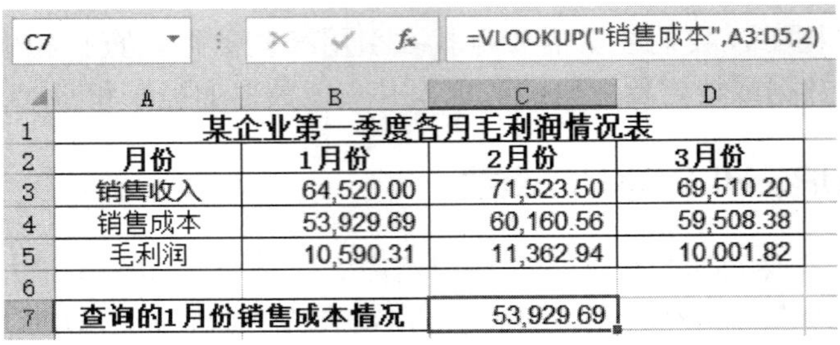

C7 =VLOOKUP("销售成本",A3:D5,2)

	A	B	C	D
1	某企业第一季度各月毛利润情况表			
2	月份	1月份	2月份	3月份
3	销售收入	64,520.00	71,523.50	69,510.20
4	销售成本	53,929.69	60,160.56	59,508.38
5	毛利润	10,590.31	11,362.94	10,001.82
6				
7	查询的1月份销售成本情况		53,929.69	

图 4-29　VLOOKUP 函数应用示例二

2. HLOOKUP 函数

HLOOKUP 函数用于在选定单元格区域内的首行查找指定的值，并返回该值所在列的其他指定行的值。

语法：HLOOKUP(lookup_value,table_array,row_index_num,range_lookup)

- ✧ lookup_value：指定在选定单元格区域内首行中查找的值，可以是数值、引用或文本字符串。
- ✧ table_array：选定待查找的单元格区域，可以是单元格区域的引用或区域名称。
- ✧ row_index_num：指定返回值所在行的位置序号。如该参数为 3 时，返回该区域第 3 行的数值；该参数为 5 时，返回该区域第 5 行的数值；该参数小于 1 时，返回错误值“#VALUE!”；该参数大于 table_array 选定区域的行数，则返回错误值“#REF!”。
- ✧ range_lookup：逻辑值，指定查找时是精确匹配还是近似匹配。如果为 TRUE 或省略，则返回近似匹配值，也就是返回小于 lookup_value 的最大值(如果 lookup_value 不是数值，则返回按字母顺序或自定义列表顺序小于 lookup_value 的最大值)；如果为 FLASE，则只返回精确匹配值，找不到精确匹配值则返回错误值“#N/A”。

例 4.22　如图 4-30 所示，甲公司 9 月 30 日的库存商品情况表显示有 A、B、C 三种产品，现需要查询 B 产品所剩的数量。

根据题目要求，可在单元格 C8 中输入函数 “=HLOOLUP("B 产品",B2:D5,2,TRUE)”，得出 B 产品所剩的数量为 500。

C8　=HLOOKUP("B产品",B2:D5,2,TRUE)

	A	B	C	D
1	9月30日甲公司库存商品情况			
2	产品名称	A产品	B产品	C产品
3	数量	120	500	300
4	单价	20.00	35.00	15.00
5	总金额	2,400.00	17,500.00	4,500.00
6				
7				
8	查询的B产品数量		500.00	

图 4-30　HLOOKUP 函数应用示例一

例 4.23　如图 4-31 所示，某企业第一季度的各月份销售收入、销售成本及毛利润已经统计完毕，现需要查询 3 月份的毛利润情况。

根据题目要求，可在单元格 C8 中输入函数 “=HLOOKUP("3 月份",A2:D5,4,TRUE)”，得出 3 月份的毛利润为 10 001.82 元。

C8　=HLOOKUP("3月份",A2:D5,4,TRUE)

	A	B	C	D
1	某企业第一季度各月毛利润情况表			
2	月份	1月份	2月份	3月份
3	销售收入	64,520.00	71,523.50	69,510.20
4	销售成本	53,929.69	60,160.56	59,508.38
5	毛利润	10,590.31	11,362.94	10,001.82
6				
7				
8	查询的3月份毛利润情况		10,001.82	

图 4-31　HLOOKUP 函数应用示例二

4.4.2　MATCH、INDEX 函数

在 Excel 中，MATCH 和 INDEX 函数是数据处理与高级数据分析的核心工具。MATCH 函数用于快速定位数据中特定项的位置，INDEX 函数则用于根据这些位置检索相应的数据值。这两个函数的结合使用，特别是在需要从复杂数据集中动态提取信息时，极大地简化了数据检索和操作的过程，使得数据分析工作更加高效和精确。

1. MATCH 函数

MATCH 函数用于在选定单元格区域中查找指定值所在的单元格，然后返回该单元格在区域中的相对位置。

语法：MATCH(lookup_value,lookup_array,[match_type])。

- ✧ lookup_value：必需参数，指定要在选定单元格区域中查找的值，可以是值(数字、文本或逻辑值)，也可以是对数字、文本或逻辑值的单元格引用。
- ✧ lookup_array：必需参数，指定待查找的单元格区域，注意只能是单行或者单列。
- ✧ match_type：可选参数，指定 lookup_value 与 lookup_array 的匹配方式，该参数的值可以为数字 -1、0 或 1，默认值为 1。

- 1 或省略：查找小于或等于 lookup_value 的最大值。此时 lookup_array 中的单元格必须以升序排序，顺序为…-2, -1, 0, 1, 2, …, A-Z, FALSE, TRUE。
- 0：查找等于 lookup_value 的第一个值。此时 lookup_array 中的单元格可以按任何顺序排列。
- -1：查找大于或等于 lookup_value 的最小值。此时 lookup_array 中的单元格必须按降序排列，顺序为 TRUE, FALSE, Z-A, …, 2, 1, 0, -1, -2, …。

例 4.24 在如图 4-32 所示的期末考试成绩统计表中查询张华所在的位置。

本例中的考试成绩表数据是无序的，因此需要使用 0 作为 match_type 参数，以查找与文本"张华"完全相等的值。根据题目要求，在单元格 B9 中输入函数"=MATCH("张华",A3:A7,0)"，可得到返回值 1，即选定数据区域的第 1 行。

B9	▼	⋮	×	✓	fx	=MATCH("张华",A3:A7,0)

	A	B	C
1		期末考试成绩	
2	姓名	语文	数学
3	张华	80	84
4	张则天	81	93
5	李明月	85	88
6	王成	86	90
7	刘栋	88	96
8			
9	查找张华的位置	1	

图 4-32　MATCH 函数应用示例

MATCH 函数返回的是指定值所在单元格的位置，而不是该指定值。如果需要获取该指定值本身，则需要与其他函数(如 VLOOKUP 函数)配合使用。

例 4.25 在图 4-32 所示的期末考试成绩统计表中查询张华的语文成绩。

根据题目要求，在单元格 B10 中输入函数"=VLOOKUP(A10,A3:C7,MATCH("语文",A2:C2,0),0)"，得到返回值 80，如图 4-33 所示。

B10	▼	⋮	×	✓	fx	=VLOOKUP(A10,A3:C7,MATCH("语文",A2:C2,0),0)

	A	B	C	D	E
1		期末考试成绩			
2	姓名	语文	数学		
3	张华	80	84		
4	张则天	81	93		
5	李明月	85	88		
6	王成	86	90		
7	刘栋	88	96		
8					
9	姓名	分数			
10	张华	80			

图 4-33　MATCH 和 VLOOKUP 函数的组合应用示例

2. INDEX 函数

INDEX 函数返回选定单元格区域中的值或值的引用，有数组和引用两种形式。

(1) 数组形式。

数组形式是指返回由行号和列号索引的特定单元格的值或引用。用户可以指定一个行号和列号，INDEX 函数将返回位于该行和该列交叉点的单元格的内容。当函数 INDEX 的第一个参数为数组时，通常使用数组形式。

语法：INDEX(array,row_num,[column_num])。

◇　array：必需参数，选定单元格区域或数组。

- 如果数组只包含一行或一列，则参数 row_num 或 column_num 二选一，其中一个省略，另一个就必须填入。

- 如果数组有多行或多列，但只使用参数 row_num 或 column_num，则返回数组中的整行或整列，且返回值也为数组。

- 如果数组有多行和多列，同时使用参数 row_num 和 column_num，则返回 row_num 和 column_num 交叉处的单元格的值。

◇　row_num：必需参数，指定数组中的某行，函数从该行返回值。如果省略该参数，则需指定参数 column_num。

◇　column_num：可选参数，指定数组中的某列，函数从该列返回值。如果省略该参数，则需指定参数 row_num。

例 4.26　在图 4-32 所示的期末考试成绩统计表中查询张华的数学成绩。

根据题目要求，在单元格 B10 中输入函数 "=INDEX(A3:C7,1,3)"，返回成绩 84 分，如图 4-34 所示。

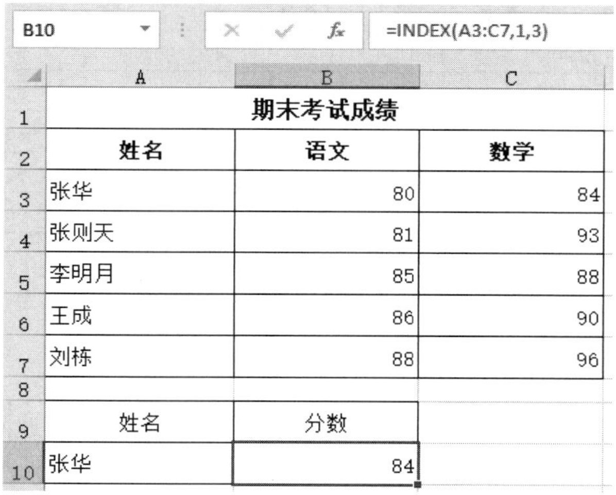

图 4-34　INDEX 函数数组形式的应用示例

(2) 引用形式。

引用形式是指返回指定的行与列交叉处的单元格引用。如果引用是由不连续的选定区域组成，可以选择某一区域。

语法：INDEX(reference,row_num,[column_num],[area_num])。

◇ reference：必需参数，指定对一个或多个单元格区域的引用。

• 如果引用的单元格区域是不连续的，则每个区域之间必须用逗号分隔，重要的是需要将整个引用区域用括号括起来。

• 如果引用的每个单元格区域均只包含一行(或一列)，则 row_num(或 column_num)为可选参数。如引用单行时，可以使用函数 INDEX(reference,column_num)。

◇ row_num：必需参数，指定引用区域中某行的行号。

◇ column_num：可选参数，指定引用区域中某列的列标。

◇ area_num：可选参数，指定参数 row_num 和 column_num 交叉点所在的引用区域编号。第一个区域的编号为 1，第二个区域的编号为 2，以此类推。如果省略 area_num，则默认选择区域 1。

• 选定的引用区域必须全部位于同一张工作表中，否则将导致错误。如果选定的引用区域位于不同工作表中，建议使用函数 INDEX 的数组形式，并使用其他函数计算构成数组的范围。

例 4.27 如图 4-35 所示，将期末考试成绩分为 A3:C4 和 A5:C7 两个统计区域，使用 INDEX 函数的引用形式在考试成绩统计表中查询张华的语文成绩。

根据题目要求，在单元格 B10 中输入函数"=INDEX((A3:C4,A5:C7),1,2,1)"，返回成绩 80。

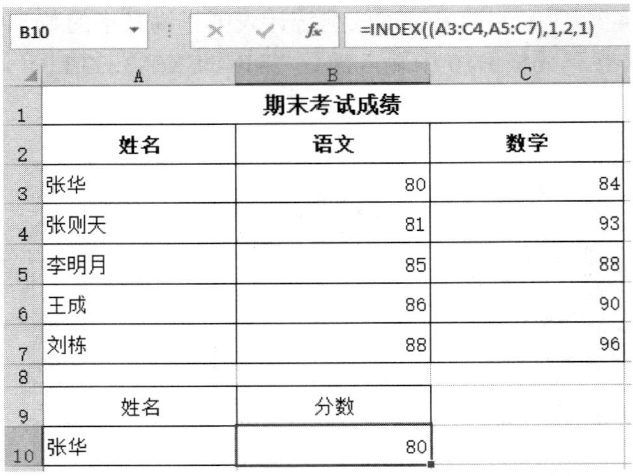

图 4-35　INDEX 函数引用形式的应用示例

INDEX 函数的引用形式可以有多个引用区域，而且可以指定返回第几个引用区域。当只有一个引用区域时，引用形式和数组形式没有区别。

在数据查询中，MATCH 函数通常不会单独使用，而是与其他函数搭配使用。MATCH 函数与 INDEX 函数的搭配尤其被视为一对黄金组合，能够应对大部分的数据查询需求，并显著提高查询效率。

例 4.28 如图 4-36 所示，在期末考试成绩统计表中查询张华的语文成绩。除了可以使用前面讲解的 VLOOKUP 函数外，也可以使用 INDEX 和 MATCH 函数的组合来实现。

根据题目要求，在单元格 B10 中输入函数“=INDEX(B:B,MATCH(A10,A:A,0))”，返回成绩 80。

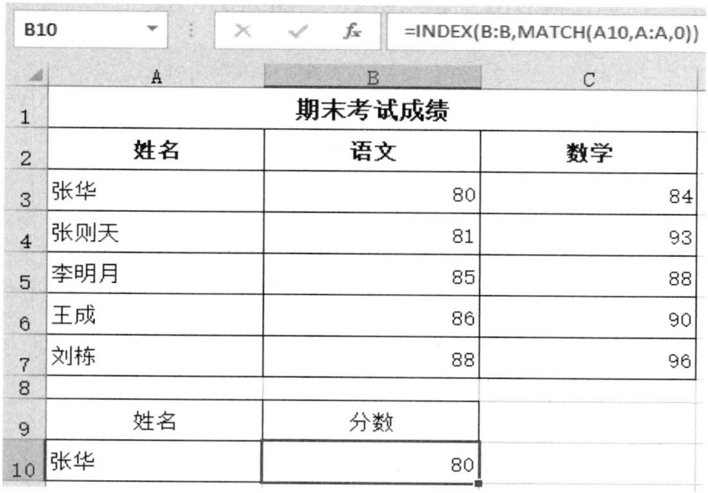
B10　=INDEX(B:B,MATCH(A10,A:A,0))

	A	B	C
1	期末考试成绩		
2	姓名	语文	数学
3	张华	80	84
4	张则天	81	93
5	李明月	85	88
6	王成	86	90
7	刘栋	88	96
8			
9	姓名	分数	
10	张华	80	

图 4-36　INDEX 和 MATCH 函数的组合应用示例

4.4.3　OFFSET、HYPERLINK 函数

OFFSET 和 HYPERLINK 函数是 Excel 中常见的引用函数，可以实现数据的灵活查找和访问。OFFSET 函数可以根据指定的偏移量找到新的引用，而 HYPERLINK 函数则可以创建可点击的超链接，方便用户快速跳转到指定的数据或网页。

1. OFFSET 函数

OFFSET 函数用于以指定的起始点为参照系，通过给定偏移量得到新的引用。返回结果是对单元格或单元格区域中指定行数和列数的区域的引用，可以为一个单元格或单元格区域，并可以指定返回的行数或列数。

语法：OFFSET(reference,rows,cols,[height],[width])。

✧ reference：必需参数，指定作为参照系的数据区域。该区域必须是单元格或相邻的单元格区域，否则会返回错误值“#VALUE!”。

✧ rows：必需参数，指定返回结果距离参照数据区域左上角单元格的向上或向下偏移的行数。rows 可以为正数(在起始单元格的下方)或负数(在起始单元格的上方)。当 rows 和 cols 都设置为 0 时，OFFSET 函数将返回 reference 单元格本身或基于 reference、height 和 width 参数定义的区域。

✧ cols：必需参数，指定返回结果距离参照数据区域左上角单元格的向左或向右偏移的列数。cols 可以为正数(在起始单元格的右侧)或负数(在起始单元格的左侧)。

✧ height：可选参数，指定需要返回的引用的行高。height 必须为正数。

✧ width：可选参数，指定需要返回的引用的列宽。width 必须为正数。

例 4.29 如图 4-37 所示，要求以单元格 A2 为引用参照系，使用 OFFSET 函数查找刘栋的语文成绩。

根据题目要求，在单元格 B10 中输入函数 "=OFFSET(A2,5,1)"，返回成绩 88 分。

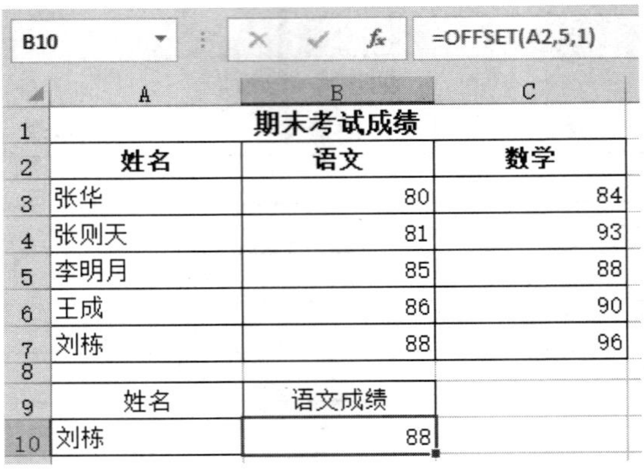

图 4-37　OFFSET 函数应用示例

2. HYPERLINK 函数

HYPERLINK 函数可以创建跳转到当前工作簿中另一个位置的超链接，或打开存储在网络服务器、intranet 或 internet 上的文档快捷方式。当单击包含 HYPERLINK 函数的单元格时，Excel 会跳转到指定的位置，或打开指定的文档。

语法：HYPERLINK(link_location, [friendly_name])。

✧　link_location：必需参数，指定需要打开文档的路径和文件名。

　• link_location 可以指向文档中某个具体的位置，如 Excel 工作表或工作簿中特定的单元格或命名区域，或是指向 Microsoft Word 文档中的书签。

　• 路径可以是存储在硬盘驱动器上的文件，或是服务器上的通用命名约定(UNC)路径，也可以是 Internet 或 Intranet 上的统一资源定位器(URL)路径。

　• 当 link_location 参数的内容以 "#" 号开头时，指定链接的目标是当前工作簿内的一个位置，而不是外部文件或网页；而如果不以 "#" 号开头，Excel 会尝试将该参数内容解释为外部路径或 URL，可能导致链接无法正确指向预期的内部单元格。

✧　friendly_name：可选参数，指定在单元格中显示的超链接文本或数字值。

　• friendly_name 设置的文本或数字显示为蓝色并带有下画线。如果省略 friendly_name，则 link_location 指向的位置路径会在单元格中显示为超链接文本。

　• friendly_name 可以引用数值、字符串、名称、包含超链接文本或数值的单元格。

例 4.30 如图 4-38 所示，要求创建一个跳转到存放张华数学成绩单元格的超链接。

根据题目要求，在单元格 C10 中输入函数 "=HYPERLINK("#C3", "转到张华数学成绩")"。然后单击单元格 C10 中的超链接文本，光标就会自动跳转到存放张华数学成绩的单元格。

图 4-38 中的两个表格：

C10			fx	=HYPERLINK("#C3","转到张华数学成绩")

	A	B	C
1		期末考试成绩	
2	姓名	语文	数学
3	张华	80	84
4	张则天	81	93
5	李明月	85	88
6	王成	86	90
7	刘栋	88	96
9	姓名	语文成绩	数学成绩
10	张华	80	转到张华数学成绩

C3			fx	84

	A	B	C
1		期末考试成绩	
2	姓名	语文	数学
3	张华	80	84
4	张则天	81	93
5	李明月	85	88
6	王成	86	90
7	刘栋	88	96
9	姓名	语文成绩	数学成绩
10	张华	80	转到张华数学成绩

图 4-38　HYPERLINK 函数应用示例

4.5　日期与时间函数

在 Excel 中，日期与时间函数是处理和转换日期与时间数据的核心工具。这些函数可以帮助用户从数据中提取、计算特定时间点或持续期间，使日期计算与时间分析变得可行和高效，对与时间相关的数据分析工作至关重要。

Excel 的一个特点是将日期存储为序列号。例如，将 1900 年 1 月 1 日作为序列号 1，2019 年 1 月 1 日的序列号则为 43466，即从 1900 年 1 月 1 日到 2019 年 1 月 1 日之间相隔了 43 465 天。这种日期表示方式使得日期之间的计算(如计算相差天数)变得直接和简单。

4.5.1　DATE、DATEVALUE、DATEDIF 函数

DATE、DATEVALUE、DATEDIF 函数用于处理日期的计算和转换工作。DATE 函数可以根据给定的年、月、日生成一个日期；DATEVALUE 函数可以将文本格式的日期转换为序列号格式的日期；DATEDIF 函数可以计算两个日期之间的差。

1. DATE 函数

DATE 函数返回代表特定日期的序列号。

语法：DATE (year,month,day)。

◇　year：必需参数，指定年份，可以包含 1 至 4 位数字。

◇　month：必需参数，指定月份，数值为一个正整数或负整数。

◇　day：必需参数，指定天数，数值为一个正整数或负整数。

(1) 年份溢出：在 1900 年日期系统中，如果参数 year 的值介于 0 到 1899 之间，则 Excel 会将该值与 1900 相加来计算年份；如果值介于 1900 到 9999 之间(包含这两个数值)，则 Excel 将使用该数值作为年份；如果值小于 0 或大于等于 10000，则 Excel 将返回错误值 "#NUM"。

(2) 月份溢出：参数 month 的值如果大于 12，则返回的年份为指定年份下一年，月份为参数值减去 12 的差；如果值小于 1，则返回的年份为指定年份上一年，月份为 12 加参数值的和。

(3) 日期溢出：参数 day 的值如果大于指定月份的天数，则返回的月份为指定月份

的下一个月，天数为参数值减去指定月份天数的差；如果值小于 1，则返回的月份为指定月份的上一个月，天数为上个月的天数加参数值的和。

综上所述，DATE 函数的应用示例及效果如图 4-39 所示。

A1	▼	× ✓ *fx*	DATE函数的应用效果

	A	B	C
1		**DATE 函数的应用效果**	
2	**注释**	**公式表达式**	**显示效果**
3	Year：介于0-1899之间	=date(114,1,2)	2014/1/2
4	Year:介于1900-9999之间	=date(2014,10,2)	2014/10/2
5	Year：小于0或大于1000	=date(-2014,10,2)	#NUM!
6	Month：大于12	=date(2014,16,2)	2015/4/2
7	Month：小于1	=date(2014,-4,2)	2013/8/2
8	Day： 大于指定月份的天数	=date(2014,3,40)	2014/4/9
9	Day:小于1	=date(2014,3,-7)	2014/2/21

图 4-39　DATE 函数的应用示例及效果

2. DATEVALUE 函数

DATEVALUE 函数将以文本格式存储的日期转换为 Excel 能识别为日期的序列号。如果工作表包含以文本格式存储的日期，并且需要对这些日期进行筛选、排序、设置日期格式或执行其他日期相关操作时，可以使用该函数。

语法：DATEVALUE(date_text)。

◇ date_text：必需参数，指定以文本格式存储的日期，或对存放有文本格式日期信息的单元格的引用。

(1) 参数 date_text 指定的必须是 1900 年 1 月 1 日到 9999 年 12 月 31 日之间的日期。

(2) 如果省略 date_text 中的年份，Excel 会使用计算机内置时钟的当前年份进行计算。

综上所述，DATEVALUE 函数的应用示例及返回结果如图 4-40 所示。

A1	▼	:	× ✓ *fx*	DATEVALUE函数的应用效果

	A	B	C
1		**DATEVALUE函数的应用效果**	
2	**公式**	**说明**	**结果**
3	=DATEVALUE("2019-1-1")	文本日期序列号。	43466
4	=DATEVALUE("1-JAN-2019")	文本日期序列号。	43466
5	=DATEVALUE("2019/1/1")	文本日期序列号。	43466
6	=DATEVALUE("1-JAN")	使用 1900 日期系统时的文本日期序列号，此时假定计算机内置时钟返回 2019 年作为当前年份。	43466

图 4-40　DATEVALUE 函数的应用示例及返回结果

3. DATEDIF 函数

DATEDIF 函数用于计算两个日期之间相隔的天数、月数或年数，在计算年龄的公式中很有用。

语法：DATEDIF(start_date,end_date,unit)。

◇ start_date：必需参数，指定开始日期。日期可以是带引号的文本字符串、序列号以及其他公式或函数的结果。

◇ end_date：必需参数，指定结束日期。

◇ unit：指定要返回的信息类型，如图 4-41 所示。

Unit	返回结果
"Y"	一段时期内的整年数。
"M"	一段时期内的整月数。
"D"	一段时期内的天数。
"MD"	start_date 与 end_date 之间天数之差。忽略日期中的月和年。
"YM"	start_date 与 end_date 之间月数之差。忽略日期中的日和年。
"YD"	start_date 与 end_date 之间天数之差。忽略日期中的年。

图 4-41　DATEDIF 函数返回的信息类型

综上所述，DATEDIF 函数的应用示例及返回结果如图 4-42 所示。

A1		▼ ⋮	× ✓ fx	DATEDIF函数的应用效果	

	A	B	C	D
1	DATEDIF函数的应用效果			
2	公式	开始日期	结束日期	返回结果
3	=DATEDIF(B3,C3,"Y")	2016/1/1	2019/12/31	3
4	=DATEDIF(B4,C4,"M")	2019/1/1	2019/12/31	11
5	=DATEDIF(B5,C5,"D")	2019/1/1	2019/12/31	364
6	=DATEDIF(B6,C6,"MD")	2016/1/1	2019/12/31	30
7	=DATEDIF(B7,C7,"YM")	2016/1/1	2019/12/31	11
8	=DATEDIF(B8,C8,"YD")	2016/1/1	2019/12/31	365

图 4-42　DATDIF 函数的应用示例及返回结果

4.5.2　TODAY 与 NOW 函数

TODAY 和 NOW 函数在数据分析和日期相关的计算中发挥着重要作用。TODAY 函数可用于跟踪和计算日期的差异，NOW 函数可用于记录数据的时间戳。在财务分析和报表编制过程中，这些函数可以帮助用户跟踪数据的更新日期和时间，或者计算数据的时效性和相关指标。

1. TODAY 函数

TODAY 函数返回系统当前日期。

语法：=TODAY( )。

注意 (1) 该函数没有参数，只用一对括号即可。

(2) 输入该函数后，Excel 会自动将单元格格式更改为【日期】。而若要显示序列号格式的日期，则需要在【开始】工具栏的【数字】组中将单元格格式更改为【常规】或【数字】。

综上所述，TODAY 函数的应用示例及返回结果如图 4-43 所示。

	A	B	C
1	TODAY函数的应用效果		
2	公式	说明	结果
3	=TODAY()	返回当前日期。	1/1/2019
4	=TODAY()+5	返回当前日期加 5 天。例如，如果当前日期为 1/1/2019，此公式会返回 1/6/2019。	1/6/2019
5	=DATEVALUE("2030-1-1")-TODAY()	返回当前日期和 1/1/2030 之间的天数。请注意，单元格 A5 必须为“常规”或“数值”格式才能正确显示结果。	4018
6	=DAY(TODAY())	返回一月中的当前日期 (1 - 31)。	1
7	=MONTH(TODAY())	返回一年中的当前月份 (1 - 12)。例如，如果当前月份为五月，此公式会返回 5。	5

图 4-43　TODAY 函数的应用示例及返回结果

2. NOW 函数

NOW 函数返回当前日期和时间的序列号。

语法：=NOW( )。

注 意

(1) 该函数没有参数，只用一对括号即可。

(2) 输入该函数并按下回车键时，如果单元格的原始格式为【常规】，则 Excel 会自动将单元格格式改为【时间】，使其与日期和时间信息相匹配。

(3) 如果 NOW 函数的值未按预期更新，可能是因为 Excel 的计算设置被设置为手动而不是自动。这时需要更改计算设置，以确保 NOW 函数能够正确更新。计算设置可以在【文件】工具栏的【选项】中更改。

综上所述，NOW 函数的应用示例及返回结果如图 4-44 所示。

	A	B	C
1	NOW函数的应用效果		
2	公式	说明	结果
3	=NOW()	返回当前日期和时间。	2019/1/6 19:30
4	=NOW()-0.5	返回 12 小时前的日期和时间（-0.5 天前）。	2019/1/6 7:30
5	=NOW()+7	返回 7 天后的日期和时间。	2019/1/13 19:30
6	=NOW()-2.25	返回 2 天 6 小时前的日期和时间（-2.25 天前）。	2019/1/4 13:30

图 4-44　NOW 函数的应用示例及返回结果

4.5.3　YEAR、MONTH、WEEKDAY、DAY 函数

YEAR、MONTH、WEEKDAY、DAY 函数用于分析和提取日期数据的特定部分，帮助用户更好地理解和利用日期数据。比如，使用 YEAR 函数可以提取并显示某日期的年份；使用 MONTH 函数可以提取并显示某日期的月份；使用 WEEKDAY 函数可以得知某日期对应的是一周中的第几天；使用 DAY 函数可以得知某日期对应的是一个月中的第几天。

1. YEAR 函数

YEAR 函数返回给定日期对应的年份，年份为 1900 到 9999 之间的整数。

语法：YEAR(serial_number)。

◇　serial_number：指定日期值，其中包括要查找的年份。

例 4.31　如图 4-45 所示，求表中日期的年份数。

根据题目要求，在单元格 B3 中输入函数"=YEAR(A3)"，得到年份数 2023。

图 4-45　YEAR 函数应用示例

2. MONTH 函数

MONTH 函数返回给定日期的月份，月份为 1 到 12 之间的整数。

语法：MONTH(serial_number)。

◇　serial_number：指定日期值，其中包括要查找的月份。

例 4.32　如图 4-46 所示，求表中日期的月份数。

根据题目要求，在单元格 B3 中输入函数"=MONTH(A3)"，得到月份数 10。

图 4-46　MONTH 函数应用示例

3. WEEKDAY 函数

WEEKDAY 函数返回给定日期对应的是一周中的第几天，天数为 0～7 之间的整数。

语法：WEEKDAY(serial_number,[return_type])。

◇　serial_number：必需参数，指定要查找的日期。应使用 DATE 函数输入日期，或者将日期作为其他公式或函数的结果输入。

◇　return_type：可选参数，指定用于确定返回值类型的数字，如图 4-47 所示。

返回值类型	返回的数字
1	从星期日开始，返回 1 到 7
2	从星期一开始，返回 1 到 7
3	从星期一开始，返回 0 到 6
11	从星期一开始，返回 1 到 7
12	从星期二开始，返回 1 到 7
13	从星期三开始，返回 1 到 7
14	从星期四开始，返回 1 到 7
15	从星期五开始，返回 1 到 7
16	从星期六开始，返回 1 到 7
17	从星期日开始，返回 1 到 7

图 4-47　WEEKDAY 函数的返回值类型

如果省略 return_type 参数，则默认从星期日开始，返回 1 到 7 范围内的整数。但是在实际应用中，return_type 参数最常见的值是 2。

例 4.33　如图 4-48 所示，求表中的日期是一周的第几天。

根据题目要求，在单元格 B3 中输入函数"=WEEKDAY(A3,2)"，得出结果为第 5 天。

图 4-48　WEEKDAY 函数应用示例

4. DAY 函数

DAY 函数返回给定日期对应的是一个月中的第几天，天数为 1～31 之间的整数。

语法：DAY(serial_number)。

◆　serial_number：必需参数，指定要查找的日期。应使用 DATE 函数输入日期，或者将日期作为其他公式或函数的结果输入。

例 4.34　如图 4-49 所示，求表中的日期是当月的第几天。

根据题目要求，在单元格 B3 中输入函数"=DAY(A3)"，得出结果为第 17 天。

图 4-49　DAY 函数应用示例

4.5.4　TIME、HOUR、MINUTE、SECOND 函数

在财务分析、时间计算和数据处理中，用户可以使用 TIME、HOUR、MINUTE 与 SECOND 函数对时间进行精确的操作和分析：使用 TIME 函数可以创建特定时间；使用 HOUR 函数可以提取时间的小时数；使用 MINUTE 函数可以提取时间的分钟数；使用 SECOND 函数可以提取时间的秒数。

1. TIME 函数

TIME 函数可将指定的时、分、秒值转换为对应的时间值。

语法：TIME(hour,minute,second)。

◆　hour：必需参数，指定 0(零)到 32 767 之间的数字，作为小时的值。大于 23 的值会被除以 24，余数作为小时的值。

◆　minute：必需参数，指定 0 到 32 767 之间的数字，作为分钟的值。大于 59 的值将被转换为等价的小时和分钟的值。

◆　second：必需参数，指定 0 到 32 767 之间的数字，作为秒的值。大于 59 的值将被转换为等价的小时、分钟和秒的值。

TIME 函数返回的是一个范围，即 0:00:00 (12:00:00 AM)到 23:59:59 (11:59:59 P.M.)
之间的时间。输入该函数之后，单元格会自动转换为时间格式。

例 4.35　如图 4-50 所示，将表中的时、分、秒数值转换为对应的时间值。

根据题目要求，在单元格 D3 中输入函数"=TIME(A3,B3,C3)"，得到时间 12:30:16。

图 4-50　TIME 函数应用示例

2. HOUR 函数

HOUR 函数返回指定时间值的小时数。小时数是 0(12:00 A.M.)到 23(11:00 P.M.)之间
的整数。

语法：HOUR(serial_number)。

✧　serial_number：必需参数，指定一个时间值，其中包含要查找的小时数。时间值
　　可以是带引号的文本字符串、十进制数，也可以是其他公式或函数的计算结果。

例 4.36　如图 4-51 所示，求表中时间的小时数。

根据题目要求，在单元格 B3 中输入函数"=HOUR(A3)"，得出小时数为 12。

图 4-51　HOUR 函数应用示例

3. MINUTE 函数

MINUTE 函数返回指定时间值中的分钟数。分钟数是 0 到 59 之间的整数。

语法：MINUTE(serial_number)。

✧　serial_number：必需参数，指定一个时间值，其中包含要查找的分钟数。

例 4.37　如图 4-52 所示，求表中时间的分钟数。

根据题目要求，在单元格 B3 中输入函数"=MINUTE(A3)"，得出分钟数为 30。

B3	▼	⋮	×	✓	fx	=MINUTE(A3)

	A	B
1	MINUTE函数的应用	
2	时间	分
3	12:30:16	30

图 4-52　MINUTE 函数应用示例

4. SECOND 函数

SECOND 函数返回指定时间值中的秒数。秒数是 0 到 59 之间的整数。

语法：SECOND(serial_number)。

❖ serial_number：必需参数，指定一个时间值，其中包含要查找的秒数。

例 4.38 如图 4-53 所示，求表中时间的秒数。

根据题目要求，在单元格 B3 中输入函数"= SECOND (A3)"，得出秒数为 16。

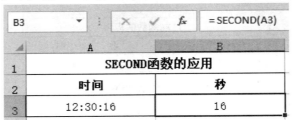

图 4-53　SECOND 函数应用示例

4.6　文本函数

文本函数用于处理和操作文本数据。它们提供了各种功能，如字符串连接、提取文本片段、更改文本大小写等。

4.6.1　FIND、FINDB 函数

FIND 函数和 FINDB 函数可在字符串中查找指定的子字符串，并返回该子字符串出现的位置。可用来完成查找关键词、提取特定位置的文本等工作。

1. FIND 函数

FIND 函数返回指定的子字符串在包含它的字符串中首次出现的位置，该位置从包含它的字符串的第一个字符开始计算。而且无论默认语言设置如何，FIND 函数会将字符串中的每个字符(不管单字节还是双字节)均视为 1 个字符。

语法：FIND(find_text, within_text, [start_num])。

❖ find_text：必需参数，指定需要查找的子字符串。

❖ within_text：必需参数，指定包含待查找子字符串的字符串。

❖ start_num：可选参数，指定在 within_text 中开始查找的位置编号。首字符编号为 1，后续字符编号依次加 1。如果省略该参数，则其值默认为 1。

(1) FIND 函数区分大小写，且不允许使用通配符，返回字符的相对位置而不是值。

(2) FIND 函数适用于使用单字节字符集(SBCS)的文本。

例 4.39 如图 4-54 所示，在字符串"EXCEL 数据处理"中查找字母"E"的位置。

根据题目要求，可知指定字符串中有两个字母"E"。若要查找第一个字母"E"，可将 start_num 参数设置为 1，也可省略，所以在单元格 B3 中输入函数"=FIND("E",A3)"，即可

返回结果 1，如图 4-54(a)所示；而若要查找第二个字母"E"，则要将 start_num 参数设置为 2，所以在单元格 B3 中输入函数"=FIND("E",A3,2)"，即可返回结果 4，如图 4-54(b)所示。

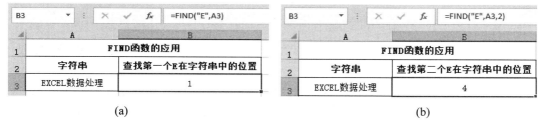

(a)   (b)

图 4-54   FIND 函数应用示例

2. FINDB 函数

FINDB 函数返回指定的子字符串在包含它的字符串中首次出现的位置，该位置从包含它的字符串的第一个字符开始计算。当启用支持 DBCS 的语言并将其设置为默认语言时，FINDB 函数会将每个双字节字符按 2 个字符计算。支持 DBCS 的语言包括中文(简体)、中文(繁体)、日语以及朝鲜语。

语法：FINDB(find_text, within_text, [start_num])。

◇ find_text：必需参数，指定需要查找的子字符串。

◇ within_text：必需参数，指定包含待查找子字符串的字符串。

◇ start_num：可选参数，指定在 within_text 中开始查找的位置编号。首字符编号为 1，后续字符编号依次加 1。如果省略该参数，则其值默认为 1。

(1) FINDB 函数区分大小写，且不允许使用通配符，返回字符的相对位置而不是值。

注意 (2) FINDB 函数适用于使用双字节字符集(DBCS)的文本。

例 4.40   如图 4-55 所示，在字符串"EXCEL 数据处理"中查找"据"字的位置。

根据题目要求，"据"字是中文(简体)双字节字符，适用 FINDB 函数，每个字符按 2 个字符计算，所以在单元格 B3 中输入函数"=FINDB("据",A3)"，即可返回结果 8。

图 4-55   FINDB 函数应用示例

4.6.2   LEFT、MID、RIGHT 函数

LEFT、MID 和 RIGHT 函数用于从字符串中提取特定位置的部分字符或子字符串。

1. LEFT 函数

LEFT 函数用于从字符串左侧第一个字符开始，提取指定数量的字符。

语法：LEFT(text,[num_chars])。

◇ text：必需参数，指定包含待提取字符的字符串。

◇　num_chars：可选参数，指定提取的字符数量。

(1) num_chars 的值必须大于或等于 0，如果省略该参数，则其值默认为 1。

(2) 如果 num_chars 的值大于字符串长度，则函数返回整个字符串。

例 4.41　如图 4-56 所示，从字符串"EXCEL 数据处理与财务分析"最左侧提取 5 个字符。

根据题目要求，在单元格 B3 中输入函数"=LEFT(A3,5)"，返回结果"EXCEL"。

图 4-56　LEFT 函数应用示例

2. MID 函数

MID 函数用于从字符串任意位置开始，从左往右提取指定数量的字符。

语法：MID(text,start_num,num_chars)。

◇　text：必需参数，指定包含待提取字符的字符串。

◇　start_num：必需参数，指定提取字符的起始位置编号。字符串中第一个字符的位置为 1，以此类推。

◇　num_chars：必需参数，指定提取字符的个数。

(1) 如果 start_num 的值大于字符串长度，则函数返回空字符串。

(2) 如果 start_num 的值小于字符串长度，但 start_num 加 num_chars 的和超过字符串的长度，则函数返回由开始位置直到字符串末尾的字符。

例 4.42　如图 4-57 所示，从字符串"EXCEL 数据处理与财务分析"中提取字符"数据处理"。

根据题目要求，在单元格 B3 中输入函数"=MID(A3,6,4)"，返回结果"数据处理"。

图 4-57　MID 函数应用示例

3. RIGHT 函数

RIGHT 函数用于从字符串右侧第一个字符开始，提取指定数量的字符。

语法：RIGHT(text,[num_chars])。

◇　text：必需函数，指定包含待提取字符的字符串。

◇　num_chars：可选函数，指定提取的字符数量。

注 意

(1) num_chars 的值必须大于或等于 0，如果省略该参数，则默认其值为 1。

(2) 如果 num_chars 的值大于字符串长度，则函数返回整个字符串。

例 4.43 如图 4-58 所示，从字符串"EXCEL 数据处理与财务分析"最右侧提取 4 个字符。

根据题目要求，在单元格 B3 中输入函数"=RIGHT(A3,4)"，返回结果"财务分析"。

图 4-58 RIGHT 函数应用示例

4.6.3 LEN、LENB 函数

LEN 函数和 LENB 函数可以准确计算字符串的长度，无论是英文字符、数字、符号还是中文字符。

1. LEN 函数

LEN 函数用于计算字符串中的字符个数。单个英文字符、数字、符号和中文字符都计为 1 个字符。

语法：LEN(text)。

◇ text：必需参数，指定要计算长度的字符串，空格作为字符进行计数。

例 4.44 如图 4-59 所示，计算字符串"EXCEL 数据处理"的字符个数。

根据题目要求，在单元格 B3 中输入函数"=LEN(A3)"，得出结果为 9。

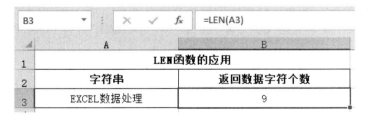

图 4-59 LEN 函数应用示例

2. LENB 函数

LENB 函数用于计算字符串中代表字符的字节数。单个英文字符和标点符号计为 1 个字节；单个中文字符计为 2 个字节。

语法：LENB(text)。

◇ text：必需参数，指定要计算长度的字符串，空格作为字符进行计数。

只有在将 DBCS 语言设置为默认语言时，函数 LENB 才会将单个字符按 2 个字节计数，否则，函数 LENB 与 LEN 相同，即将单个字符都按 1 个字节计数。

例 4.45 如图 4-60 所示，计算字符串"EXCEL 数据处理"的字节个数。

根据题目要求，在单元格 B3 中输入函数"=LENB(A3)"，得出结果为 13。

B3		× ✓ fx	=LENB(A3)
	A		B
1	LENB函数的应用		
2	字符串		返回数据字节个数
3	EXCEL数据处理		13

图 4-60　LENB 函数应用示例

4.6.4　TEXT、VAULE 函数

TEXT 函数和 VAULE 函数可以实现字符串和数值之间的转换。TEXT 函数可以将数值或日期格式转换为指定的字符串格式，而 VALUE 函数可以将字符串格式转换为数值格式。

1. TEXT 函数

TEXT 函数用于将数值或日期格式转换为指定的字符串格式。

语法：TEXT(value,format_text)。

◇　value：必需参数，指定要转换为字符串的数值，可以是数值、计算结果为数值的公式，也可以是对包含数值的单元格的引用。

◇　format_text：必需参数，指定转换的目标格式。本例中，在【设置单元格格式】对话框【数字】选项卡的【分类】→【文本】中，将字符串格式设置为数字格式。

例 4.46 如图 4-61 所示，将表中的日期转换为以"-"为分隔符的字符串。

根据题目要求，在单元格 B3 中输入函数"=TEXT(A3,"yyyy-mm-dd")"，返回字符串"2019-01-01"。

B3		× ✓ fx	=TEXT(A3,"yyyy-mm-dd")
	A		B
1	TEXT函数的应用		
2	日期格式		文本格式
3	2019/1/1		2019-01-01

图 4-61　TEXT 函数应用示例

2. VAULE 函数

VAULE 函数用于将字符串格式的数字转换为数值格式。

语法：VALUE(text)。

◇ text：必需参数，指定一个字符串或包含待转换字符串的单元格的引用，可以是任何常量数字或者日期。

例 4.47　如图 4-62 所示，将表中文本格式的日期转变为日期格式。

根据题目要求，在单元格 B3 中输入函数"=VALUE(A3)"，返回日期 2019/1/1。

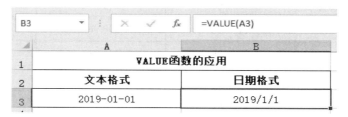

图 4-62　VALUE 函数应用示例

本 章 小 结

Excel 中的函数是一种预定义的操作，它接受输入值(参数)，并根据给定的算法或逻辑进行计算，并返回结果。

函数由函数名、参数和括号组成。函数名用于指定要执行的具体操作，每个函数都拥有唯一的识别名称；参数是函数的输入值；括号用于包围参数。不同的函数有不同的参数要求和语法格式。

Excel 中的函数一共有 12 类，包括数学与三角函数、逻辑函数、文本函数、日期函数等，可以执行各种数学、逻辑、文本、日期等操作。

函数的输入方式有两种：对于熟悉的函数，可以直接在单元格或编辑栏中输入；如果不确定函数的拼写和语法，则可以借助【插入函数】对话框插入函数。

公式是进行数据处理与分析的工具。公式使用数据运算符来处理数值、文本、函数等，并得出运算结果。公式的组成要素主要有等号、运算符、常量、单元格引用、函数、数值或任意字符串等。

函数与公式的区别是：函数是一个被封装起来的、按照特定的规则进行计算并最后得到返回值的一段程序；公式则是计算并得到返回值的一个过程，这个过程可以包含一个或多个函数，也可以不包含任何函数。但公式经过封装并给予特定名称后，也可以升级为函数，即自定义函数。所以函数也可以看作一种特殊的公式。

为了实现动态计算和数据处理，有时需要对其他单元格中的数据或公式进行引用。Excel 中对单元格的引用分为相对引用、绝对引用和混合引用三种类型。

本 章 练 习

某公司第一季度销售业绩分析表如表 4-3 所示。

表 4-3　公司销售业绩分析表　　　　　　　　单位：万元

序号	姓名	一月份	二月份	三月份
1	王学良	130 074	101 588	145 560
2	赵强	178 000	100 480	134 478
3	陈思琦	162 500	143 320	162 258
4	吴建军	113 400	108 960	124 690
5	向楠	127 890	143 880	135 520
6	王冰	100 890	122 590	125 360
7	李雪	133 880	133 560	155 680
8	朱清	144 560	122 580	133 740

请根据表中数据进行以下练习。

实操项目 1

计算每个员工的平均销售额和总销售额。

实操项目 2

将员工根据销售业绩归类，将总销售额大于 400 000 万元的归为"优秀"类，其余的归为"合格"类。

实操项目 3

统计一月份销售额大于 150 000 万元的销售人员有多少。

实操项目 4

查询王学良的销售业绩被归入哪一类，并使用 INDEX 和 MATCH 函数查询王学良的一月份销售额。

第5章　往来账款管理与分析

本章目标

- 熟悉应收账款信用决策模型的建立
- 熟悉应收账款管理表的创建
- 熟悉应付账款管理表的创建
- 掌握应用数据透视表及透视图对应收账款管理表进行分析
- 掌握应收账款账龄统计表的创建
- 掌握应收账款账龄分析的方法
- 掌握应收账款结构表和结构图的制作
- 掌握应付账款分布的分析
- 掌握应付账款账龄分析的方法

重点难点

重点:
◈ 应收账款账龄分析
◈ 应付账款账龄分析

难点:
◈ 信用期决策模型的制作

往来账款是企业在生产经营过程中因发生供销产品、提供或接受劳务而形成的债权/债务关系。往来账款主要包括应收账款、应付账款、预收账款、预付账款、其他应收款以及其他应付款，其中以应收账款和应付账款最为重要。

往来账款形成的主要原因有三个方面：一是受计划经济的影响，效益观念、时间观念、财务风险意识淡薄，投资资金长期在账款项目挂账；二是管理意识淡薄，监督失控，特别是往来账款管理制度不健全或有章不循，造成往来账款管理失控；三是财务部门监督管理不到位。

应收及应付类的债权/债务关系主要通过往来账款科目(如应收账款、应付账款等)进行核算。企业在生产经营过程中会频繁地产生应收及应付类的债权/债务，而如何将这些债权/债务合理、有序地统计汇总，并进行有效的管理和催收，是需要财务人员深思的问题。

5.1 应收账款管理

应收账款是指企业在正常经营过程中因销售商品、提供劳务等交易行为，而应向购买单位收取的款项，是伴随企业的销售行为发生而形成的一项债权。因此，应收账款的核算管理尤为重要。

5.1.1 应收账款决策

应收账款决策的内容主要包括客户的信用评级、应收账款的控制机制、合理的催收机制以及应收账款信用期的确定四个方面。

1. 客户的信用评级

客户的信用评级主要通过 5C 评价体系完成。"5C"指客户的品质(Character)、能力(Capacity)、资本(Capital)、抵押(Collateral)和条件(Condition)。

(1) 品质：指客户努力履行其偿债义务的可能性，是评估客户信用品质的首要指标。因为每一笔信用交易都隐含了客户对公司的付款承诺，如果客户没有付款的诚意，则该应收账款的风险势必加大。品质直接决定了应收账款的回收速度和回收数额，因而一般被认为是信用评估最为重要的因素。

(2) 能力：指客户的偿债能力，即其流动资产的数量、质量以及与流动负债的比例。其判断依据通常是客户的偿债记录、经营手段以及对客户公司经营方式所做的实际调查。

(3) 资本：指客户的财务实力和财务状况，即资产负债率、流动比率、速动比例、有形资产净值等财务指标。

(4) 抵押：指客户拒付款项或无力支付款项时能被用做抵押的资产，一旦收不到这些客户的款项，便以抵押品抵补，这对于首次交易或信用状况有争议的客户尤为重要。

(5) 条件：指可能影响客户付款能力的经济环境，如客户在困难时期的付款历史，以及在经济不景气情况下的付款可能性。

除明确上述五种因素外，企业还要及时掌握客户的各种信用资料，具体可从以下两个方面获得：首先是财务报表，可以通过对客户近期财务报表的分析了解其经济实力；其次是企业的内部分析，过去业务的付款情况基本能反映客户的信用情况。

2. 应收账款的控制机制

应收账款的控制机制主要包括赊销额度控制、职责控制、审批控制、跟踪控制和坏账控制五个方面。

(1) 赊销额度控制。企业应将每月末应收账款余额控制在全年主营业务收入的 2%左右，并结合应收账款控制总量，根据客户的资信等级分解到有关客户，对信用等级高、业务量大、长期合作且有等值担保物的客户给予一定的赊销额度。

(2) 职责控制。企业领导及财务、审计等部门对应收款都有管理职能。财务部要定期统计各笔应收账款的账龄及增减变动情况，并及时反馈给企业领导。

(3) 审批控制。在决定是否赊销时，对应收账款在赊销额度以内的，结算部门应按照应收款日常管理办法加强追收，力争将赊销额度逐步减少；对应收账款超过赊销额度的，必须严格按赊销审批程序进行逐级审批，由负责人决定是否赊销。

(4) 跟踪控制。回收应收账款责任应落实到个人，及时跟踪客户的经营动态，防止因客户经营不善造成损失的现象发生。以客户为单位，做好日常催款工作。

(5) 坏账控制。应收款不可避免地会出现坏账损失，因此要建立坏账准备金制度及坏账损失审批核销制度。根据客户财务状况，正确估计应收账款的坏账风险，选择恰当的坏账政策。

3. 合理的催收机制

应收款的回收必然产生收账成本。企业需要综合考虑收账成本、坏账损失以及经济环境和自身情况等多个因素，采用边际分析法进行权衡和量化，以确定最优质合理的收账政策，最大限度减少坏账损失。

4. 应收账款信用期的确定

信用期是企业允许客户从购货到付款之间的时间，或者说是企业给予客户的付款期间。例如，若某企业允许客户在购货后的 30 天内付款，则信用期为 30 天。信用期过短，不足以吸引客户，在竞争中会使销售额下降；信用期过长，对销售额增加固然有利，但只顾及销售增长而盲目放宽信用期，所得的收益有时会被增长的费用抵销，甚至造成利润减少。因此，企业必须慎重研究，确定恰当的信用期。

信用期的确定，需深入分析改变现行信用期对收入和成本产生的影响：延长信用期，会使销售额增加，产生有利影响；与此同时，应收账款、收账费用和坏账损失增加，会产生不利影响。当前者大于后者时，可以延长信用期，否则不宜延长。如果缩短信用期，情况与此相反。

例 5.1　某公司当前采用 30 天按票额付款信用政策，拟将信用期放宽至 60 天，仍按发票金额付款。假设等风险投资的必要报酬率为 15%，该公司信用期有关资料如图 5-1 所示，现要求确定该公司应收账款信用期。

第一步，建立某公司信用期决策模型框架，如图 5-2 所示。

第二步，计算销量的增加。在单元格 B18 中输入"=C5-B5"，如图 5-3 所示。

图 5-1　某公司信用期有关资料表

图 5-2　建立信用期决策模型框架

图 5-3　计算销量的增加

第三步，计算单位边际贡献。在单元格 B19 中输入“=B6-B8”，如图 5-4 所示。

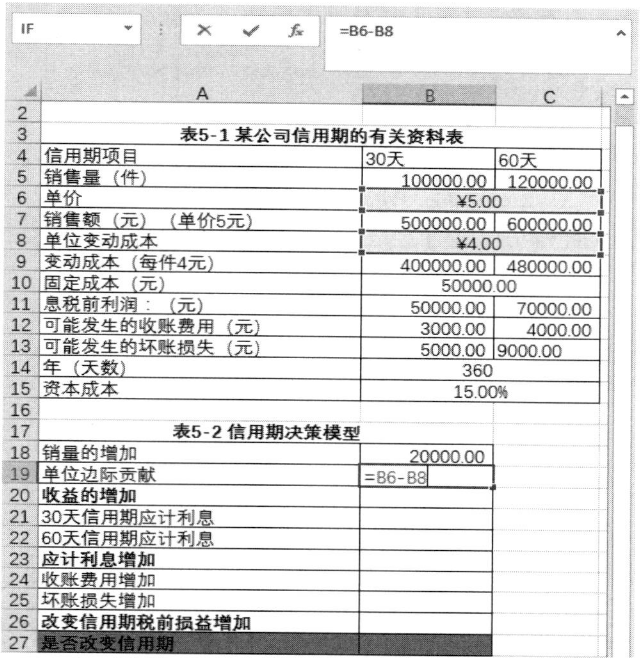

IF　=B6-B8

	A	B	C
2			
3	**表5-1 某公司信用期的有关资料表**		
4	信用期项目	30天	60天
5	销售量（件）	100000.00	120000.00
6	单价	¥5.00	
7	销售额（元）（单价5元）	500000.00	600000.00
8	单位变动成本	¥4.00	
9	变动成本（每件4元）	400000.00	480000.00
10	固定成本（元）	50000.00	
11	息税前利润：（元）	50000.00	70000.00
12	可能发生的收账费用（元）	3000.00	4000.00
13	可能发生的坏账损失（元）	5000.00	9000.00
14	年（天数）	360	
15	资本成本	15.00%	
16			
17	**表5-2 信用期决策模型**		
18	销量的增加	20000.00	
19	单位边际贡献	=B6-B8	
20	**收益的增加**		
21	30天信用期应计利息		
22	60天信用期应计利息		
23	**应计利息增加**		
24	收账费用增加		
25	坏账损失增加		
26	**改变信用期税前损益增加**		
27	**是否改变信用期**		

图 5-4　计算单位边际贡献

第四步，计算收益的增加。在单元格 B20 中输入“=B19*B18”，如图 5-5 所示。

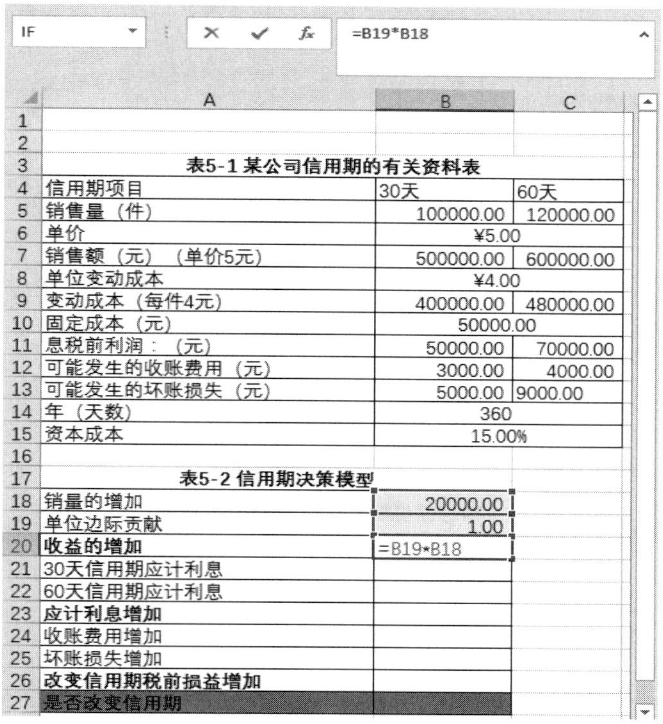

IF　=B19*B18

	A	B	C
1			
2			
3	**表5-1 某公司信用期的有关资料表**		
4	信用期项目	30天	60天
5	销售量（件）	100000.00	120000.00
6	单价	¥5.00	
7	销售额（元）（单价5元）	500000.00	600000.00
8	单位变动成本	¥4.00	
9	变动成本（每件4元）	400000.00	480000.00
10	固定成本（元）	50000.00	
11	息税前利润：（元）	50000.00	70000.00
12	可能发生的收账费用（元）	3000.00	4000.00
13	可能发生的坏账损失（元）	5000.00	9000.00
14	年（天数）	360	
15	资本成本	15.00%	
16			
17	**表5-2 信用期决策模型**		
18	销量的增加	20000.00	
19	单位边际贡献	1.00	
20	**收益的增加**	=B19*B18	
21	30天信用期应计利息		
22	60天信用期应计利息		
23	**应计利息增加**		
24	收账费用增加		
25	坏账损失增加		
26	**改变信用期税前损益增加**		
27	**是否改变信用期**		

图 5-5　计算收益的增加

第五步，计算 30 天信用期应计利息。在单元格 B21 中输入“=B7/B14*LEFT(B4,2)*B9/B7*B15”，如图 5-6 所示。

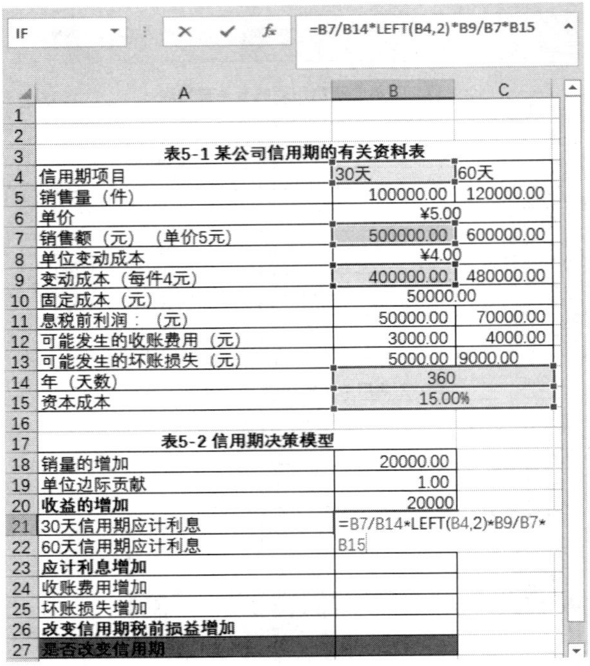

IF | =B7/B14*LEFT(B4,2)*B9/B7*B15

	A	B	C
1			
2			
3	表5-1 某公司信用期的有关资料表		
4	信用期项目	30天	60天
5	销售量（件）	100000.00	120000.00
6	单价	¥5.00	
7	销售额（元）（单价5元）	500000.00	600000.00
8	单位变动成本	¥4.00	
9	变动成本（每件4元）	400000.00	480000.00
10	固定成本（元）	50000.00	
11	息税前利润：（元）	50000.00	70000.00
12	可能发生的收账费用（元）	3000.00	4000.00
13	可能发生的坏账损失（元）	5000.00	9000.00
14	年（天数）	360	
15	资本成本	15.00%	
16			
17	表5-2 信用期决策模型		
18	销量的增加	20000.00	
19	单位边际贡献	1.00	
20	收益的增加	20000	
21	30天信用期应计利息	=B7/B14*LEFT(B4,2)*B9/B7*B15	
22	60天信用期应计利息		
23	应计利息增加		
24	收账费用增加		
25	坏账损失增加		
26	改变信用期税前损益增加		
27	是否改变信用期		

图 5-6　计算 30 天信用期应计利息

第六步，计算 60 天信用期应计利息。在单元格 B22 中输入“=C7/B14*LEFT(C4,2)*C9/C7*B15”，如图 5-7 所示。

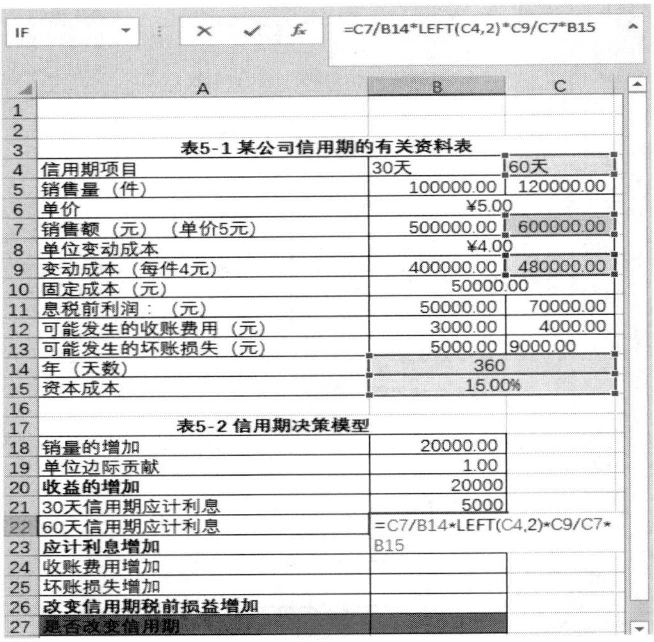

IF | =C7/B14*LEFT(C4,2)*C9/C7*B15

	A	B	C
1			
2			
3	表5-1 某公司信用期的有关资料表		
4	信用期项目	30天	60天
5	销售量（件）	100000.00	120000.00
6	单价	¥5.00	
7	销售额（元）（单价5元）	500000.00	600000.00
8	单位变动成本	¥4.00	
9	变动成本（每件4元）	400000.00	480000.00
10	固定成本（元）	50000.00	
11	息税前利润：（元）	50000.00	70000.00
12	可能发生的收账费用（元）	3000.00	4000.00
13	可能发生的坏账损失（元）	5000.00	9000.00
14	年（天数）	360	
15	资本成本	15.00%	
16			
17	表5-2 信用期决策模型		
18	销量的增加	20000.00	
19	单位边际贡献	1.00	
20	收益的增加	20000	
21	30天信用期应计利息	5000	
22	60天信用期应计利息	=C7/B14*LEFT(C4,2)*C9/C7*B15	
23	应计利息增加		
24	收账费用增加		
25	坏账损失增加		
26	改变信用期税前损益增加		
27	是否改变信用期		

图 5-7　计算 60 天信用期应计利息

第七步，计算应计利息增加。在单元格 B23 中输入“=B22-B21”，如图 5-8 所示。

B21　=B22-B21

	A	B	C
1			
2			
3	**表5-1 某公司信用期的有关资料表**		
4	信用期项目	30天	60天
5	销售量（件）	100000.00	120000.00
6	单价	¥5.00	
7	销售额（元）（单价5元）	500000.00	600000.00
8	单位变动成本	¥4.00	
9	变动成本（每件4元）	400000.00	480000.00
10	固定成本（元）	50000.00	
11	息税前利润：（元）	50000.00	70000.00
12	可能发生的收账费用（元）	3000.00	4000.00
13	可能发生的坏账损失（元）	5000.00	9000.00
14	年（天数）	360	
15	资本成本	15.00%	
16			
17	**表5-2 信用期决策模型**		
18	销量的增加	20000.00	
19	单位边际贡献	1.00	
20	**收益的增加**	20000	
21	30天信用期应计利息	5000	
22	60天信用期应计利息	12000	
23	**应计利息增加**	=B22-B21	
24	收账费用增加		
25	坏账损失增加		
26	**改变信用期税前损益增加**		
27	**是否改变信用期**		

图 5-8　计算应计利息增加

第八步，计算收账费用增加。在单元格 B24 中输入“=C12-B12”，如图 5-9 所示。

B12　=C12-B12

	A	B	C
1			
2			
3	**表5-1 某公司信用期的有关资料表**		
4	信用期项目	30天	60天
5	销售量（件）	100000.00	120000.00
6	单价	¥5.00	
7	销售额（元）（单价5元）	500000.00	600000.00
8	单位变动成本	¥4.00	
9	变动成本（每件4元）	400000.00	480000.00
10	固定成本（元）	50000.00	
11	息税前利润：（元）	50000.00	70000.00
12	可能发生的收账费用（元）	3000.00	4000.00
13	可能发生的坏账损失（元）	5000.00	9000.00
14	年（天数）	360	
15	资本成本	15.00%	
16			
17	**表5-2 信用期决策模型**		
18	销量的增加	20000.00	
19	单位边际贡献	1.00	
20	**收益的增加**	20000	
21	30天信用期应计利息	5000	
22	60天信用期应计利息	12000	
23	**应计利息增加**	7000	
24	收账费用增加	=C12-B12	
25	坏账损失增加		
26	**改变信用期税前损益增加**		
27	**是否改变信用期**		

图 5-9　计算收账费用增加

第九步，计算坏账损失增加。在单元格 B25 中输入“=C13-B13”，如图 5-10 所示。

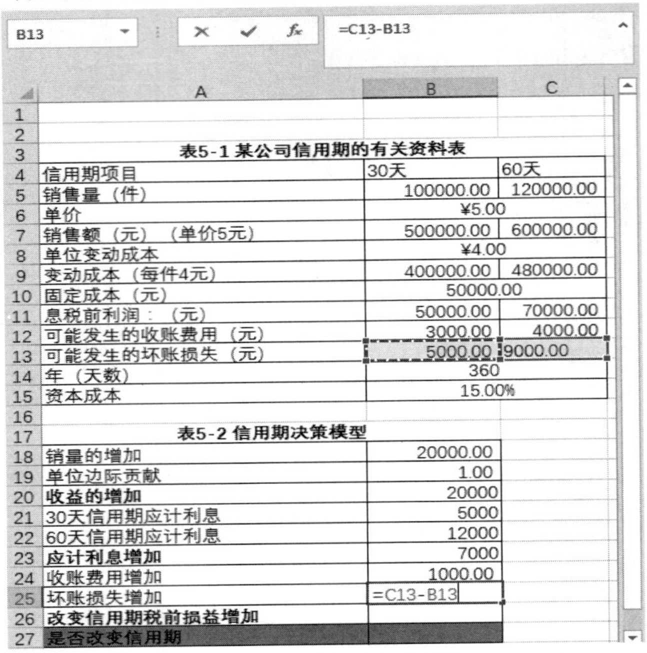

	A	B	C
1			
2			
3	表5-1 某公司信用期的有关资料表		
4	信用期项目	30天	60天
5	销售量（件）	100000.00	120000.00
6	单价	¥5.00	
7	销售额（元）（单价5元）	500000.00	600000.00
8	单位变动成本	¥4.00	
9	变动成本（每件4元）	400000.00	480000.00
10	固定成本（元）	50000.00	
11	息税前利润：（元）	50000.00	70000.00
12	可能发生的收账费用（元）	3000.00	4000.00
13	可能发生的坏账损失（元）	5000.00	9000.00
14	年（天数）	360	
15	资本成本	15.00%	
16			
17	表5-2 信用期决策模型		
18	销量的增加	20000.00	
19	单位边际贡献	1.00	
20	收益的增加	20000	
21	30天信用期应计利息	5000	
22	60天信用期应计利息	12000	
23	应计利息增加	7000	
24	收账费用增加	1000.00	
25	坏账损失增加	=C13-B13	
26	改变信用期税前损益增加		
27	是否改变信用期		

图 5-10　计算坏账损失增加

第十步，计算改变信用期税前损益增加。在单元格 B26 中输入“=B20-B23-B24-B25”，如图 5-11 所示。

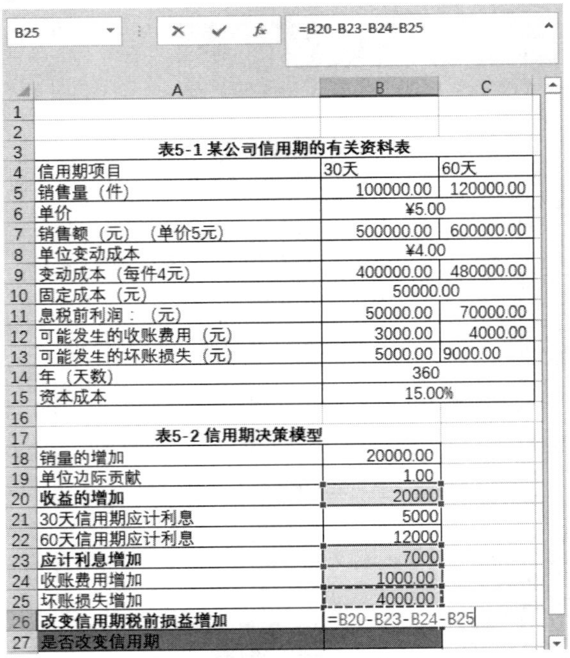

	A	B	C
1			
2			
3	表5-1 某公司信用期的有关资料表		
4	信用期项目	30天	60天
5	销售量（件）	100000.00	120000.00
6	单价	¥5.00	
7	销售额（元）（单价5元）	500000.00	600000.00
8	单位变动成本	¥4.00	
9	变动成本（每件4元）	400000.00	480000.00
10	固定成本（元）	50000.00	
11	息税前利润：（元）	50000.00	70000.00
12	可能发生的收账费用（元）	3000.00	4000.00
13	可能发生的坏账损失（元）	5000.00	9000.00
14	年（天数）	360	
15	资本成本	15.00%	
16			
17	表5-2 信用期决策模型		
18	销量的增加	20000.00	
19	单位边际贡献	1.00	
20	收益的增加	20000	
21	30天信用期应计利息	5000	
22	60天信用期应计利息	12000	
23	应计利息增加	7000	
24	收账费用增加	1000.00	
25	坏账损失增加	4000.00	
26	改变信用期税前损益增加	=B20-B23-B24-B25	
27	是否改变信用期		

图 5-11　计算改变信用期税前损益增加

第十一步，计算是否改变信用期。在单元格 B27 中输入“=IF(B26>0,"改变","不改变')”，如图 5-12 所示。

IF　　=IF(B26>0,"改变","不改变")

	A	B	C
2			
3	**表5-1 某公司信用期的有关资料表**		
4	信用期项目	30天	60天
5	销售量（件）	100000.00	120000.00
6	单价	¥5.00	
7	销售额（元）（单价5元）	500000.00	600000.00
8	单位变动成本	¥4.00	
9	变动成本（每件4元）	400000.00	480000.00
10	固定成本（元）	50000.00	
11	息税前利润：（元）	50000.00	70000.00
12	可能发生的收账费用（元）	3000.00	4000.00
13	可能发生的坏账损失（元）	5000.00	9000.00
14	年（天数）	360	
15	资本成本	15.00%	
16			
17	**表5-2 信用期决策模型**		
18	销量的增加	20000.00	
19	单位边际贡献	1.00	
20	**收益的增加**	20000	
21	30天信用期应计利息	5000	
22	60天信用期应计利息	12000	
23	**应计利息增加**	7000	
24	收账费用增加	1000.00	
25	坏账损失增加	4000.00	
26	**改变信用期税前损益增加**	8000.00	
27	是否改变信用期	=IF(B26>0,"改变","不改变")	

图 5-12　计算是否改变信用期

最终完成的某公司信用决策模型如图 5-13 所示。根据需要改变信用期有关资料的各个项目，信用期决策模型就会自动做出是否改变信用期的决策。

G27

	A	B	C
2			
3	**表5-1 某公司信用期的有关资料表**		
4	信用期项目	30天	60天
5	销售量（件）	100000.00	120000.00
6	单价	¥5.00	
7	销售额（元）（单价5元）	500000.00	600000.00
8	单位变动成本	¥4.00	
9	变动成本（每件4元）	400000.00	480000.00
10	固定成本（元）	50000.00	
11	息税前利润：（元）	50000.00	70000.00
12	可能发生的收账费用（元）	3000.00	4000.00
13	可能发生的坏账损失（元）	5000.00	9000.00
14	年（天数）	360	
15	资本成本	15.00%	
16			
17	**表5-2 信用期决策模型**		
18	销量的增加	20000.00	
19	单位边际贡献	1.00	
20	**收益的增加**	20000	
21	30天信用期应计利息	5000	
22	60天信用期应计利息	12000	
23	**应计利息增加**	7000	
24	收账费用增加	1000.00	
25	坏账损失增加	4000.00	
26	**改变信用期税前损益增加**	8000.00	
27	**是否改变信用期**	改变	

图 5-13　某公司信用期决策模型最终效果

5.1.2　创建应收账款管理表

应收账款管理表是基于从企业财务或账务处理系统中导出的应收账款明细账及与之相关的信用政策条款编制而成的关键管理工具，用于直观展示会计期末应收账款的逾期时间及金额。应收账款管理表可以帮助企业掌握应收账款的逾期分布状况，从而快速识别逾期风险，优化资金回笼，并促进内部协作，加强应收账款的监控与管理。应收账款分析的基础数据来源于应收账款管理表，本小节将介绍创建应收账款管理表的具体方法。

例 5.2 某公司应收账款明细表和客户信用资料明细表分别如图 5-14 与图 5-15 所示。根据应收账款和客户信用资料明细表编制应收账款管理表，操作步骤如下：

客户编码	客户	应收款日期	金额
0001	江南制造厂	2018-3-29	8361
0002	东风洗车有限公司	2020-12-9	24234
0003	北冰洋保险有限公司	2019-9-14	16034
0004	黄河造船厂	2020-3-1	22622
0005	百事啤酒厂	2020-10-31	26434
0006	钢铁建材投资有限公司	2020-5-14	14194
0007	美丽金融	2018-11-12	14778
0008	百年陈醋	2019-7-4	3839
0009	江北啤酒厂	2018-1-21	5111
0010	南山投资集团	2020-3-9	18834
0011	铁路快递	2018-11-24	13263
0012	一流酒店	2020-2-26	11398
0001	江南制造厂	2019-2-17	6498
0002	东风洗车有限公司	2020-3-7	8797
0003	北冰洋保险有限公司	2020-4-6	1058
0004	黄河造船厂	2019-2-21	1222
0005	百事啤酒厂	2020-12-18	3062
0006	钢铁建材投资有限公司	2020-3-13	8671
0007	美丽金融	2017-2-8	7922
0008	百年陈醋	2019-1-30	4487
0009	江北啤酒厂	2021-3-2	8423
0010	南山投资集团	2020-12-1	7229
0011	铁路快递	2021-1-6	7309
0012	一流酒店	2021-3-19	6178

图 5-14　某公司应收账款明细表

客户编码	客户名称	信用期（天）
0001	百年陈醋	90
0002	百事啤酒厂	30
0003	北冰洋保险有限公司	60
0004	东风洗车有限公司	90
0005	钢铁建材投资有限公司	30
0006	黄河造船厂	60
0007	江北啤酒厂	90
0008	江南制造厂	30
0009	美丽金融	30
0010	南山投资集团	30
0011	铁路快递	30
0012	一流酒店	30

图 5-15　某公司客户信用资料明细表

第一步，建立应收账款管理表框架，如图 5-16 所示。

表5-5 某公司应收账款管理表

系统日期：2021年3月31日

客户编码	客户名称	应收账款发生日期	金额	信用期	应收账款到期日	应收账款到期小于5天预警	逾期天数
0001	江南制造厂	2020-9-29	8,361.00				
0002	东风洗车有限公司	2020-12-9	24,234.00				
0003	北冰洋保险有限公司	2020-12-14	16,034.00				
0004	黄河造船厂	2020-11-1	22,622.00				
0005	百事啤酒厂	2020-12-31	26,434.00				
0006	钢铁建材投资有限公司	2020-10-14	14,194.00				
0007	美丽金融	2020-11-12	14,778.00				
0008	百年陈醋	2020-12-4	3,839.00				
0009	江北啤酒厂	2020-11-21	5,111.00				
0010	南山投资集团	2020-11-9	18,834.00				
0011	铁路快递	2020-11-24	13,263.00				
0012	一流酒店	2021-2-26	11,398.00				
0001	江南制造厂	2021-2-17	6,498.00				
0002	东风洗车有限公司	2020-12-7	8,797.00				
0003	北冰洋保险有限公司	2020-12-6	1,058.00				
0004	黄河造船厂	2021-2-21	1,222.00				
0005	百事啤酒厂	2020-12-18	3,062.00				
0006	钢铁建材投资有限公司	2021-3-13	8,671.00				
0007	美丽金融	2021-2-8	7,922.00				
0008	百年陈醋	2021-1-30	4,487.00				
0009	江北啤酒厂	2021-3-2	8,423.00				
0010	南山投资集团	2020-12-1	7,229.00				
0011	铁路快递	2021-3-4	7,309.00				
0012	一流酒店	2021-3-1	6,178.00				

图 5-16　建立应收账款管理表框架

第二步，从客户资料明细表引入信用期。在单元格 E4 中输入 "=VLOOKUP(应收账款管理表!A4,客户资料表!$A$2:$C$14,3,FALSE)"，并将公式复制到整列，如图 5-17 所示。

图 5-17　从客户资料明细表引入信用期

第三步，计算应收账款到期日。在单元格 F4 中输入 "=C4+E4"，并将公式复制到整列，如图 5-18 所示。

图 5-18　计算应收账款到期日

第四步，设置预警信息参数。在单元格 A2 和 B2 中分别输入“系统日期：”和“2021 年 3 月 31 日”，将系统日期固定以便设置公式；然后在单元格 G4 中输入公式“=IF(AND(F4-\$B\$2>=0,F4-\$B\$2<=5),F4-\$B\$2,"")”，并将公式复制到整列。设置如图 5-19 所示。

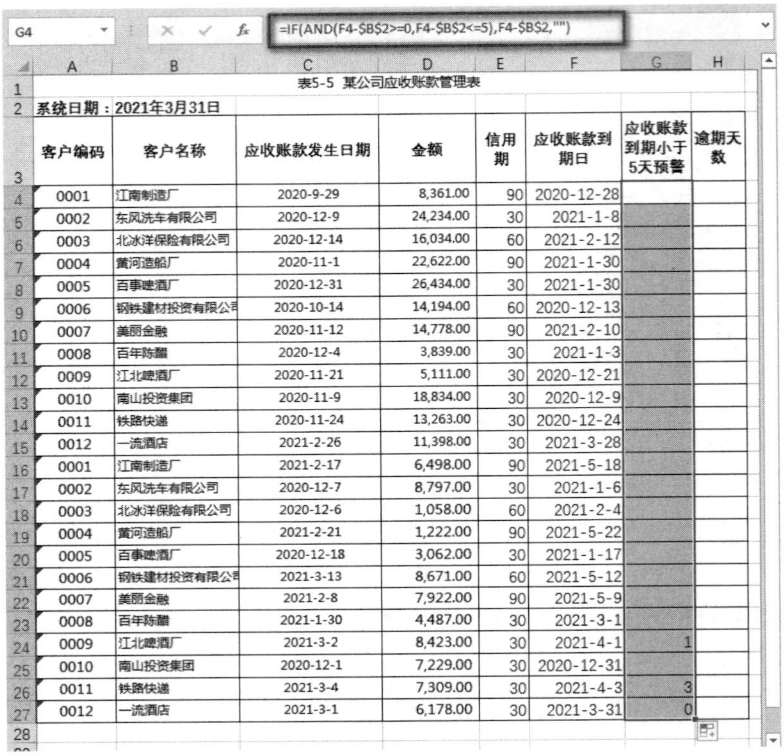

表5-5 某公司应收账款管理表

系统日期：2021年3月31日

客户编码	客户名称	应收账款发生日期	金额	信用期	应收账款到期日	应收账款到期小于5天预警	逾期天数
0001	江南制造厂	2020-9-29	8,361.00	90	2020-12-28		
0002	东风洗车有限公司	2020-12-9	24,234.00	30	2021-1-8		
0003	北冰洋保险有限公司	2020-12-14	16,034.00	60	2021-2-12		
0004	黄河造船厂	2020-11-1	22,622.00	90	2021-1-30		
0005	百事啤酒厂	2020-12-31	26,434.00	30	2021-1-30		
0006	钢铁建材投资有限公司	2020-10-14	14,194.00	60	2020-12-13		
0007	美丽金融	2020-11-12	14,778.00	90	2021-2-10		
0008	百年陈醋	2020-12-4	3,839.00	30	2021-1-3		
0009	江北啤酒厂	2020-11-21	5,111.00	30	2020-12-21		
0010	南山投资集团	2020-11-9	18,834.00	30	2020-12-9		
0011	铁路快递	2020-11-24	13,263.00	30	2020-12-24		
0012	一流酒店	2021-2-26	11,398.00	30	2021-3-28		
0001	江南制造厂	2021-2-17	6,498.00	90	2021-5-18		
0002	东风洗车有限公司	2020-12-7	8,797.00	30	2021-1-6		
0003	北冰洋保险有限公司	2020-12-6	1,058.00	60	2021-2-4		
0004	黄河造船厂	2021-2-21	1,222.00	90	2021-5-22		
0005	百事啤酒厂	2020-12-18	3,062.00	30	2021-1-17		
0006	钢铁建材投资有限公司	2021-3-13	8,671.00	60	2021-5-12		
0007	美丽金融	2021-2-8	7,922.00	90	2021-5-9		
0008	百年陈醋	2021-1-30	4,487.00	30	2021-3-1		
0009	江北啤酒厂	2021-3-2	8,423.00	30	2021-4-1	1	
0010	南山投资集团	2020-12-1	7,229.00	30	2020-12-31		
0011	铁路快递	2021-3-4	7,309.00	30	2021-4-3	3	
0012	一流酒店	2021-3-1	6,178.00	30	2021-3-31	0	

图 5-19　设置到期日小于五天的应收账款预警

第五步，设置突出显示单元格规则。选择 G 列，在【开始】工具栏的【样式】组中选择【条件格式】→【突出显示单元格规则】→【小于】，在弹出的【小于】对话框中将数值设置为小于“5”，显示设置为【浅红填充色深红色文本】，如图 5-20 所示。

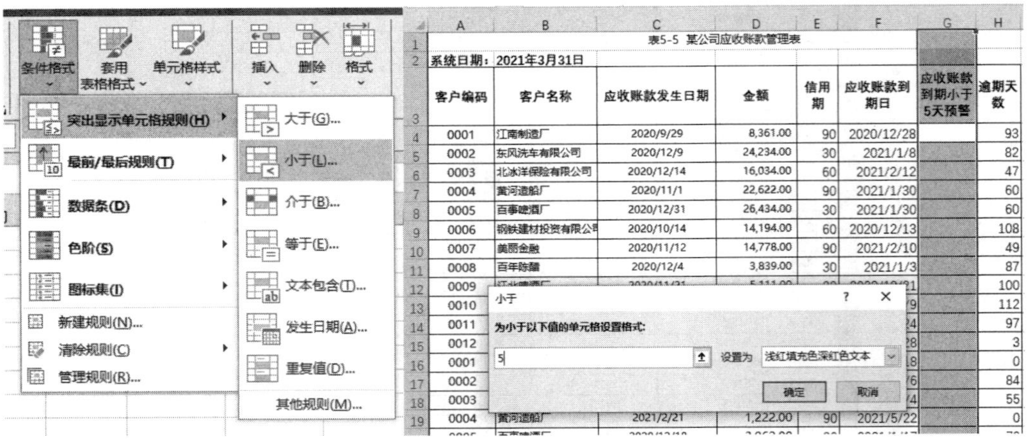

图 5-20　设置突出显示单元格规则

第六步，计算逾期天数。在单元格 H24 中输入“=IF($B$2>F24,$B$2-F24,0)”，并将公式复制到整列，如图 5-21 所示。

H24　=IF($B$2>F24,$B$2-F24,0)

表5-5 某公司应收账款管理表

系统日期：2021年3月31日

客户编码	客户名称	应收账款发生日期	金额	信用期	应收账款到期日	应收账款到期小于5天预警	逾期天数
0001	江南制造厂	2020-9-29	8,361.00	90	2020-12-28		93
0002	东风洗车有限公司	2020-12-9	24,234.00	30	2021-1-8		82
0003	北冰洋保险有限公司	2020-12-14	16,034.00	60	2021-2-12		47
0004	黄河造船厂	2020-11-1	22,622.00	90	2021-1-30		60
0005	百事啤酒厂	2020-12-31	26,434.00	30	2021-1-30		60
0006	钢铁建材投资有限公司	2020-10-14	14,194.00	60	2020-12-13		108
0007	美丽金融	2020-11-12	14,778.00	90	2021-2-10		49
0008	百年陈醋	2020-12-4	3,839.00	30	2021-1-3		87
0009	江北啤酒厂	2020-11-21	5,111.00	30	2020-12-21		100
0010	南山投资集团	2020-11-9	18,834.00	30	2020-12-9		112
0011	铁路快递	2020-11-24	13,263.00	30	2020-12-24		97
0012	一流酒店	2021-2-26	11,398.00	30	2021-3-28		3
0001	江南制造厂	2021-2-17	6,498.00	90	2021-5-18		0
0002	东风洗车有限公司	2020-12-7	8,797.00	30	2021-1-6		84
0003	北冰洋保险有限公司	2020-12-6	1,058.00	60	2021-2-4		55
0004	黄河造船厂	2021-2-21	1,222.00	90	2021-5-22		0
0005	百事啤酒厂	2020-12-18	3,062.00	30	2021-1-17		73
0006	钢铁建材投资有限公司	2021-3-13	8,671.00	60	2021-5-12		0
0007	美丽金融	2021-2-8	7,922.00	90	2021-5-9		0
0008	百年陈醋	2021-1-30	4,487.00	30	2021-3-1		30
0009	江北啤酒厂	2021-3-2	8,423.00	30	2021-4-1	1	0
0010	南山投资集团	2020-12-1	7,229.00	30	2020-12-31		90
0011	铁路快递	2021-3-4	7,309.00	30	2021-4-3	3	0
0012	一流酒店	2021-3-1	6,178.00	30	2021-3-31	0	0

图 5-21　计算逾期天数

5.2　应收账款分析

应收账款分析是在应收账款管理表的基础上进行的分析，包括应收账款分布分析和应收账款账龄分析。

5.2.1　应收账款分布分析

应收账款分布分析主要是确定企业应收账款的收款来源以及收款来源的变化趋势，以便更好地把握收款来源企业的财务和信用状况。

例 5.3　根据图 5-21 所示的某公司应收账款管理表，使用数据透视表分析前五大客户的应收账款金额及占比情况，操作步骤如下：

第一步，插入数据透视表。选择 A3:H27 区域，在【插入】工具栏的【表格】组中选择【数据透视表】，在弹出的【创建数据透视表】对话框中，将【选择放置数据透视表的位置】设置为【新工作表】，然后单击【确定】按钮，如图 5-22 所示。

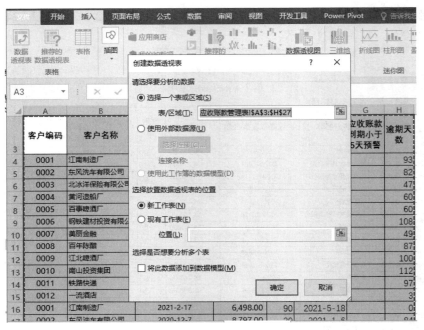

图 5-22　在新工作表中创建数据透视表

第二步，配置数据透视表字段。在窗口右侧出现的【数据透视表字段】对话框中，将【客户名称】字段拖入【行】区域，将【金额】字段拖入【值】区域，如图 5-23 所示。

图 5-23　配置数据透视表字段

第三步，按项目金额排序。选择数据透视表中的【求和项:金额】数据系列，在【数据】工具栏的【排序和筛选】组中选择【降序】，即可显示金额排名前五客户的情况，如图 5-24 所示。

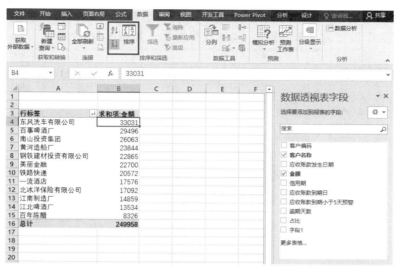

图 5-24　按照金额对项目降序排列

第四步，在数据透视表中添加计算字段。在【数据透视表工具】的【分析】工具栏的【计算】组中选择【字段、项目和集】→【计算字段】，在弹出的【插入计算字段】对话框的【名称】后输入"占比情况"，在【公式】后输入"=金额/249958"，如图 5-25 所示。

图 5-25　添加计算字段【占比情况】

第五步，基于图 5-25 绘制数据透视图。单击【插入】工具栏的【图表】组右下角按钮，在弹出的【插入图表】对话框中选择【组合图】→【自定义组合】，并将【求和项：金额】数据系列的图表类型设置为【簇状柱形图】，不勾选次坐标轴，将【占比情况】数据系列的图表类型设置为【折线图】，勾选次坐标轴，如图 5-26 所示。

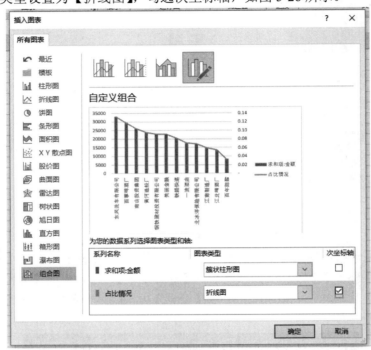

图 5-26　绘制应收账款金额及占比数据透视图

完成的应收账款金额及占比数据透视图如图 5-27 所示。

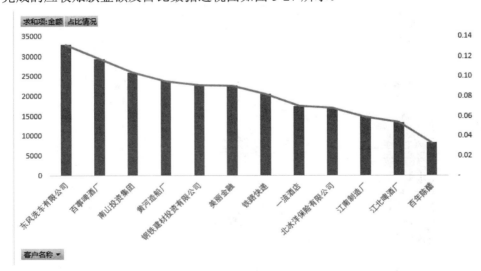

图 5-27　完成的应收账款金额及占比数据透视图

由图 5-27 可知，某公司的前五大客户分别是东风洗车有限公司、百事啤酒厂、南山投资集团、黄河造船厂和钢铁建材投资有限公司，公司应该重点关注这五大客户的应收账款金额和信用情况。

5.2.2　应收账款账龄分析

账龄是指债务人所欠账款的时间。账龄越长，发生坏账损失的可能性就越大，因此对账龄的管理和分析对于财务人员来说是一项非常重要的工作。本节主要介绍如何建立应收账款账龄统计表，以及如何对应收账款账龄进行分析。

1. 应收账款账龄统计表

应收账款账龄统计表是进行应收账款账龄分析的基础。

例 5.4　根据图 5-21 所示的某公司应收账款管理表，以 30(包含)天以内、30～90(包含)天、90～360(包含)天、360 天以上这四个时间段为节点，进行某公司应收账款账龄统计，操作步骤如下：

第一步，创建账龄统计表框架，如图 5-28 所示。

3	系统日期：2021年3月31日									
4	客户编码	客户名称	应收账款发生日期	金额	应收账款到期日	逾期天数	30（包含）天以内	30天-90（包含）天	90天-（包含）360天	360天以上
5	0001	江南制造厂	2020-9-29	8,361.00	2020-12-28	93				
6	0002	东风洗车有限公司	2020-12-9	24,234.00	2021-1-8	82				
7	0003	北冰洋保险有限公司	2020-12-14	16,034.00	2021-2-12	47				
8	0004	黄河造船厂	2020-11-1	22,622.00	2021-1-30	60				
9	0005	百事啤酒厂	2020-12-31	26,434.00	2021-1-30	60				
10	0006	钢铁建材投资有限公司	2020-10-14	14,194.00	2020-12-13	108				
11	0007	美丽金融	2020-11-12	14,778.00	2021-2-10	49				
12	0008	百年陈醋	2020-12-4	3,839.00	2021-1-3	87				
13	0009	江北啤酒厂	2020-11-21	5,111.00	2021-1-3	100				
14	0010	南山投资集团	2020-11-9	18,834.00	2020-12-9	112				
15	0011	铁路快递	2020-11-24	13,263.00	2020-12-24	97				
16	0012	一流酒店	2021-2-26	11,398.00	2021-3-28	3				
17	0001	江南制造厂	2021-2-17	6,498.00	2021-5-18	0				
18	0002	东风洗车有限公司	2020-12-7	8,797.00	2021-1-6	84				
19	0003	北冰洋保险有限公司	2020-12-6	1,058.00	2021-2-4	55				
20	0004	黄河造船厂	2021-2-21	1,222.00	2021-5-22	0				
21	0005	百事啤酒厂	2020-12-18	3,062.00	2021-1-17	73				
22	0006	钢铁建材投资有限公司	2021-3-13	8,671.00	2021-5-12	0				
23	0007	美丽金融	2021-2-8	7,922.00	2021-5-9	0				
24	0008	百年陈醋	2021-1-30	4,487.00	2021-3-1	30				
25	0009	江北啤酒厂	2021-3-2	8,423.00	2021-4-1	0				
26	0010	南山投资集团	2020-12-1	7,229.00	2020-12-31	90				
27	0011	铁路快递	2021-3-4	7,309.00	2021-4-3	0				
28	0012	一流酒店	2021-3-1	6,178.00	2021-3-31	0				
29	合计			249,958.00						

图 5-28　创建某公司账龄统计表框架

第二步，输入相关计算公式。

在单元格 G5 中输入"=IF(AND(F5>0,F5<=30),D5,"")"，并将公式复制到整列，然后在单元格 G29 中计算 G5:G28 区域的合计数，计算逾期 30 天(包含)以内的应收账款，如图 5-28 所示。

在单元格 H5 中输入"=IF(AND(F5>30,F5<=90),D5,"")"，并将公式复制到整列，然后在单元格 H29 中计算 H5:H28 区域的合计数，计算逾期 30～90(包含)天的应收账款，如图 5-29 所示。

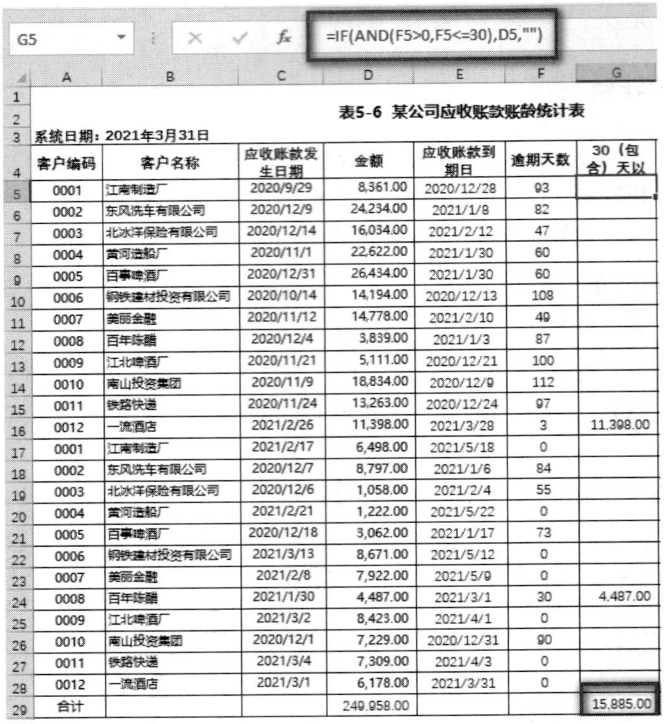

图 5-29   计算逾期 30 天(包含)以内的应收账款

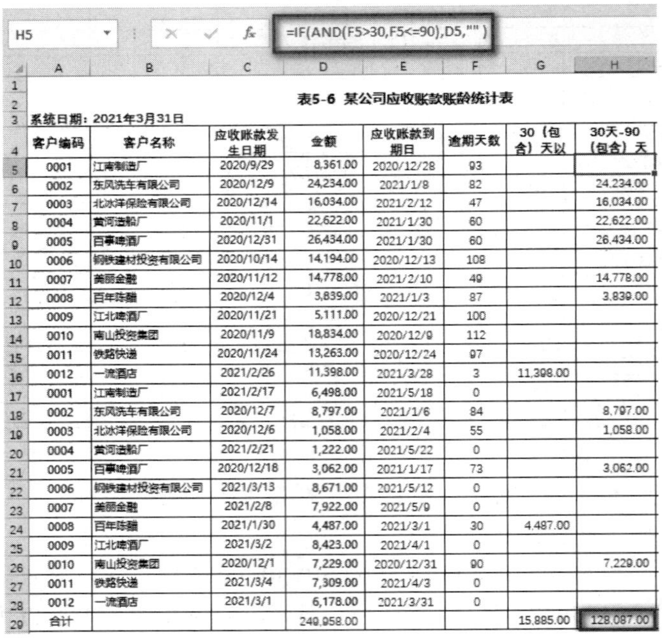

图 5-30   计算逾期 30～90(包含)天的应收账款

在单元格 I5 中输入"=IF(AND(F5>90,F5<=360),D5,"")",并将公式复制到整列,然后在单元格 I29 中计算 I5:I28 区域的合计数,计算逾期 90～360(包含)天的应收账款,如图5-30 所示。

I5　=IF(AND(F5>90,F5<=360),D5,"")

表5-6　某公司应收账款账龄统计表

系统日期：2021年3月31日

客户编码	客户名称	应收账款发生日期	金额	应收账款到期日	逾期天数	30（包含）天以	30天-90（包含）天	90天-（包含）360天
0001	江南制造厂	2020/9/29	8,361.00	2020/12/28	93			8,361.00
0002	东风洗车有限公司	2020/12/9	24,234.00	2021/1/8	82		24,234.00	
0003	北冰洋保险有限公司	2020/12/14	16,034.00	2021/2/12	47		16,034.00	
0004	黄河造船厂	2020/11/1	22,622.00	2021/1/30	60		22,622.00	
0005	百事啤酒厂	2020/12/31	26,434.00	2021/1/30	60		26,434.00	
0006	钢铁建材投资有限公司	2020/10/14	14,194.00	2020/12/13	108			14,194.00
0007	美丽金融	2020/11/12	14,778.00	2021/2/10	49		14,778.00	
0008	百年陈醋	2020/12/4	3,839.00	2021/1/3	87		3,839.00	
0009	江北啤酒厂	2020/11/21	5,111.00	2020/12/21	100			5,111.00
0010	南山投资集团	2020/11/9	18,834.00	2020/12/9	112			18,834.00
0011	铁路快递	2020/11/24	13,263.00	2020/12/24	97			13,263.00
0012	一流酒店	2021/2/26	11,398.00	2021/3/28	3	11,398.00		
0001	江南制造厂	2021/2/17	6,498.00	2021/5/18	0			
0002	东风洗车有限公司	2020/12/7	8,797.00	2021/1/6	84		8,797.00	
0003	北冰洋保险有限公司	2020/12/6	1,058.00	2021/2/4	55		1,058.00	
0004	黄河造船厂	2021/2/21	1,222.00	2021/5/22	0			
0005	百事啤酒厂	2020/12/18	3,062.00	2021/1/17	73		3,062.00	
0006	钢铁建材投资有限公司	2021/3/13	8,671.00	2021/5/12	0			
0007	美丽金融	2021/2/8	7,922.00	2021/5/9	0			
0008	百年陈醋	2021/1/30	4,487.00	2021/3/1	30	4,487.00		
0009	江北啤酒厂	2021/3/2	8,423.00	2021/4/1	0			
0010	南山投资集团	2020/12/1	7,229.00	2020/12/31	90		7,229.00	
0011	铁路快递	2021/3/4	7,309.00	2021/4/3	0			
0012	一流酒店	2021/3/1	6,178.00	2021/3/31	0			
合计			249,958.00			15,885.00	128,087.00	59,763.00

图 5-31　计算逾期 90～360(包含)天的应收账款

在单元格 J5 中输入“=IF(F5>360,D5,"")”，并将公式复制到整列，然后在单元格 J29 中计算 J5:J28 区域的合计数，计算逾期 360(包含)天以上的应收账款，如图 5-31 所示。

J29　=SUM(J5:J28)

表5-6　某公司应收账款账龄统计表

系统日期：2021年3月31日

客户编码	客户名称	应收账款发生日期	金额	应收账款到期日	逾期天数	30（包含）天以	30天-90（包含）天	90天-（包含）360天	360天以上
0001	江南制造厂	2020/9/29	8,361.00	2020/12/28	93			8,361.00	
0002	东风洗车有限公司	2020/12/9	24,234.00	2021/1/8	82		24,234.00		
0003	北冰洋保险有限公司	2020/12/14	16,034.00	2021/2/12	47		16,034.00		
0004	黄河造船厂	2020/11/1	22,622.00	2021/1/30	60		22,622.00		
0005	百事啤酒厂	2020/12/31	26,434.00	2021/1/30	60		26,434.00		
0006	钢铁建材投资有限公司	2020/10/14	14,194.00	2020/12/13	108			14,194.00	
0007	美丽金融	2020/11/12	14,778.00	2021/2/10	49		14,778.00		
0008	百年陈醋	2020/12/4	3,839.00	2021/1/3	87		3,839.00		
0009	江北啤酒厂	2020/11/21	5,111.00	2020/12/21	100			5,111.00	
0010	南山投资集团	2020/11/9	18,834.00	2020/12/9	112			18,834.00	
0011	铁路快递	2020/11/24	13,263.00	2020/12/24	97			13,263.00	
0012	一流酒店	2021/2/26	11,398.00	2021/3/28	3	11,398.00			
0001	江南制造厂	2021/2/17	6,498.00	2021/5/18	0				
0002	东风洗车有限公司	2020/12/7	8,797.00	2021/1/6	84		8,797.00		
0003	北冰洋保险有限公司	2020/12/6	1,058.00	2021/2/4	55		1,058.00		
0004	黄河造船厂	2021/2/21	1,222.00	2021/5/22	0				
0005	百事啤酒厂	2020/12/18	3,062.00	2021/1/17	73		3,062.00		
0006	钢铁建材投资有限公司	2021/3/13	8,671.00	2021/5/12	0				
0007	美丽金融	2021/2/8	7,922.00	2021/5/9	0				
0008	百年陈醋	2021/1/30	4,487.00	2021/3/1	30	4,487.00			
0009	江北啤酒厂	2021/3/2	8,423.00	2021/4/1	0				
0010	南山投资集团	2020/12/1	7,229.00	2020/12/31	90		7,229.00		
0011	铁路快递	2021/3/4	7,309.00	2021/4/3	0				
0012	一流酒店	2021/3/1	6,178.00	2021/3/31	0				
合计			249,958.00			15,885.00	128,087.00	59,763.00	0.00

图 5-32　计算逾期 360(包含)天以上的应收账款

由图 5-32 可知，截至 2021 年 3 月 31 日，某公司的应收账款中有 15885.00 元逾期天数在 30 天以内，有 128087.00 元逾期天数在 30～90 天之间，有 59763.00 元在 90～360 天之间。为了能够对各账龄的应收账款金额进行详细分析，接下来我们基于该统计表，继续制作应收账款账龄结构表和结构图。

2. 应收账款账龄结构表及结构图

应收账款账龄结构表是根据应收账款账龄统计结果，将应收账款金额按账龄(逾期)时间长短进行分类汇总制作而成的表格。根据应收账款账龄结构表还可以制作应收账款账龄结构图，从而直观地呈现各账龄的应收账款金额占比情况。

例 5.5 基于图 5-32 所示的某企业应收账款账龄统计表，制作该公司的应收账款账龄结构表和应收账款账龄结构图。

(1) 制作应收账款账龄结构表，操作步骤如下：

第一步，建立应收账款账龄结构表框架，如图 5-33 所示。

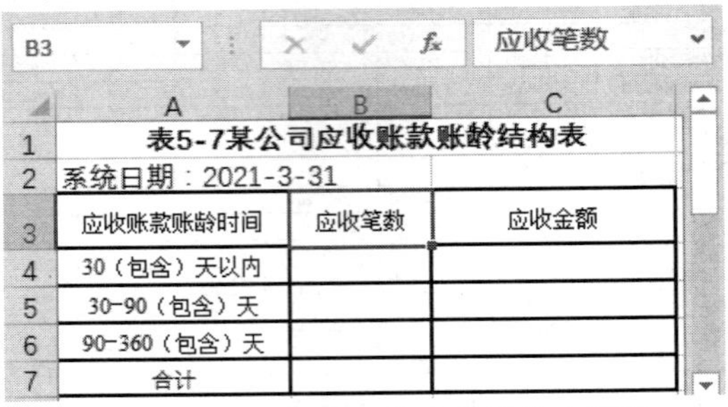

图 5-33　建立应收账款账龄结构表框架

第二步，输入相关计算公式。

在单元格 B4 中输入 "=COUNTIF(应收账款账龄统计表!G5:G28,">0")"，计算账龄 30(包含)天以内的应收笔数，如图 5-34 所示。

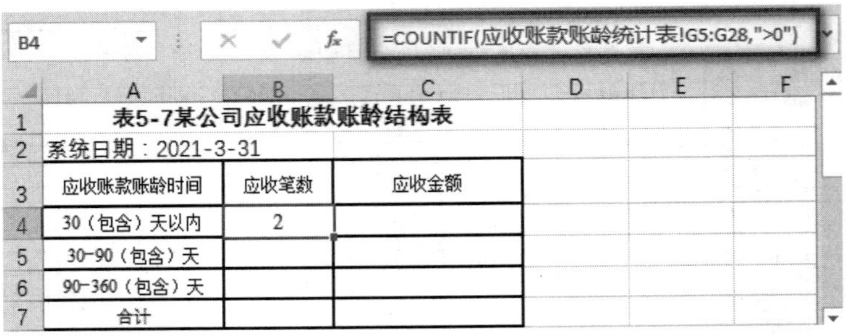

图 5-34　计算账龄 30(包含)天以内的应收笔数

在单元格 B5 中输入 "=COUNTIF(应收账款账龄统计表!H5:H28,">0")"，计算账龄 30～90(包含)天的应收笔数，如图 5-35 所示。

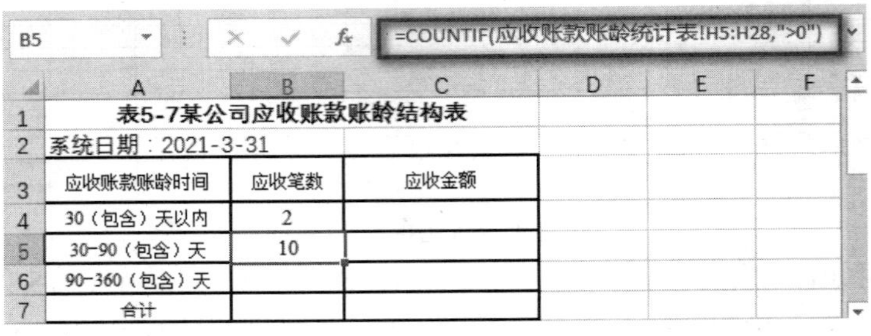

图 5-35　计算账龄 30～90(包含)天的应收笔数

在单元格 B6 中输入 "=COUNTIF(应收账款账龄统计表!I5:I28,">0")"，计算账龄 90～360(包含)天的应收笔数，如图 5-36 所示。

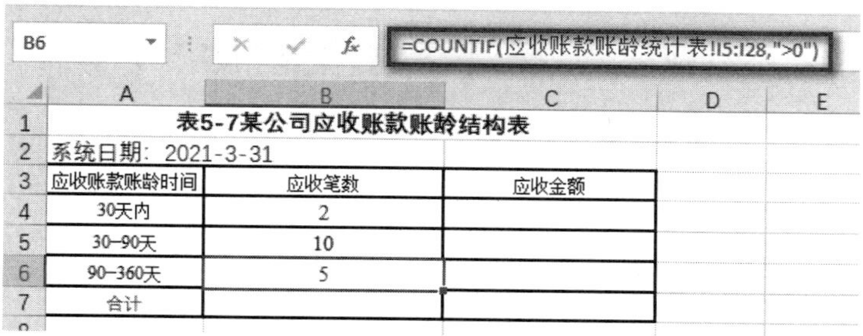

图 5-36　计算账龄 90～360(包含)天的应收笔数

在单元格 B7 中输入 "=SUM(B4:B6)"，计算应收笔数的合计数，如图 5-37 所示。

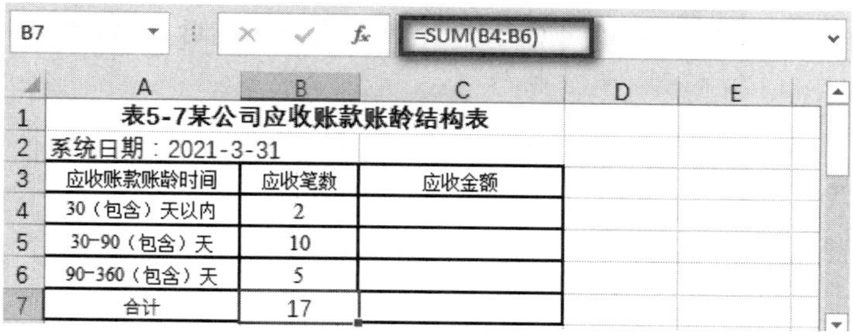

图 5-37　计算应收笔数的合计数

在单元格 C4 中输入 "=应收账款账龄统计表!G29"，计算账龄 30(包含)天以内的应收金额，如图 5-38 所示。

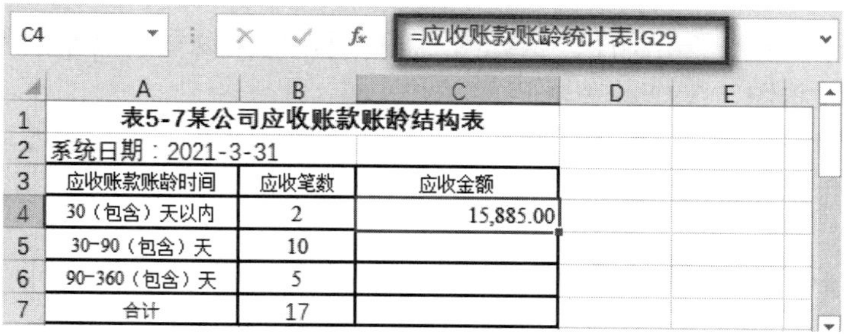

图 5-38　计算账龄 30(包含)天以内的应收金额

在单元格 C5 中输入 "=应收账款账龄统计表!H29"，计算账龄 30～90(包含)天的应收金额，如图 5-39 所示。

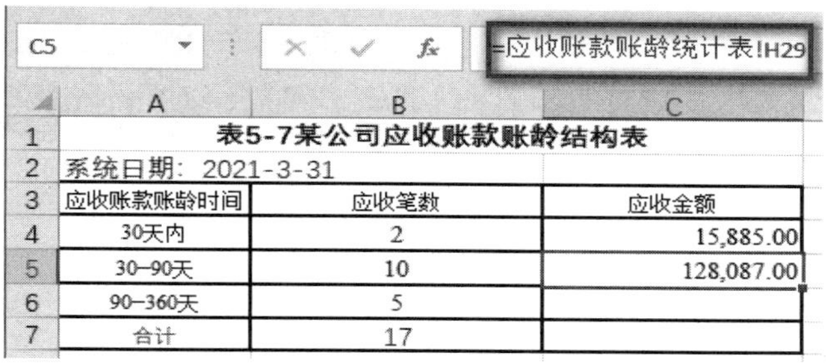

图 5-39　计算 30～90(包含)天的应收金额

在单元格 C6 中输入 "=应收账款账龄统计表!I29",计算账龄 90～360(包含)天的应收金额,如图 5-40 所示。

C6		✕ ✓ fx	=应收账款账龄统计表!I29		˅
	A	B	C	D	E
1	表5-7某公司应收账款账龄结构表				
2	系统日期：2021-3-31				
3	应收账款账龄时间	应收笔数	应收金额		
4	30（包含）天以内	2	15,885.00		
5	30-90（包含）天	10	128,087.00		
6	90-360（包含）天	5	59,763.00		
7	合计	17			

图 5-40 计算账龄 90～360(包含)天的应收金额

在单元格 C7 中输入 "=SUM(C4:C6)",计算应收金额的合计数,如图 5-41 所示。

C7		✕ ✓ fx	=SUM(C4:C6)		
	A	B	C	D	E
1	表5-7某公司应收账款账龄结构表				
2	系统日期：2021-3-31				
3	应收账款账龄时间	应收笔数	应收金额		
4	30（包含）天以内	2	15,885.00		
5	30-90（包含）天	10	128,087.00		
6	90-360（包含）天	5	59,763.00		
7	合计	17	203,735.00		

图 5-41 计算应收金额的合计数

(2) 制作应收账款账龄结构图。根据图 5-41 所示的某公司应收账款账龄结构表,制作应收账款账龄结构图,操作步骤如下:

第一步,创建三维饼图。选择 A3:C6 区域,在【插入】工具栏的【图表】组中选择【饼图】→【三维饼图】,创建应收账款账龄结构表的三维饼图,如图 5-42 所示。

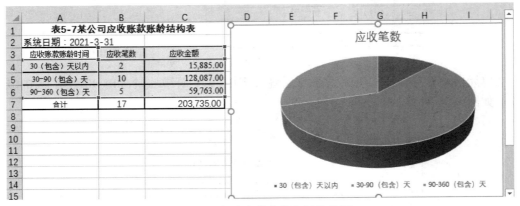

图 5-42 创建应收账款账龄结构图

第二步,修改图表标题。双击图表标题,将图表标题修改为【某公司应收账款账龄结构图】,如图 5-43 所示。

某公司应收账款账龄结构图

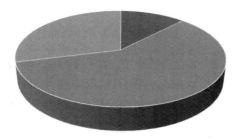

■30（包含）天以内　　■30-90（包含）天　　■90-360（包含）天

图 5-43　修改图表标题

　　第三步，设置数据标签格式。单击图表区域，在【图表工具】的【设计】工具栏的【图表布局】组中选择【添加图表元素】→【数据标签】→【其他数据标签选项】，在窗口右侧出现的【设置数据标签格式】对话框中勾选【标签选项】下的【百分比】和【显示引导线】，如图 5-44 所示。

图 5-44　添加并设置数据标签格式

　　由图 5-44 可知，某公司逾期天数是 30～90(包含)天的应收账款占比最大，为 59%，应加大催收力度；90～360(包含)天的应收账款占比次之，为 29%，这些账款逾期时间较长，应分析逾期的原因并重点催收；30(包含)天以内的应收账款占比最小，为 12%，应随时关注收回情况。

5.3 应付账款管理

应付账款是企业流动负债的重要部分，它是买卖双方在购销活动中由于取得物资与支付货款时间不一致而产生的。对应付账款的管理是企业管理中不可或缺的一环，它可以帮助企业更好地管理资金流动，提高企业的信用评级和降低财务风险。

5.3.1 应付账款管理的基本知识

应付账款通常是企业购买材料、商品或接受劳务供应等发生的债务。因此，应付账款管理通常分为发票管理、供应商管理和账龄分析等。

(1) 发票管理：用于验证物料的采购和入库情况，要关注采购单和发票的差异，并对指定发票的付款情况和指定供应商的所有发票情况进行管理。

(2) 供应商管理：用于管理提供物料的供应商信息，包括供应商编号、供应商名称、使用币种、付款条件、付款方式、信用状态、联系人、地址和各类交易信息等。

(3) 账龄分析：用于根据信用期、到期日和逾期时间对应付账款进行管理，并按照账龄列出应付账款余额。

5.3.2 创建应付账款管理表

应付账款管理表是根据从账务处理系统导出的应付账款明细账及对应的信用期制作的，反映截至某一会计期末应付账款逾期时间和逾期金额的表格。应付账款管理表可以清晰地呈现企业应付账款的逾期分布情况，帮助企业及时发现和解决逾期支付问题，从而有针对性地进行应付账款管理。

例 5.6 根据图 5-45 所示某公司应付账款明细账(供应商信用期 30 天)，编制该公司的应付账款管理表，操作步骤如下：

日期：	2021-6-30			
序号	供应商代码	供应商名称	发生日期	金额
1	00001	润东南医疗器械有限公司	2021-1-10	68,668.00
2	00002	海丰船舶管理有限公司	2021-2-15	67,710.00
3	00003	温拿国际贸易有限公司	2021-3-5	46,966.00
4	00004	正泰新商贸有限公司	2021-5-11	74,824.00
5	00005	凯至校准检测有限公司	2021-4-20	17,810.00
6	00006	轩泰达国际物流有限公司	2021-6-15	80,909.00
7	00001	润东南医疗器械有限公司	2021-3-18	9,586.00
8	00006	轩泰达国际物流有限公司	2021-2-17	11,083.00
9	00009	京宇磁性科技有限公司	2021-1-18	18,930.00
10	00004	正泰新商贸有限公司	2021-3-19	68,130.00
11	00009	京宇磁性科技有限公司	2021-5-20	56,658.00
12	00004	正泰新商贸有限公司	2021-4-21	17,916.00
13	00013	梵思诺时尚服饰有限公司	2021-5-22	26,917.00
14	00014	浩海包装有限公司	2021-1-23	21,145.00
15	00002	海丰船舶管理有限公司	2021-2-24	49,393.00
16	00003	温拿国际贸易有限公司	2021-3-25	69,134.00
17	00005	凯至校准检测有限公司	2021-4-26	47,224.00
18	00018	民丰源国际货运代理有限公司	2021-2-27	14,217.00
19	00019	海铁捷运国际物流有限公司	2021-2-28	8,168.00
20	00001	润东南医疗器械有限公司	2021-3-29	49,656.00
21	00005	凯至校准检测有限公司	2021-3-30	94,890.00
22	00022	胜通长贸进出口有限公司	2021-4-28	62,680.00
23	00003	温拿国际贸易有限公司	2021-6-1	73,274.00
24	00024	立派重工科技有限公司	2021-6-2	29,756.00
25	00025	轩泰达国际物流有限公司	2021-6-3	57,568.00
26	00009	京宇磁性科技有限公司	2021-6-4	97,287.00
27	00018	民丰源国际货运代理有限公司	2021-5-5	71,702.00
28	00022	胜通长贸进出口有限公司	2021-4-6	17,898.00
29	00024	立派重工科技有限公司	2021-6-7	19,219.00
30	00025	轩泰达国际物流有限公司	2021-3-8	21,893.00
31	00002	海丰船舶管理有限公司	2021-3-9	81,778.00
32	00001	润东南医疗器械有限公司	2021-4-10	42,047.00

图 5-45 某公司应付账款明细账

第一步，添加信用期。新建列【信用期(天)】，在其中添加供应商的信用期信息(30天)，如图 5-46 所示。

日期：	2021-6-30				
序号	供应商代码	供应商名称	发生日期	金额	信用期（天）
1	00001	润东南医疗器械有限公司	2021-1-10	68,668.00	30
2	00002	海丰船舶管理有限公司	2021-2-15	67,710.00	30
3	00003	温拿国际贸易有限公司	2021-3-5	46,966.00	30
4	00004	正泰新商贸有限公司	2021-5-11	74,824.00	30
5	00005	凯至校准检测有限公司	2021-4-20	17,810.00	30
6	00006	轩泰达国际物流有限公司	2021-6-15	80,909.00	30
7	00001	润东南医疗器械有限公司	2021-3-18	9,586.00	30
8	00006	轩泰达国际物流有限公司	2021-2-17	11,083.00	30
9	00009	京宇磁性科技有限公司	2021-1-18	18,930.00	30
10	00004	正泰新商贸有限公司	2021-3-19	68,130.00	30
11	00009	京宇磁性科技有限公司	2021-5-20	56,658.00	30
12	00004	正泰新商贸有限公司	2021-4-21	17,916.00	30
13	00013	梵思诺时尚服饰有限公司	2021-5-22	26,917.00	30
14	00014	浩海包装有限公司	2021-1-23	21,145.00	30
15	00002	海丰船舶管理有限公司	2021-2-24	49,393.00	30
16	00003	温拿国际贸易有限公司	2021-3-25	69,134.00	30
17	00005	凯至校准检测有限公司	2021-4-26	47,224.00	30
18	00018	民丰源国际货运代理有限公司	2021-2-27	14,217.00	30
19	00019	海铁捷运国际物流有限公司	2021-2-28	8,168.00	30
20	00001	润东南医疗器械有限公司	2021-4-29	49,656.00	30
21	00005	凯至校准检测有限公司	2021-3-30	94,890.00	30
22	00022	胜通长贸进出口有限公司	2021-4-28	62,680.00	30
23	00003	温拿国际贸易有限公司	2021-6-1	73,274.00	30
24	00024	立派重工科技有限公司	2021-6-2	29,756.00	30
25	00025	轩泰达国际物流有限公司	2021-6-3	57,568.00	30
26	00009	京宇磁性科技有限公司	2021-6-4	97,287.00	30
27	00018	民丰源国际货运代理有限公司	2021-5-5	71,702.00	30
28	00022	胜通长贸进出口有限公司	2021-4-6	17,898.00	30
29	00024	立派重工科技有限公司	2021-6-7	19,219.00	30
30	00025	轩泰达国际物流有限公司	2021-3-8	21,893.00	30
31	00002	海丰船舶管理有限公司	2021-3-9	81,778.00	30
32	00001	润东南医疗器械有限公司	2021-4-10	42,047.00	30

图 5-46　添加供应商信用期

第二步，计算到期日。在单元格 G4 中输入"=D4+F4"，并将公式复制到整列，计算应付账款到期日，如图 5-47 所示。

G4			fx	=D4+F4		
	A	B	C	D	E	F	G
1			表5-9某公司应付账款管理表				
2	日期：	2021-6-30					
3	序号	供应商代码	供应商名称	发生日期	金额	信用期（天）	到期日
4	1	00001	润东南医疗器械有限公司	2021-1-10	68,668.00	30	2021-2-9
5	2	00002	海丰船舶管理有限公司	2021-2-15	67,710.00	30	2021-3-17
6	3	00003	温拿国际贸易有限公司	2021-3-5	46,966.00	30	2021-4-4
7	4	00004	正泰新商贸有限公司	2021-5-11	74,824.00	30	2021-6-10
8	5	00005	凯至校准检测有限公司	2021-4-20	17,810.00	30	2021-5-20
9	6	00006	轩泰达国际物流有限公司	2021-6-15	80,909.00	30	2021-7-15
10	7	00001	润东南医疗器械有限公司	2021-3-18	9,586.00	30	2021-4-17
11	8	00006	轩泰达国际物流有限公司	2021-2-17	11,083.00	30	2021-3-19
12	9	00009	京宇磁性科技有限公司	2021-1-18	18,930.00	30	2021-2-17
13	10	00004	正泰新商贸有限公司	2021-3-19	68,130.00	30	2021-4-18
14	11	00009	京宇磁性科技有限公司	2021-5-20	56,658.00	30	2021-6-19
15	12	00004	正泰新商贸有限公司	2021-4-21	17,916.00	30	2021-5-21
16	13	00013	梵思诺时尚服饰有限公司	2021-5-22	26,917.00	30	2021-6-21
17	14	00014	浩海包装有限公司	2021-1-23	21,145.00	30	2021-2-22
18	15	00002	海丰船舶管理有限公司	2021-2-24	49,393.00	30	2021-3-26
19	16	00003	温拿国际贸易有限公司	2021-3-25	69,134.00	30	2021-4-24
20	17	00005	凯至校准检测有限公司	2021-4-26	47,224.00	30	2021-5-26
21	18	00018	民丰源国际货运代理有限公司	2021-2-27	14,217.00	30	2021-3-29
22	19	00019	海铁捷运国际物流有限公司	2021-2-28	8,168.00	30	2021-3-30
23	20	00001	润东南医疗器械有限公司	2021-4-29	49,656.00	30	2021-5-29
24	21	00005	凯至校准检测有限公司	2021-3-30	94,890.00	30	2021-4-29
25	22	00022	胜通长贸进出口有限公司	2021-4-28	62,680.00	30	2021-5-28
26	23	00003	温拿国际贸易有限公司	2021-6-1	73,274.00	30	2021-7-1
27	24	00024	立派重工科技有限公司	2021-6-2	29,756.00	30	2021-7-2
28	25	00025	轩泰达国际物流有限公司	2021-6-3	57,568.00	30	2021-7-3
29	26	00009	京宇磁性科技有限公司	2021-6-4	97,287.00	30	2021-7-4
30	27	00018	民丰源国际货运代理有限公司	2021-5-5	71,702.00	30	2021-6-4
31	28	00022	胜通长贸进出口有限公司	2021-4-6	17,898.00	30	2021-5-6
32	29	00024	立派重工科技有限公司	2021-6-7	19,219.00	30	2021-7-7
33	30	00025	轩泰达国际物流有限公司	2021-3-8	21,893.00	30	2021-4-7
34	31	00002	海丰船舶管理有限公司	2021-3-9	81,778.00	30	2021-4-8
35	32	00001	润东南医疗器械有限公司	2021-4-10	42,047.00	30	2021-5-10

图 5-47　计算应付账款到期日

第三步，计算是否逾期。在单元格 H4 中输入"=IF(G4<$B$2,"逾期","未逾期")"，并

将公式复制到整列，计算应付账款是否逾期，如图 5-48 所示。

图 5-48　计算应付账款是否逾期

第四步，计算逾期天数。在单元格 I4 中输入"=IF(H4="逾期",$B$2-G4,0)"，并将公式复制到整列，计算应付账款的逾期天数，如图 5-49 所示。

图 5-49　计算应付账款逾期天数

从图 5-49 所示的应付账款管理表中，可以清晰地看到每个供应商的应付账款是否逾期以及逾期的天数。这些信息有利于用户针对不同供应商的实际情况，进行有针对性的信用维护工作和款项支付安排，更好地管理企业资金流，维护与供应商的良好关系，同时降低财务风险。

5.4　应付账款分析

应付账款分析是在应付账款管理表的基础上进行的分析，包括应付账款分布分析和应付账款账龄分析。

5.4.1　应付账款分布分析

应付账款分布分析主要是确定企业应付账款的金额主要集中于哪些供应商，以便对企业的供应商进行有针对性的维护和管理。

例 5.7　根据图 5-49 所示的某公司应付账款管理表，编制供应商应付账款分布表，确定应付账款的前十大供应商，并制作供应商应付账款分布图，操作步骤如下：

第一步，在新工作表中插入数据透视表。选择 A3:I35 区域，在【插入】工具栏的【表格】组中选择【数据透视表】，在弹出的【来自表格或区域的数据透视表】对话框中，将【选择放置数据透视表的位置】设置为【新工作表】，然后单击【确定】按钮，如图 5-50 所示。

图 5-50　插入数据透视表

第二步，创建空白数据透视表，并配置数据透视表的字段。在窗口右侧出现的【数据透视表字段】对话框中，将【供应商名称】字段拖入【行】区域，将【金额】字段拖入【值】区域，如图 5-51 所示。

图 5-51 配置数据透视表的字段

第三步，修改数据透视表的标签名称。双击数据透视表区域的单元格 A3，将【行标签】修改为【供应商】，再双击单元格 B3，将【求和项：金额】修改为【应付账款金额】，如图 5-52 所示。

供应商	应付账款金额
梵思诺时尚服饰有限公司	26917
海丰船舶管理有限公司	198881
海铁捷运国际物流有限公司	8168
浩海包装有限公司	21145
京宇磁性科技有限公司	172875
凯至校准检测有限公司	159924
立派重工科技有限公司	48975
民丰源国际货运代理有限公司	85919
润东南医疗器械有限公司	169957
胜通长贸进出口有限公司	80578
温拿国际贸易有限公司	189374
轩泰达国际物流有限公司	171453
正泰新商贸有限公司	160870
总计	1495036

图 5-52 修改数据透视表的标签名称

第四步，将数据透视表按照应付账款金额进行降序排序。在【应付账款金额】列中任意单元格上单击鼠标右键，在弹出菜单中选择【排序】→【降序】命令，如图 5-53 所示。

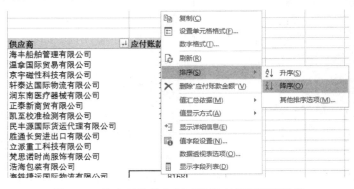

图 5-53 按应付账款金额对透视表项目降序排序

第五步，添加图表标题，并设置数据透视表样式(如图 5-54 所示)。将 A2:B2 单元格区域合并后居中，在单元格 A2 中输入表标题"某公司应付账款分布表"；然后单击透视表中的任意单元格，在【数据透视表工具】的【设计】工具栏的【数据透视表样式】组中选择第二个样式。

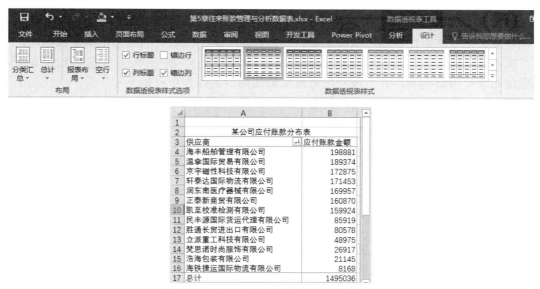

图 5-54 某公司应付账款分布表最终效果

第六步，根据数据透视表绘制数据透视图。在【数据透视表工具】的【分析】工具栏的【工具】组中选择【数据透视图】，在弹出的【插入图表】对话框中选择【条形图】→【簇状条形图】。绘制完毕的某公司应付账款分布图如图 5-55 所示。

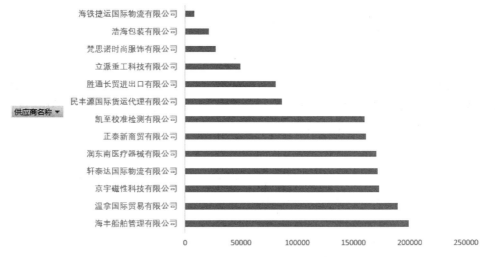

图 5-55 某公司应付账款分布图最终效果

由图 5-55 可知，某公司的前五大供应商分别是海丰船舶管理有限公司、温拿国际贸易有限公司、京宇磁性科技有限公司、轩泰达国际物流有限公司和润东南医疗器械有限公司。要重点关注这五大供应商的应付账款金额和到期情况。

5.4.2 应付账款账龄分析

应付账款账龄分析的重点是利用 SUMIFS 函数创建应付账款账龄结构表，再根据该表创建应付账款账龄结构图，从而帮助用户更好地了解不同账龄的应付账款金额占比。

例 5.8 利用 SUMIFS 函数，根据图 5-49 所示的某公司应付账款管理表制作该公司的应付账款账龄结构表，并生成应付账款账龄结构图，操作步骤如下：

第一步，建立应付账款账龄结构表框架，如图 5-56 所示。

图 5-56 某公司应付账款账龄结构表框架

第二步，输入相关计算公式。在单元格 B3 中输入 "=SUMIFS(应付账款管理表!\$E\$4:\$E\$35，应付账款管理表!\$I\$4:\$I\$35,">0"，应付账款管理表!\$I\$4:\$I\$35,"<=30")"，计算逾期天数是 30(包含)天以内的应付账款金额，如图 5-57 所示。

图 5-57 计算逾期天数是 30(包含)天以内的应付账款金额

在单元格 B4 中输入 "=SUMIFS(应付账款管理表!\$E\$4:\$E\$35,应付账款管理表!\$I\$4:\$I\$35,">30",应付账款管理表!\$I\$4:\$I\$35,"<=60")"，计算逾期天数是 30～60(包含)天的应付账款金额，如图 5-58 所示。

图 5-58 计算逾期天数是 30～60(包含)天的应付账款金额

在单元格 B5 中输入"=SUMIFS(应付账款管理表!\$E\$4:\$E\$35,应付账款管理表!\$I\$4:\$I\$35,">60",应付账款管理表!\$I\$4:\$I\$35,"<=90")",计算逾期天数是 60～90(包含)天的应付账款金额,如图 5-59 所示。

B5	▼	×	✓	fx	=SUMIFS(应付账款管理表!\$E\$4:\$E\$35,应付账款管理表!\$I\$4:\$I\$35,">60",应付账款管理表!\$I\$4:\$I\$35,"<=90")

	A	B	C	D	E	F
1	表5- 10某公司应付账款账龄结构表					
2	逾期天数	金额				
3	30（包含）天以内	230,101.00				
4	30-60（包含）天	255,231.00				
5	60-90（包含）天	392,377.00				
6	90天以上					
7	合计					

图 5-59　计算逾期天数是 60～90(包含)天的应付账款金额

在单元格 B6 中输入"=SUMIFS(应付账款管理表!\$E\$4:\$E\$35,应付账款管理表!\$I\$4:\$I\$35,">90")",计算逾期天数是 90 天以上的应付账款金额,如图 5-60 所示。

B6	▼	×	✓	fx	=SUMIFS(应付账款管理表!\$E\$4:\$E\$35,应付账款管理表!\$I\$4:\$I\$35,">90")

	A	B	C	D	E	F
1	表5- 10某公司应付账款账龄结构表					
2	逾期天数	金额				
3	30（包含）天以内	230,101.00				
4	30-60（包含）天	255,231.00				
5	60-90（包含）天	392,377.00				
6	90天以上	259,314.00				
7	合计					

图 5-60　计算逾期天数是 90 天以上的应付账款金额

第三步,在单元格 B7 中输入"=SUM(B3:B6)",计算所有应付账款金额的合计数,如图 5-61 所示。

第四步,制作应付账款账龄结构图。插入三维饼图,将数据标签格式设置为显示百分比和类别名称,数据标签字体为白色,如图 5-62 所示。具体操作步骤与制作应收账款账龄结构图相同,不再赘述。

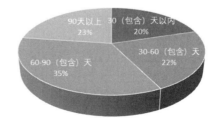

某公司应付账款账龄结构图

图 5-61　计算所有应付账款金额的合计数　　图 5-62　应付账款账龄结构图

由图 5-62 可知,某公司逾期天数为 90 天以上的应付账款占比最高,为 23%,应分析逾期的原因并及时偿付;其次是逾期天数为 60～90(包含)天的应付账款,占比为 35%,也需要重点关注；对于其他逾期时间段的应付账款，应重点关注供应商的信用变动情况。

本 章 小 结

往来账款记录的是企业应收客户和应支付供应商款项的数额，反映了企业、客户和供应商之间的贸易往来情况。它要求财务人员必须仔细核算往来账目，及时催收应收款项，并预先安排好资金以支付应付账款。

Excel 创建的应收账款管理表将企业与客户之间的应收款项进行逐笔核算，根据该表进行的应收账款分布分析，可以帮助财务人员了解主要客户对企业的欠款情况，在此基础上创建的应收账款账龄分析表及账龄分析图，可以直观地反映客户拖欠应收账款的账龄长短，从而有针对性地采取不同方式进行管理及催收。

Excel 创建的应付账款管理表将企业与供应商之间的应付款项进行逐笔核算，根据该表进行的应付账款分布分析，可以帮助财务人员了解企业对主要供应商的欠款情况，在此基础上创建的应付账款账龄分析表及账龄分析图，可以直观地反映企业拖欠应付账款的账龄长短，从而对较长账龄的应付账款积极偿付，以免影响企业的信用。

本 章 练 习

扫描右侧二维码获取数据源，并进行以下练习。

实操项目 1

假设当前日期为 2021 年 7 月 1 日，根据二维码中的甲公司应收账明细账和客户资料表，编制甲公司的应收账款管理表和应收账款账龄结构图。

实操项目 2

假设当前日期为 2021 年 7 月 1 日，根据二维码中的甲公司应付账款明细账，编制甲公司的应付账款管理表和应付账款分布图。

扫一扫获取数据源

第6章 存货与固定资产的管理与分析

本章目标

- 掌握存货经济订货量模型的建立
- 掌握存货占资产比例的分析方法
- 掌握存货结构分析的方法
- 掌握存货周转率分析的应用
- 掌握库存存货管理表的编制
- 掌握固定资产周转率分析的方法
- 掌握固定资产结构分析的方法
- 掌握固定资产价值分析的方法

重点难点

重点：

◇ 存货经济订货量模型

◇ 存货占资产比例分析

◇ 存货结构分析

◇ 存货周转率分析

◇ 固定资产周转率分析

◇ 固定资产结构分析

◇ 固定资产价值分析

难点：
◇ 存货经济订货量模型

存货是指企业在生产经营过程中为生产或耗用而储备的各种资产，包括商品、产成品、半成品、在产品，以及各种材料、燃料、包装物、低值易耗品等。企业在经营过程中，总是在不断地购入、耗用或销售存货，而且每个会计期间都要进行存货核算。因此，对存货的管理与分析是一项非常重要的工作。

固定资产是指企业为生产产品、提供劳务、出租或者经营管理而持有的、使用时间超过 12 个月的、价值达到一定标准的非货币性资产，包括房屋、建筑物、机器、机械、运输工具以及其他与生产经营活动有关的设备、器具、工具等。作为企业主要的劳动生产工具，固定资产决定着企业的生产规模、生产能力以及企业能够生产出什么样的产品，也决定了企业可以实现的经济利益。它是企业产品质量的保证，也是企业在市场竞争中得以生存的保障。同时，固定资产的巨额投资也在培育企业核心竞争力、促进企业战略发展方面起着至关重要的作用。因此，对固定资产的管理和分析同样非常重要。

6.1　存货的管理与分析

存货在企业流动资产中占据了很大比重。因此将企业的存货控制在适当的水平，做好存货的配比，加强存货的管理，提高企业的存货周转率，对于企业管理具有非常重要的意义。本节将从存货经济订货量模型的建立、存货占资产的比例分析、存货构成分析和存货周转率分析四个方面介绍存货的管理与分析方法。

6.1.1　存货经济订货量模型

经济订货量(Economic Order Quantity，EOQ)是指通过平衡订货成本和储存成本，以实现总库存成本最低的最佳订货量。经济订货量是固定订货量模型的一种，可以用来确定企业一次订货(外购或自制)的数量。当企业按照经济订货量来订货时，可实现订货成本和储存成本之和最小化。

存货经济订货量的计算公式如下：

$$存货经济订货量=\left(\frac{2\times总需求量\times单次订货成本}{单位储存成本}\right)^{\frac{1}{2}}$$

例 6.1　双城制衣公司的主要存货是荔枝纹羊绒布料，现要求根据图 6-1 所示的订货信息表，建立该公司荔枝纹羊绒布料的经济订货量模型，具体步骤如下：

序号	项目	金额	单位	变动范围	间隔
1	总需求量	8000	米	0-10000	100
2	单次订货成本	60	元	0-60	10
3	单位储存成本	9	元/米	0-10	1
4	每次订货量	400	米	0-1000	10

图 6-1　双城制衣公司荔枝纹羊绒布料订货信息表

第一步，添加【开发工具】选项卡。在【文件】工具栏中选择【选项】命令，在弹出的【Excel 选项】对话框左侧选择【自定义功能区】，然后在右侧出现的【自定义功能区】下拉菜单中选择【主选项卡】，并勾选下方列表中的【开发工具】，如图 6-2 所示。

图 6-2　通过功能区添加【开发工具】选项卡

第二步，插入【总需求量】数值调节钮控件。在单元格 A8 中输入"总需求量："，然后在【开发工具】选项卡的【控件】组中选择【插入】→【数值调节钮(窗体控件)】工具。当鼠标变为十字形时，在单元格 B8 中拖动鼠标，即可生成一个数值调节钮控件，如图 6-3 所示。

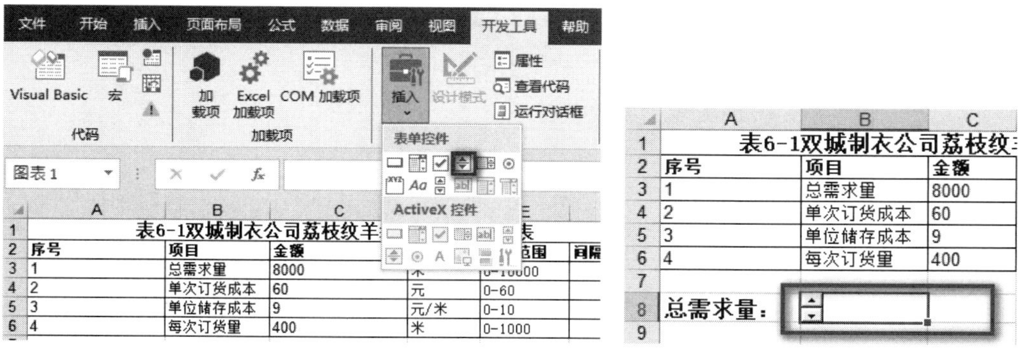

图 6-3　插入【总需求量】数值调节钮(窗体控件)

第三步，设置【总需求量】数值调节钮控件。在生成的控件上单击鼠标右键，在弹出菜单中选择【设置控件格式】，然后在打开的【设置控件格式】对话框的【控制】选项卡中将【当前值】设置为"0"，【最小值】设置为"0"，【最大值】设置为"10000"，【步长】设置为"100"，【单元格链接】设置为"$B$8"，如图 6-4 所示。

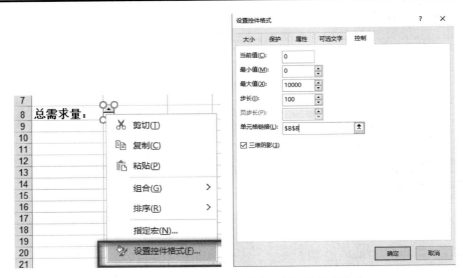

图 6-4 设置【总需求量】数值调节钮控件的格式

第四步，插入并设置【单次订货成本】数值调节钮控件。在单元格 A9 中输入"单次订货成本"，然后将 B8 中的数值调节钮控件复制粘贴到 B9 中，并将复制控件的【当前值】设置为"0"，【最小值】设置为"0"，【最大值】设置为"60"，【步长】设置为"10"，【单元格链接】设置为"$B$9"，如图 6-5 所示。

图 6-5 设置【单次订货成本】数值调节钮控件的格式

第五步，插入并设置【单位储存成本】数值调节钮控件。在单元格 A10 中输入"单位储存成本"，然后将 B8 中的数值调节钮控件复制到 B10 中，并将复制控件的【当前值】设置为"0"，【最小值】设置为"0"，【最大值】设置为"10"，【步长】设置为"1"，【单元格链接】设置为"$B$10"，如图 6-6 所示。

图 6-6　设置【单位储存成本】数值调节钮控件的格式

第六步，插入并设置【每次订货量】数值调节钮控件。在单元格 A11 中输入"每次订货量"，然后将 B8 中的数值调节钮控件复制到 B11 中，并将复制控件的【当前值】设置为"0"，【最小值】设置为"0"，【最大值】设置为"1000"，【步长】设置为"10"，【单元格链接】设置为"$B$11"，如图 6-7 所示。

图 6-7　设置【每次订货量】数值调节钮控件的格式

第七步，根据订货信息表，设置各项目对应的数值调节钮控件的数值，如图 6-8 所示。

表6-1双城制衣公司荔枝纹羊绒布料订货信息表					
序号	项目	金额	单位	变动范围	间隔
1	总需求量	8000	米	0-10000	100
2	单次订货成本	60	元	0-60	10
3	单位储存成本	9	元/米	0-10	1
4	每次订货量	400	米	0-1000	10
总需求量：	8000				
单次订货成本	60				
单位储存成本	9				
每次订货量	400				

图 6-8　设置各数值调节钮控件的标准值

第八步，建立当前订货量下和经济订货量下的成本计算模型。在单元格 A14 中输入“当前订货量下”，在 A15 中输入“订货成本”，在 A16 中输入“储存成本”，在 A17 中输入“总成本”；然后在单元格 C14 中输入“经济订货量下”，在 C15 中输入“经济订货量”，在 C16 中输入“经济订货成本”，在 C17 中输入“经济储存成本”，在 C18 中输入“经济订货总成本”，如图 6-9 所示。

2	序号	项目	金额	单位	变动范围
3	1	总需求量	8000	米	0-10000
4	2	单次订货成本	60	元	0-60
5	3	单位储存成本	9	元/米	0-10
6	4	每次订货量	400	米	0-1000
7					
8	总需求量：	8000			
9	单次订货成本	60			
10	单位储存成本	9			
11	每次订货量	400			
12					
13					
14	当前订货量下		经济订货量下		
15	订货成本		经济订货量		
16	储存成本		经济订货成本		
17	总成本		经济储存成本		
18			经济订货总成本		

图 6-9　当前订货量下与经济订货量下的成本计算模型

第九步，计算各订货量下的成本金额。在单元格 B15 中输入公式“=B9*B8/B11”，在 B16 中输入公式“=B10*B11/2”，在 B17 中输入公式“=B15+B16”；然后在单元格 D15 中输入公式“=(2*B8*B9/B10)^(1/2)”，在 D16 中输入公式“=B9*B8/D15”，在 D17 中输入公式“=B10*D15/2”，在 D18 中输入公式“=D16+D17”，操作步骤与结果如图 6-10 所示。

	A	B	C	D
12				
13				
14	当前订货量下		经济订货量下	
15	订货成本	=B9*B8/B11	经济订货量	=(2*B8*B9/B10)^(1/2)
16	储存成本	=B10*B11/2	经济订货成本	=B9*B8/D15
17	总成本	=B15+B16	经济储存成本	=B10*D15/2
18			经济订货总成本	=D16+D17

	A	B	C	D
12				
13				
14	当前订货量下		经济订货量下	
15	订货成本	1200	经济订货量	326.5986
16	储存成本	1800	经济订货成本	1469.694
17	总成本	3000	经济储存成本	1469.694
18			经济订货总成本	2939.388

图 6-10　各订货量下的成本金额计算公式与计算结果

第十步，建立各条成本线的数据源框架。在单元格 A20 中输入"订货量"，在单元格 B20 中输入"订货成本"，在单元格 C20 中输入"储存成本"，在单元格 D20 中输入"总成本"。输入完毕后，在单元格 A21 中输入"100"，在 A22 中输入"150"，然后选择 A21:A22 区域，下拉填充至单元格 A39，如图 6-11 所示。

	A	B	C	D
20	订货量	订货成本	储存成本	总成本
21	100			
22	150			
23	200			
24	250			
25	300			
26	350			
27	400			
28	450			
29	500			
30	550			
31	600			
32	650			
33	700			
34	750			
35	800			
36	850			
37	900			
38	950			
39	1000			

图 6-11　各条成本线数据源框架

第十一步，计算订货成本、储存成本和总成本。首先在单元格 B21 中输入公式 "=$B$9*$B$8/A21"，将公式下拉复制到单元格 B22:B39 区域，计算订货成本，如图 6-12(a)所示；然后在单元格 C21 中输入公式 "=$B$10*A21/2"，将公式下拉复制到单元格 C22:C39 区域，计算储存成本，如图 6-12(b)所示；最后在单元格 D21 中输入公式 "=B21+C21"，再将公式向下复制到单元格 D22:D39 区域，计算总成本，如图 6-12(c) 所示。

(a)

(b)

(c)

图 6-12　计算订货成本、储存成本和总成本

第十二步，基于图 6-12 中计算出来的成本数据，绘制成本走势图。选择 A20:D39 区域，在【插入】工具栏的【图表】组中选择【散点图】→【带平滑线的散点图】，即可插入如图 6-13 所示的图表，显示订货成本、储存成本和总成本的趋势。

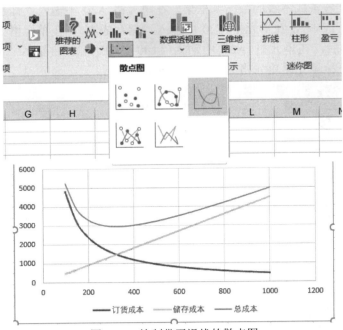

图 6-13　绘制带平滑线的散点图

第十三步，建立经济订货线的数据系列。在单元格 A42 中输入"经济订货线"，在单元格 A43 中输入"订货量"，在单元格 A44 中输入公式"=$D$15"并将公式下拉复制到 A45:A48 区域；然后在单元格 B43 中输入"成本"，在单元格 B44 中输入"0"，在 B45 中输入公式"=D16"并将公式下拉复制到 B46:B47 区域；最后在单元格 B48 中输入公式"=MAX(D21:D39)"。操作步骤与结果如图 6-14 所示。

B64		
	A	B
42	经济订货线	
43	订货量	成本
44	=$D$15	0
45	=$D$15	=D16
46	=$D$15	=D17
47	=$D$15	=D18
48	=$D$15	=MAX(D21:D39)

B64				
	A	B	C	D
42	经济订货线			
43	订货量	成本		
44	326.598632	0		
45	326.598632	1469.693846		
46	326.598632	1469.693846		
47	326.598632	2939.387691		
48	326.598632	5250		

图 6-14　建立经济订货线数据系列

第十四步，在绘制的图表中添加经济订货线。单击图表，在【图表工具】的【设计】工具栏的【数据】组中单击【选择数据】，在弹出的【选择数据源】对话框中单击【添加】按钮，然后在弹出的【编辑数据系列】对话框中，将【系列名称】设置为"='经济订货模型'!$A$42"，将【X 轴系列值】设置为"='经济订货模型'!$A$44:$A$48"，将

【Y 轴系列值】设置为"='经济订货模型'!$B$44:$B$48",如图 6-15 所示。

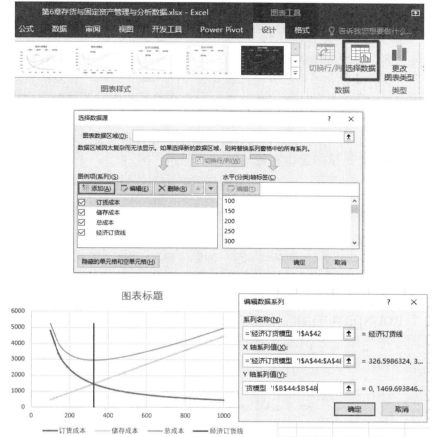

图 6-15　在图中添加经济订货线

第十五步,完善图表。将图表标题修改为【经济订货模型】,将经济订货线修改为圆点线,并为经济订货线添加系列名称,如图 6-16 所示。

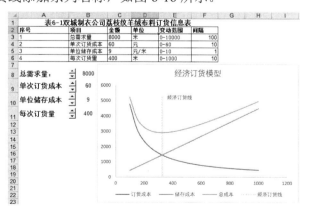

图 6-16　完善经济订货模型图

在经济订货模型中,可以任意调节总需求量、单次订货成本、单位储存成本以及每次订货量中的一个或多个数值。相应地,在经济订货模型图上就会显示不同的成本线和经济订货线，帮助用户方便、直观地找到经济订货量及相关的成本。

6.1.2 存货占资产的比例分析

分析公司存货，必须关注存货占总资产的比重。存货占比是大好还是小好，并无统一标准。因为企业所处行业不同，存货比重就会不同。即使是同一行业的企业，由于企业内部资产构成及经营情况的不同，该比重也会存在差异。所以要对企业存货占比的历史数据进行趋势分析，根据趋势的变动来分析企业的存货情况。

例 6.2 根据图 6-17 所示的某调味品公司近十年存货和总资产明细表，分析该公司近十年来存货占总资产比重的变动情况。

									单位：亿元	
年度 项目	2014年	2015年	2016年	2017年	2018年	2019年	2020年	2021年	2022年	2023年
存货	7.081	8.527	10.13	11.54	9.999	9.399	10.41	12.03	18.03	21
总资产	46.52	61.1	67.22	110	115	134.6	163.4	201.4	247.5	295.3

图 6-17 某调味品公司近十年存货和总资产明细表

第一步，计算某公司存货总资产比。在单元格 A6 中输入“存货总资产比”，在 B6 中输入公式“=ROUND(B4/B5,2)”，然后将公式向右拖动复制到 K6，如图 6-18 所示。

SUM =ROUND(B4/B5,2)

	A	B	C	D	E	F	G	H	I	J	K
1	某公司近十年存货和总资产情况表										
2										单位：亿元	
3	年度 项目	2014年	2015年	2016年	2017年	2018年	2019年	2020年	2021年	2022年	2023年
4	存货	7.081	8.527	10.13	11.54	9.999	9.399	10.41	12.03	18.03	21
5	总资产	46.52	61.1	67.22	110	115	134.6	163.4	201.4	247.5	295.3
6	存货总资产比	15%	14%	15%	10%	9%	7%	6%	6%	7%	7%

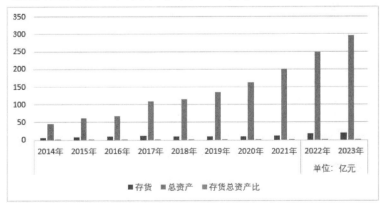

图 6-18 计算某公司存货总资产比

第二步，基于图 6-18 绘制簇状柱形图。在【插入】工具栏的【图表】组中选择【二维柱形图】→【簇状柱形图】，即可插入如图 6-19 所示的图表。

图 6-19 基于图 6-18 绘制的簇状柱形图

第三步，将【存货总资产比】数据系列的图表类型变更为折线图，并作为次坐标轴。单击图表，在【图表工具】的【设计】工具栏的【类型】组中选择【更改图表类型】，在弹出的【更改图表类型】对话框的【所有图表】选项卡下方，将【存货总资产比】设置为【折线图】，并勾选【次坐标轴】，如图 6-20 所示。

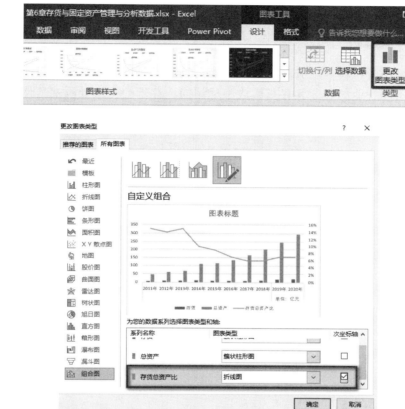

图 6-20　变更【存货总资产比】数据系列的图表类型

第四步，完善图表。将图表标题修改为【存货总资产比】，删除网格线，并为图中的折线添加数据标签，如图 6-21 所示。

图 6-21　完成的某公司近十年存货总资产比图

根据图 6-21 可以看到，该公司的存货和总资产都呈现上升趋势，但存货占总资产的比重从 2014 年至 2021 年逐年下降，由最高的 15%降到 6%，近五年基本稳定在 6%和 7%之间。由于该公司所处行业是调味品行业，该行业的存货资产比中值在 8%左右，可知该公司近年来存货管理较好，相关风险较低。

6.1.3 存货构成分析

存货科目包括原材料、产成品、在产品、自制半成品、库存商品、低值易耗品以及周转材料等，不同行业的企业其存货构成不尽相同。存货的构成分析就是计算存货中各项目的占比情况，并进行趋势分析，以确定存货构成是否合理，帮助企业更好地进行存货管理。

例 6.3 根据图 6-22 所示的某调味品公司存货构成情况及销售收入明细表，对该企业的存货构成进行分析。

单位：元

项目	2023年	2022年	2021年	2020年	2019年
原材料	482,912,094.85	524,609,457.02	249,446,791.94	99,534,145.02	91,292,845.69
在产品	1,020,321,502.03	473,467,399.33	434,381,259.10	556,768,123.12	587,709,806.39
产成品	532,559,783.77	747,029,709.12	466,448,751.10	340,308,324.67	215,570,706.62
包装物	41,225,367.20	34,139,016.98	30,781,306.74	25,846,893.19	25,961,537.60
低值易耗品	22,902,174.01	23,515,163.99	22,270,207.70	18,662,738.59	19,349,436.60
营业收入	22,791,873,936.49	19,796,889,800.07	17,034,475,127.23	14,584,310,896.60	12,458,558,940.81

图 6-22 某调味品公司近五年存货构成及销售收入明细表

第一步，基于图 6-22 绘制二维簇状柱形图。单击图 6-22 中表格的任意单元格，然后在【插入】工具栏的【图表】组中选择【二维柱形图】→【簇状柱形图】，即可插入如图 6-23 所示的图表。

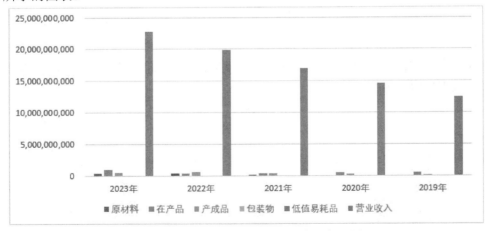

图 6-23 基于图 6-22 绘制的二维簇状柱形图

第二步，将【营业收入】数据系列的图表类型变更为折线图，作为次坐标轴。单击图表，在【设计】工具栏的【类型】组中选择【更改图表类型】，在弹出的【更改图表类型】对话框下方，将【营业收入】设置为【折线图】，并勾选【次坐标轴】，如图 6-24 所示。

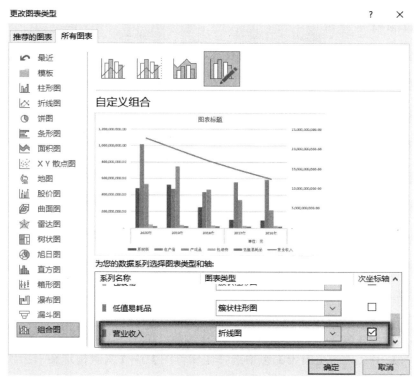

图 6-24　变更【营业收入】数据系列的图表类型

第三步，完善图表。将图表标题修改为【存货结构】，并删除网格线，如图 6-25 所示。

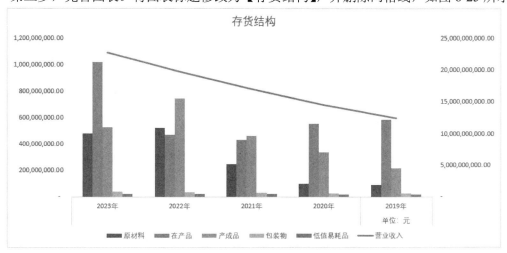

图 6-25　完成的某公司近五年存货结构图

　　由图 6-25 可知，该公司的存货中占比较大的是在产品、产成品及原材料，而包装物和低值易耗品的占比均较小，符合生产型公司的一般存货构成情况。随着销售收入的逐年增加，该公司的各类存货均处于上升趋势，2023 年的原材料相对于 2022 年减少了 0.42 亿元，在产品增加了 5.47 亿元，产成品减少了 2.14 亿元，说明该公司对未来销售比较有信心，没有存货积压，存货管理比较到位，风险较小。

6.1.4 存货周转率分析

存货周转率又称库存周转率，是企业一定时期的营业成本(销货成本)与平均存货余额的比率。存货周转率是对流动资产周转率的补充说明，是衡量企业投入生产、存货管理水平、销售收回能力的综合性指标，用于反映存货的周转速度，即存货的流动性以及存货资金占用量是否合理。通过提高存货周转率，企业可以在保证生产经营连续性的同时，提高资金的使用效率，增强企业的短期偿债能力。

例 6.4 根据图 6-26 所示的 A 公司与同行企业的存货周转率明细表，对 A 公司的存货周转能力、存货管理水平以及存货的质量进行分析。

单位：次

企业名称	2019年	2020年	2021年	2022年	2023年
A公司	7.2	7.997	8.126	7.186	6.755
B公司	2.38	2.376	2.27	2.483	2.664
C公司	2.679	2.981	3.207	3.244	3.973
D公司	4.733	4.237	3.78	4.108	4.167
行业平均	5.15	5.25	5.47	5.86	5.61
行业中值	4.23	4.237	4.648	4.108	4.661

图 6-26 A 公司与同行企业的存货周转率明细表

第一步，基于图 6-26 绘制簇状柱形图—折线图。单击图 6-26 中表格的任意单元格，然后在【插入】工具栏的【图表】组中选择【组合图】→【簇状柱形图—折线图】，即可插入如图 6-27 所示的图表。

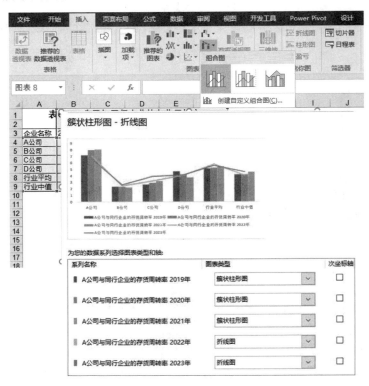

图 6-27 基于图 6-26 绘制的簇状柱形图—折线图

第二步，切换图表的行/列坐标。单击图表，在【图表工具】的【设计】工具栏的【数据】组中选择【切换行/列】，效果如图 6-28 所示。

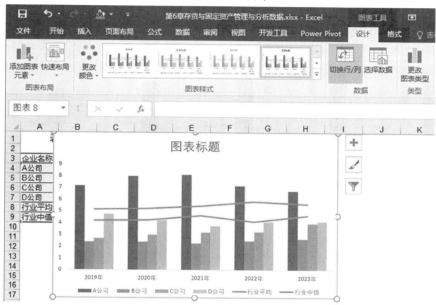

图 6-28 切换图表的行/列坐标

第三步，将【D 公司】数据系列的图表类型修改为簇状柱形图。单击图表，在【设计】工具栏的【类型】组中选择【更改图表类型】，在弹出的【更改图表类型】对话框中将【D 公司】设置为【簇状柱形图】，如图 6-29 所示。

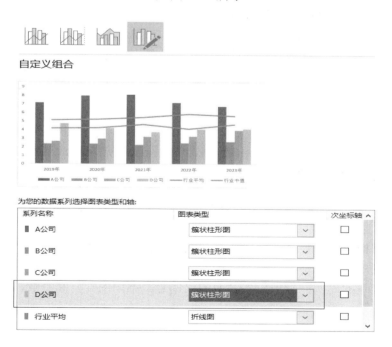

图 6-29 修改【D 公司】数据系列的图表类型

第四步，完善图表。将图表标题改为【存货周转率】，并删除网格线，如图 6-30 所示。

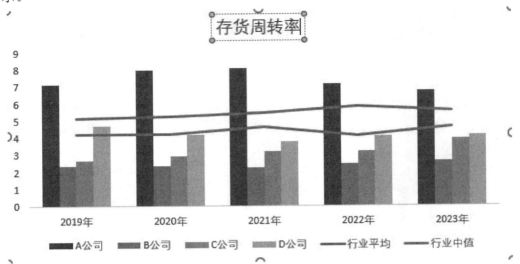

图 6-30　完成的 A 公司与同行企业存货周转率图

由图 6-30 可知，A 公司的存货周转率远高于其他三家同行企业，也高于行业中值和均值，说明该公司存货周转能力较强，存货变现能力较强，存货管理水平很高，反映了该企业较高的流动资产质量。

6.2　固定资产的管理与分析

不同企业的固定资产占比是不同的，纺织、冶炼、造纸、医药等生产型企业的固定资产占比一般较大，而互联网、影视公司、科技公司等非生产型企业的固定资产占比一般较小。对于重资产行业而言，对固定资产进行有效管理，提升固定资产的使用效果、效率以及资产质量，对企业的发展至关重要。本节将从固定资产的结构、固定资产的周转能力以及固定资产的价值三个角度入手，介绍固定资产的管理与分析方法。

6.2.1　固定资产结构分析

固定资产结构是一个部门或企业所拥有的各种(类)固定资产的构成及其比例关系，一般以固定资产的原始价值计算。

固定资产结构可以从多个方面体现，如生产经营用固定资产与非生产经营用固定资产的比例；使用中的、未使用的、不需用的、封存的、出租的固定资产之间的比例；机器设备与厂房建筑的比例；新旧设备之间的比例等。不同的部门和企业，其固定资产结构是不相同的。

影响固定资产结构的主要因素有：① 部门的性质和特点；② 企业生产组织形式与生产技术水平。

例6.5　根据图 6-31 所示的固定资产明细表，分析 A 公司的固定资产结构是否合理。

1			A公司固定资产汇总表					
2	编制单位:A公司			日期：	2023-12-31			
3	序号	名称	类别	状态	资产原值	本月折旧	本月止累计折旧	净值
4	1.1	主厂房	房屋及建筑物	在用	18,432,583.29	72,962.30	5,099,681.25	13,332,902.04
5	1.2	公辅房	房屋及建筑物	出租	2,279,439.80	9,022.78	630,645.21	1,648,794.59
6	1.3	变电所	房屋及建筑物	在用	1,172,738.97	4,642.09	316,190.58	856,548.39
7	1.4	办公楼	房屋及建筑物	在用	3,362,926.00	13,311.58	844,740.42	2,518,185.58
8	1.5	综合楼	房屋及建筑物	在用	1,379,611.00	5,460.95	381,692.30	997,918.70
9	1.6	其他	房屋及建筑物	出租	3,754,122.68	14,860.07	997,363.79	2,756,758.89
10	2.1	酸洗线	机械设备	不需用	14,303,676.89	-	6,876,087.97	7,427,588.92
11	2.2	五连轧	机械设备	不需用	10,208,822.23	-	3,150,166.11	7,057,821.82
12	2.3	连退线	机械设备	在用	39,264,246.52	310,841.96	20,826,411.32	18,437,835.20
13	2.4	公辅等	机械设备	在用	31,365,109.99	251,319.40	16,217,925.45	15,147,184.54
14	2.5	拓普轧机	机械设备	不需用	34,894,764.41		15,173,056.57	19,721,707.84
15	2.6	纵剪机组650	机械设备	在用	945,406.81	7,484.47	270,897.56	674,509.25
16	2.7	纵剪机组1250	机械设备	在用	616,416.54	5,804.97	88,724.10	527,692.44
17	2.8	冲片机组	机械设备	在用	1,011,085.24	8,004.43	40,022.15	971,063.09
18	3	行政设备	行政设备	在用	1,701,430.58	20,024.38	1,028,529.81	672,900.77
19		合计			164,692,380.95	723,739.38	71,942,134.59	92,749,412.06

图 6-31　A 公司固定资产明细表

第一步，插入数据透视图。选择 A 公司固定资产明细表的 A3:H18 区域，在【插入】工具栏的【图表】组中选择【数据透视图】，在弹出的【创建数据透视图】对话框中，将【选择放置数据透视图的位置】设置为【现有工作表】，并将位置指定为本工作表中的单元格 A25，如图 6-32 所示。

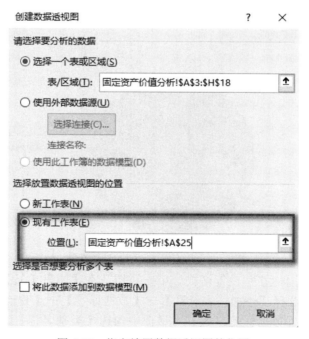

图 6-32　指定放置数据透视图的位置

第二步，配置数据透视图字段。在窗口右侧出现的【数据透视图字段】对话框的列表中选择【类别】和【资产原值】，并将【类别】字段拖入【轴】区域，将【资产原值】字段拖入【值】区域，如图 6-33 所示。

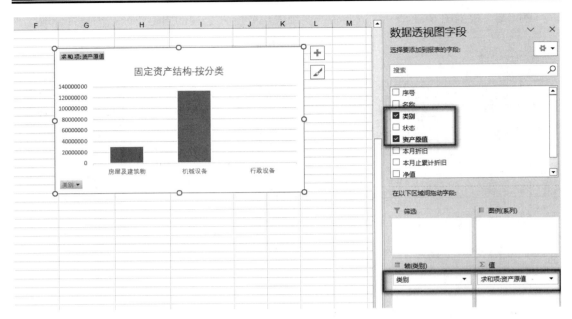

图 6-33　配置数据透视图字段

第三步，更改数据透视图类型。单击数据透视图，在【设计】工具栏的【类型】组中选择【更改图表类型】，在弹出的【更改图表类型】对话框中选择【饼图】，更改后的效果如图 6-34 所示。

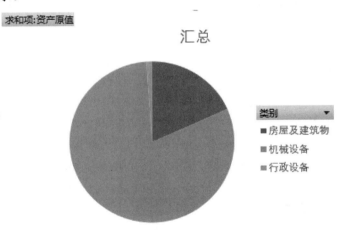

图 6-34　更改为饼图的数据透视图

第四步，添加数据标签并设置格式。单击饼图，在【图表工具】的【设计】工具栏的【图表布局】组中选择【添加图表元素】→【数据标签】→【其他数据标签选项】，在窗口右侧出现的【设置数据标签格式】对话框中勾选【类别名称】【百分比】【显示引导线】，如图 6-35 所示。

第五步，完善图表。将图表标题修改为【固定资产结构-按类别】，并删除图例项，如图 6-36(a)所示；然后使用相同方法，再制作一张标题为【固定资产结构-按状态】的饼图，如图 6-36(b)所示。

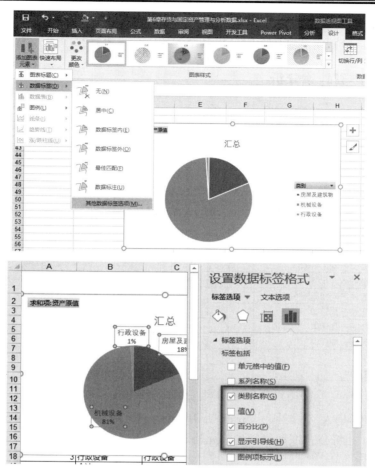

图 6-35　添加数据标签并设置标签格式

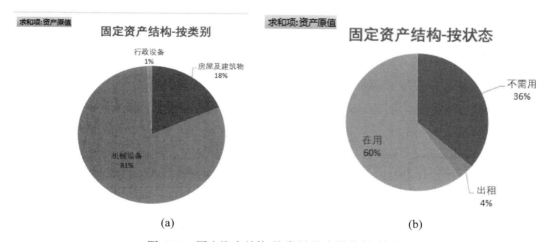

(a)　　　　　　　　　　　　　　　　　　　(b)

图 6-36　固定资产结构-按类别/状态的数据透视图

由图 6-36 可以看出，在以类别区分的固定资产结构中，机器设备占比最大，为 81%，其次是房屋建筑物和行政设备，该比例对于生产型企业来讲较为合理；在以状态区分的固定资产结构中，公司有 60%的固定资产是正在使用中的，但有 36%的固定资产是空置的，对于该部分固定资产应及时分析其空置原因，并进行相应的处理。

6.2.2　固定资产周转率分析

固定资产周转率也称固定资产利用率，是企业销售收入与固定资产净值的比率。固定资产周转率可以用来衡量固定资产的使用效率以及企业的生产和销售能力。

例 6.6　根据图 6-37 所示的 A 公司与同行业的固定资产周转率明细表，分析 A 公司固定资产的周转能力以及使用效率。

项目 \ 年度	2017年	2018年	2019年	2021年	2022年	2023年
A公司与同行企业的固定资产周转率						
A公司固定资产期末余额	32.64	38.3	36.5	37.46	34.48	39.14
A公司营业收入		124.6	145.8	170.3	198	227.9
A公司固定资产期初期末平均数		35.47	37.4	36.98	35.97	36.81
A公司固定资产周转率		3.51	3.9	4.61	5.5	6.19
B公司固定资产周转率		2.09	2.17	2.51	2.45	2.23
C公司固定资产周转率		1.88	1.72	1.73	1.89	2.17
行业平均		2.13	2.55	2.65	2.47	2.3
行业中值		1.99	2.21	2.33	2.31	2.23

图 6-37　A 公司与同行业的固定资产周转率明细

第一步，计算 A 公司固定资产期初期末平均数。在单元格 C6 中输入公式"=(B4+C4)/2"，并将公式拖动复制到单元格 D6:G6 区域，如图 6-38 所示。

C6		f_x	=(B4+C4)/2				

项目 \ 年度	2017年	2018年	2019年	2021年	2022年	2023年
A公司与同行企业的固定资产周转率						
A公司固定资产期末余额	32.64	38.3	36.5	37.46	34.48	39.14
A公司营业收入		124.6	145.8	170.3	198	227.9
A公司固定资产期初期末平均数		35.47	37.4	36.98	35.97	36.81
A公司固定资产周转率		3.51	3.9	4.61	5.5	6.19
B公司固定资产周转率		2.09	2.17	2.51	2.45	2.23
C公司固定资产周转率		1.88	1.72	1.73	1.89	2.17
行业平均		2.13	2.55	2.65	2.47	2.3
行业中值		1.99	2.21	2.33	2.31	2.23

图 6-38　计算 A 公司固定资产期初期末平均数

第二步，计算 A 公司固定资产周转率。在单元格 C7 中输入公式"=ROUND(C5/C6,2)"，并将公式拖动复制到单元格 D7:G7 区域，如图 6-39 所示。

第三步，基于图 6-39 绘制簇状柱形图。单击图 6-39 中表格的任意单元格，然后在【插入】工具栏的【图表】组中选择【二维柱形图】→【簇状柱形图】，插入一个如图 6-40 所示的图表。

C7			f_x	=ROUND(C5/C6,2)			
	A	B	C	D	E	F	G
1	**A公司与同行企业的固定资产周转率**						
2							
3	项目 年度	2017年	2018年	2019年	2021年	2022年	2023年
4	A公司固定资产期末余额	32.64	38.3	36.5	37.46	34.48	39.14
5	A公司营业收入		124.6	145.8	170.3	198	227.9
6	A公司固定资产期初期末平均数		35.47	37.4	36.98	35.97	36.81
7	A公司固定资产周转率		3.51	3.9	4.61	5.5	6.19
8	B公司固定资产周转率		2.09	2.17	2.51	2.45	2.23
9	C公司固定资产周转率		1.88	1.72	1.73	1.89	2.17
10	行业平均		2.13	2.55	2.65	2.47	2.3
11	行业中值		1.99	2.21	2.33	2.31	2.23

图 6-39　计算 A 公司固定资产周转率

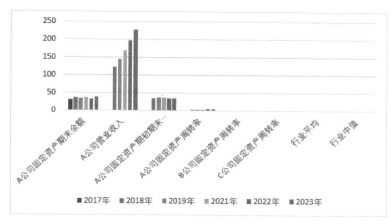

图 6-40　基于图 6-33 绘制的簇状柱形图

第四步，切换图表的行/列坐标。在【图表工具】的【设计】工具栏的【数据】组中选择【切换行/列】，效果如图 6-41 所示。

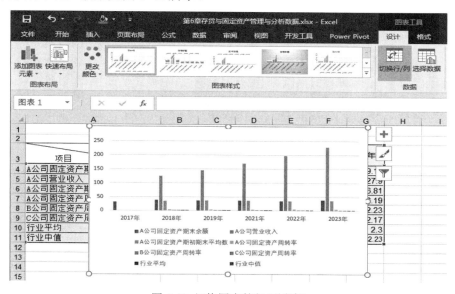

图 6-41　切换图表的行/列坐标

第五步，删除图表水平分类轴上的"2017 年"。将光标定位到单元格 C3 左上角并向右拖动，将图表数据区域的范围调整为 C3:G11，如图 6-42 所示。

A公司与同行企业的固定资产周转率

项目 年度	2017年	2018年	2019年	2021年	2022年	2023年
A公司固定资产期末余额	32.64	38.3	36.5	37.46	34.48	39.14
A公司营业收入		124.6	145.8	170.3	198	227.9
A公司固定资产期初期末平均数		35.47	37.4	36.98	35.97	36.81
A公司固定资产周转率		3.51	3.9	4.61	5.5	6.19
B公司固定资产周转率		2.09	2.17	2.51	2.45	2.23
C公司固定资产周转率		1.88	1.72	1.73	1.89	2.17
行业平均		2.13	2.55	2.65	2.47	2.3
行业中值		1.99	2.21	2.33	2.31	2.23

图 6-42 删除图表水平分类轴上的"2017 年"

第六步，删除图表中多余的数据系列。选择图表中的【A 公司固定资产期末余额】【A 公司营业收入】以及【A 公司固定资产期初期末平均数】数列，按【Delete】键删除，删除后结果如图 6-43 所示。

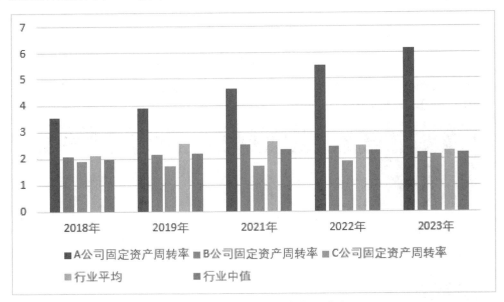

图 6-43 删除图表的多余数据系列

第七步，更改图表类型。在【图表工具】的【设计】工具栏的【类型】组中选择【更改图表类型】，在弹出的【更改图表类型】对话框下方将【行业平均】与【行业中值】数据系列的图表类型都设置为【折线图】，如图 6-44 所示。

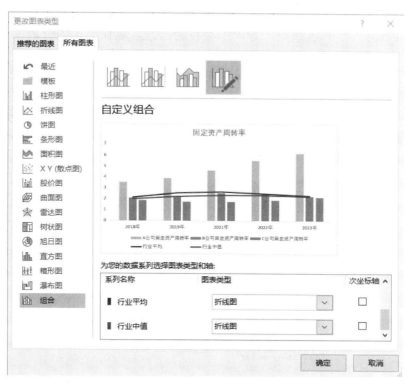

图 6-44　更改【行业平均】与【行业中值】数据系列的图表类型

第八步，完善图表。将图表标题修改为【固定资产周转率】，删除网格线，如图 6-45 所示。

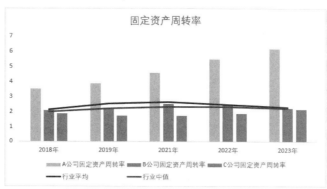

图 6-45　完成的 A 公司与同行业的固定资产周转率对比图

由图 6-45 可知，A 公司的固定资产周转率远高于行业均值和中值，也远高于同行业中的其他两家公司，并且近五年来其固定资产周转率也呈逐年上涨的趋势。说明 A 公司的固定资产有较强的创收能力，固定资产利用效果很好。

6.2.3　固定资产价值分析

固定资产价值分析主要关注固定资产是否存在减值情况，固定资产原值中计提折旧的比例是多少，以及是否存在固定资产老化的现象等。通过对固定资产价值的深入分析，企业可以及时发现和解决资产管理中存在的问题，确保资产的合理利用和保值增值，并为企业制定资产更新、改造或报废等决策提供重要的参考依据。

例 6.7 根据图 6-31 中的表格，计算各类固定资产的折耗率，分析各类固定资产是否存在老化现象，操作如下：

第一步，创建数据透视表。选择 A3:H18 区域，在【插入】工具栏的【表格】组中选择【数据透视表】，在弹出的【创建数据透视表】对话框中，将【选择放置数据透视表的位置】设置为【现有工作表】，并将位置指定为本工作表中的单元格 A26，如图 6-46 所示。

图 6-46　创建数据透视表

第二步，配置数据透视表字段。在窗口右侧出现的【数据透视表字段】对话框中，将列表中的【类别】字段拖入【行】区域，将【资产原值】和【本月止累计折旧】字段拖入【值】区域，如图 6-47 所示。

图 6-47　配置数据透视表字段

第三步，在数据透视表中添加计算字段。单击数据透视表中的任意单元格，在【数据透视表工具】的【分析】工具栏的【计算】组中选择【字段、项目和集】→【计算字段】，在弹出的【插入计算字段】对话框中的【名称】后输入"累计折耗率"，【公式】后输入"=本月止累计折旧/资产原值"，如图 6-48 所示。

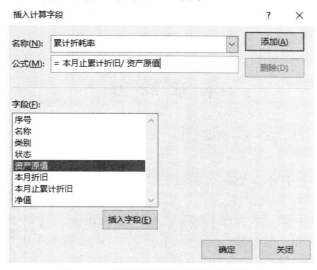

图 6-48 在数据透视表中添加计算字段

第四步，完善透视表。将首列标题【行标签】修改为【固定资产类别】，将后两列标题分别修改为【资产原值】与【本月止累计折旧】，并添加表格标题【A 公司固定资产折耗情况表】，如图 6-49 所示。

	A	B	C	D
23	A公司固定资产折耗情况表			
24	固定资产类别	资产原值	本月止累计折旧	累计折耗率
25	房屋及建筑物	30381421.74	8270313.55	0.27
26	机械设备	132609528.6	62643291.23	0.47
27	行政设备	1701430.58	1028529.81	0.60
28	总计	164692381	71942134.59	0.44

图 6-49 A 公司固定资产折耗情况表

由图 6-49 可知，A 公司固定资产中房屋及建筑物的累计折耗率是 27%，机械设备的累计折耗率是 47%，行政设备的累计折耗率为 60%，固定资产的整体累计折耗率为 44%。表明 A 公司各类固定资产基本上不存在老化情况，且固定资产不存在减值迹象，所以不需要进行固定资产的更新换代。

本 章 小 结

存货管理与分析的核心包括：确定最优的存货采购批量，以降低存货采购成本；分析存货在总资产中的比重，以判断存货储备是否合理；分析存货的结构，以判断存货构成是否合理并做好存货的配比；分析存货周转率，以判断存货的质量以及企业周转能力。

固定资产管理与分析的核心包括：计算固定资产周转率，以确定固定资产投资是否得当；分析固定资产结构，以确定固定资产结构是否合理，是否能够充分发挥其效率；分析固定资产价值，以确定固定资产是否存在老化落后的情况，是否需要投资进行更新改造。

本 章 练 习

扫描右侧二维码获取数据源，并进行以下练习。

实操项目 1

根据右侧二维码中的开心食品公司高筋面粉订货信息表，完成以下操作：

(1) 计算经济订货量、经济订货成本、经济储存成本和总成本。

(2) 建立经济订货量模型，使用控件调节各数值，观察经济订货线及各成本线随数值变化的情况。

扫一扫获取数据源

实操项目 2

根据右侧二维码中的 A 公司固定资产管理表，完成以下操作：

(1) 分析 A 公司所属行业是重资产行业还是轻资产行业。

(2) 应用数据透视表，在其中添加【累计折耗率】字段，判断 A 公司各类固定资产的折耗程度，以及 A 公司固定资产是否亟需更新换代。

第7章 员工工资计算与分析

📖 本章目标

- 了解工资基础资料表的基础材料
- 了解员工基本信息表的编制
- 了解当月考勤表的编制
- 了解社会保险明细表的编制
- 熟悉员工工资明细表的格式
- 掌握员工工资明细表的编制
- 掌握制作工资条的方法
- 掌握使用频率分布表和直方图分析员工工资的方法

📖 重点难点

重点：

◇ 员工工资明细表的编制

◇ 工资条的制作

◇ 使用频率分布表和直方图分析员工工资

难点：

◇ 员工工资明细表的编制

◇ 使用频率分布表分析员工工资

◇ 使用直方图分析员工工资

当企业的员工较多或者变动频繁时，工资管理会变成一项相当复杂的工作。再考虑到人事部门考核制度的不断调整以及工资的浮动，如果还采用手工核算的方式管理工资，无疑会极大增加劳资人员的工作量。因此，本章将从财务角度出发，介绍使用 Excel 软件高效管理员工工资信息的方法。这种方法非常适合于中小规模企业的工资核算，能够让企业快速而准确地计算、管理和分析员工工资。

7.1　编制工资基础资料表

工资基础信息资料包括员工基本信息、员工当月考勤、员工当月绩效统计及社会保险明细。以这些信息编制的基础信息资料明细表是编制工资表的基础材料。

员工基本信息明细表中包含员工的个人基本信息数据，这类数据一般由公司人事部门进行管理，但在计算工资或进行其他财务管理工作时，很多时候都需要参考员工的基本信息，如员工工作年限、员工的基本工资和员工的出勤情况等，因此为员工建立简单实用的个人基本信息档案有利于财务工作的开展。

7.1.1　编制员工基本信息表

员工入职后，应建立员工个人基本信息档案，即员工基本信息表。该表一般包括员工代码、员工姓名、性别、所属部门、出生年月、年龄、入职时间、工龄、职称及基本工资等项目。

例 7.1　通过实例介绍员工基本信息表的编制方法：

第一步，扫描右侧二维码，下载员工基本信息表框架，如图 7-1 所示。

	A	B	C	D	E	F	G	H	I	J
1					A公司员工基本信息表					
2	日期：	2022/1/31								
3	员工代码	员工姓名	性别	所属部门	出生年月	年龄	入职时间	工龄	职位	基本工资
4	YJ001	王德海	女		1988/12/20		2012/7/30		技术员	6500
5	YJ002	李梅	男		1989/2/1		2013/7/31		销售经理	5000
6	YJ003	王冲	男		1987/11/18		2015/10/31		后勤职员	4000
7	YJ004	葛瑞燕	女		1986/7/16		2014/7/31		设计师	6000
8	YJ005	刘建新	男		1987/12/11		2013/11/30		部门经理	4000
9	YJ006	刘建伟	男		1982/10/14		2016/4/30		业务员	3200
10	YJ007	王凯	男		1980/3/15		2015/2/28		财务主管	5000
11	YJ008	张学光	男		1990/1/26		2018/1/1		研究人员	5000

图 7-1　员工基本信息表框架

第二步，在【所属部门】列添加下拉列表。选择 D4:D11 区域，在【数据】工具栏的【数据工具】组中选择【数据验证】工具，在弹出的【数据验证】对话框中，将验证条件设置为【序列】，将验证来源设置为【技术部,销售部,行政部,广告部,财务部,研发部】，如图 7-2 所示。

图 7-2　创建下拉列表

第三步，计算员工年龄。在单元格 F4 中输入公式"＝RIGHT(YEAR($B$2−E4),2)"，并将公式复制到 F5:F11 区域，计算每个员工的年龄，如图 7-3 所示。

F4			fx	=RIGHT(YEAR($B$2-E4),2)					
	A	B	C	D	E	F	G	H	I	J
1				A公司员工基本信息表						
2	日期：	2022/1/31								
3	员工代码	员工姓名	性别	所属部门	出生年月	年龄	入职时间	工龄	职位	基本工资
4	YJ001	王德海	女	技术部	1988/12/20	33	2012/7/30		技术员	6500
5	YJ002	李梅	男	销售部	1989/2/1	32	2013/7/31		销售经理	5000
6	YJ003	王冲	男	行政部	1987/11/18	34	2015/10/31		后勤职员	4000
7	YJ004	葛瑞燕	女	广告部	1986/7/16	35	2014/7/31		设计师	6000
8	YJ005	刘建新	男	销售部	1987/12/11	34	2013/11/30		部门经理	4000
9	YJ006	刘建伟	男	销售部	1982/10/14	39	2016/4/30		业务员	3200
10	YJ007	王凯	男	财务部	1980/3/15	41	2015/2/28		财务主管	5000
11	YJ008	张学光	男	研发部	1990/1/26	32	2018/1/1		研究人员	5000

图 7-3　计算员工年龄

第四步，计算员工工龄。在单元格 H4 中输入公式"=TRUNC((DAYS360(G4,$B$2))/360,0)"，并将公式复制到 H5:H11 区域，计算每个员工的工龄，如图 7-4 所示。

H4			fx	=TRUNC((DAYS360(G4,$B$2))/360,0)				
	B	C	D	E	F	G	H	I	J
2	2022/1/31								
3	员工姓名	性别	所属部门	出生年月	年龄	入职时间	工龄	职位	基本工资
4	王德海	女	技术部	1988/12/20	33	2012/7/30	9	技术员	6500
5	李梅	男	销售部	1989/2/1	32	2013/7/31	8	销售经理	5000
6	王冲	男	行政部	1987/11/18	34	2015/10/31	6	后勤职员	4000
7	葛瑞燕	女	广告部	1986/7/16	35	2014/7/31	7	设计师	6000
8	刘建新	男	销售部	1987/12/11	34	2013/11/30	8	部门经理	4000
9	刘建伟	男	销售部	1982/10/14	39	2016/4/30	5	业务员	3200
10	王凯	男	财务部	1980/3/15	41	2015/2/28	6	财务主管	5000
11	张学光	男	研发部	1990/1/26	32	2018/1/1	4	研究人员	5000

图 7-4　计算员工工龄

7.1.2 编制员工当月考勤表

员工当月考勤表主要用于记录员工当月的出勤情况，包括迟到、事假及病假等，是计算工资的重要数据资料。为了更方便计算，需要将信息创建在同一表格内，并可根据实际情况进行修改，便于以后其他工作表调用这些数据。

例 7.2 编制员工当月考勤表，具体操作如下：

第一步，建立员工当月考勤表框架。将 A1:F1 区域合并居中，在其中输入"A 公司 2022 年 1 月份考勤表"，并将字体加粗；在单元格 A2 中输入"日期："，在 B2 中输入"2022/1/31"，并将字体加粗；在 A3 至 F3 单元格中，依次输入"员工代码""员工姓名""职位""迟到""事假"及"病假"，并将 A3:F3 区域填充为绿色，如图 7-5 所示。

	A	B	C	D	E	F
1			A公司2022年1月份考勤表			
2	日期：	2022/1/31				
3	员工代码	员工姓名	职位	迟到	事假	病假
4	YJ001					
5	YJ002					
6	YJ003					
7	YJ004					
8	YJ005					
9	YJ006					
10	YJ007					
11	YJ008					

图 7-5　建立员工当月考勤表框架

第二步，导入员工姓名和职位信息。在单元格 B4 中输入公式"=VLOOKUP(A4,员工基本信息表!A3:J11,2,0)"，并将公式下拉复制到 B5:B11 区域，该公式可以将图 7-4 中 A 公司员工基本信息的【员工姓名】数列导入本表，然后使用相同方法，再将 A 公司员工基本信息表中的【职位】数列导入本表，如图 7-6 所示。

B4		×	✓	fx	=VLOOKUP(A4,员工基本信息表!A3:J11,2,0)	
	A	B	C	D	E	F
1			A公司2022年1月份考勤表			
2	日期：	2022/1/31				
3	员工代码	员工姓名	职位	迟到	事假	病假
4	YJ001	王德海	技术员			
5	YJ002	李梅	销售经理			
6	YJ003	王冲	后勤职员			
7	YJ004	葛瑞燕	设计师			
8	YJ005	刘建新	部门经理			
9	YJ006	刘建伟	业务员			
10	YJ007	王凯	财务主管			
11	YJ008	张学光	研究人员			

图 7-6　从其他工作表中导入员工姓名和职位信息

第三步，录入员工的考勤信息，包括迟到、事假与病假信息，如图 7-7 所示。

A公司2022年1月份考勤表

日期：	2022/1/31				
员工代码	员工姓名	职位	迟到	事假	病假
YJ001	王德海	技术员	1		
YJ002	李梅	销售经理		1	
YJ003	王冲	后勤职员	2		
YJ004	葛瑞燕	设计师			1
YJ005	刘建新	部门经理	2		
YJ006	刘建伟	业务员		1	
YJ007	王凯	财务主管			
YJ008	张学光	研究人员			

图 7-7　录入员工考勤信息

7.1.3　编制员工当月绩效统计表

在实际工作中，销售部门人员除了基本工资外还有绩效工资。所谓绩效工资，是指先对员工每月的销售业绩或工作情况做一个量化指标，然后根据企业制定的政策，计算出员工当月应得到的绩效工资。

例 7.3　使用绩效统计表，可以直观地反映出员工的绩效工资明细，具体操作如下：

第一步，建立员工当月绩效工资表框架(如图 7-8 所示)。将 A1:F1 区域合并居中，在其中输入"A 公司 2022 年 1 月份绩效统计表"，并将字体加粗；在单元格 A2 中输入"日期："，在 B2 中输入"2022/1/31"，并将字体加粗；在单元格 A3 至 F3 中依次输入"员工代码""员工姓名""销售额""业务等级""绩效系数""绩效工资"，并将 A3:F3 区域填充为绿色。

	A	B	C	D	E	F
1	**A公司2022年1月份绩效统计表**					
2	日期：	2022/1/31				
3	员工代码	员工姓名	销售额	业务等级	绩效系数	绩效工资
4	YJ001	王德海	5000			
5	YJ002	李梅	11582			
6	YJ003	王冲	7800			
7	YJ004	葛瑞燕	9500			
8	YJ005	刘建新	98000			
9	YJ006	刘建伟	33000			
10	YJ007	王凯	7600			
11	YJ008	张学光	25000			

图 7-8　建立员工绩效统计表框架

第二步，判断员工业务等级。设销售额大于等于 10 万为 A 级，绩效系数为 0.08；销售额大于等于 5 万且小于 10 万为 B 级，绩效系数为 0.05；销售额大于等于 2 万且小于 5 万为 C 级，绩效系数为 0.03；销售额大于等于 5000 且小于 2 万为 D 级，系数为 0.02。在单元格 D4 中输入公式"=LOOKUP(C4,{5000,20000,50000,100000},{"D","C","B","A"})"，即可判断每个员工的业务等级，如图 7-9 所示。

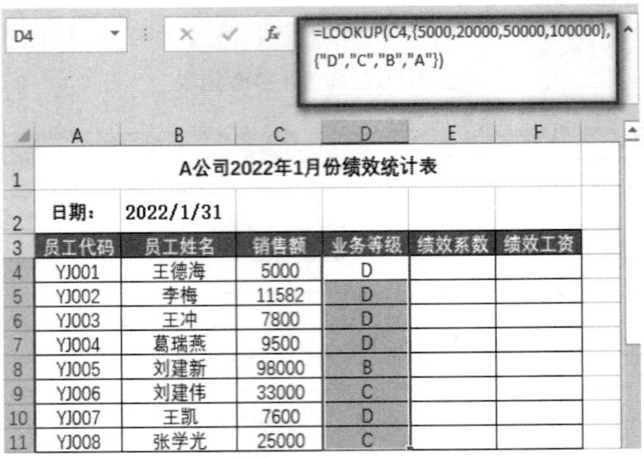

图 7-9　判断员工业务等级

第三步，确定员工绩效系数。在单元格 E4 中输入公式"=IF(D4="D",0.02,IF(D4="C",0.03,IF(D4="B",0.05,0.08)))"，并将公式下拉复制到 E5:E11 区域，确定每个员工的绩效系数，如图 7-10 所示。

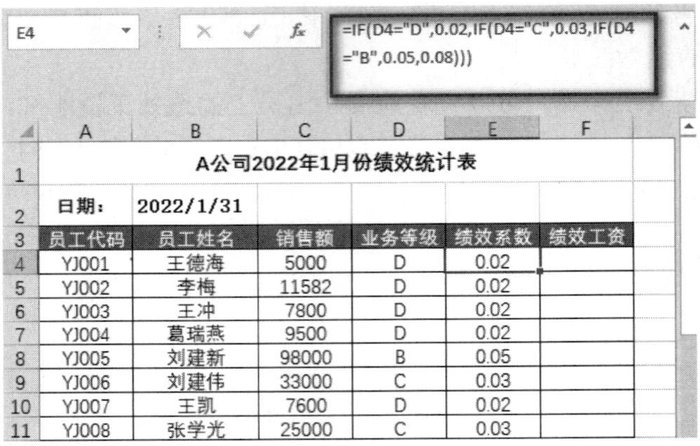

图 7-10　确定员工绩效系数

第四步，计算员工绩效工资。在单元格 F4 中输入公式"=ROUND(C4*E4,2)"，并将公式下拉复制到 F5:F11 区域，如图 7-11 所示。

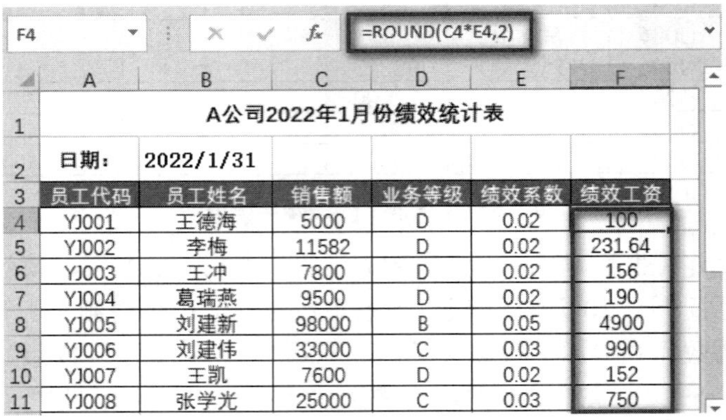

图 7-11　计算员工绩效工资

7.1.4　编制社会保险明细表

社会保险包括"五险"，即养老保险、医疗保险、生育保险、失业保险和工伤保险。社会保险由企业和员工共同承担，各自分摊一定比例。公司员工缴纳社会保险时，每月的缴费标准是职工月缴费基数与现行缴费比例的乘积。在核算员工工资时，个人承担的部分通常从员工每月的工资中扣除。目前全国各地缴费比例并不统一。

例 7.4　以某地区为例，该地各项缴费标准占缴费工资的比例如图 7-12 所示。

险种	养老保险	医疗保险	生育保险	失业保险	工伤保险（分行业）
单位缴费比例	16%	8.80%	1.50%	0.70%	0.7%、1.2%、1.9%
个人缴费比例	8%	2%	-	0.30%	-
合计	24%	10.80%	1.50%	1%	0.7%、1.2%、1.9%

图 7-12　某地区社会劳动保险金缴费标准

假设 A 公司位于该地区，员工的缴费基数为 3457 元，则按该地区缴费标准计算出的单位缴纳和个人缴纳的明细如图 7-13 所示。

A公司2022年1月份员工社会保险明细

日期:	2022/1/31													
员工代码	姓名	缴费基数	养老保险		医疗保险		失业保险		生育保险		工伤保险		单位合计	个人合计
			单位	个人	单位	个人	单位	个人	单位	个人	单位	个人		
YJ001	王德海	3457	553.12	276.56	304.216	69.14	24.199	10.371	51.855	0	24.199	0	957.59	356.07
YJ002	李梅	3457	553.12	276.56	304.216	69.14	24.199	10.371	51.855	0	24.199	0	957.59	356.07
YJ003	王冲	3457	553.12	276.56	304.216	69.14	24.199	10.371	51.855	0	24.199	0	957.59	356.07
YJ004	葛瑞燕	3457	553.12	276.56	304.216	69.14	24.199	10.371	51.855	0	24.199	0	957.59	356.07
YJ005	刘建新	3457	553.12	276.56	304.216	69.14	24.199	10.371	51.855	0	24.199	0	957.59	356.07
YJ006	刘建伟	3457	553.12	276.56	304.216	69.14	24.199	10.371	51.855	0	24.199	0	957.59	356.07
YJ007	王凯	3457	553.12	276.56	304.216	69.14	24.199	10.371	51.855	0	24.199	0	957.59	356.07
YJ008	张学光	3457	553.12	276.56	304.216	69.14	24.199	10.371	51.855	0	24.199	0	957.59	356.07

图 7-13　A 公司社会保险明细表

7.2　编制员工工资明细表

在上一节内容当中，我们已经把编制工资表所需的基础资料表准备完毕，本节我们将开始进行工资表的编制。首先，我们要建立工资表的基本框架，然后再将基础资料引入，最后计算构成工资的各部分数据。

7.2.1　员工工资明细表的基本框架

通常情况下，员工工资明细表主要组成部分包括基本工资、岗位工资、绩效工资、工龄工资、全勤奖、扣款事项、代扣社保和公积金等模块，如图 7-14 所示。

图 7-14　A 公司员工工资明细表框架

7.2.2　员工工资明细表的编制

编制员工工资明细表是企业财务工作的重要组成部分。企业的自身业务和实际情况不同，工资核算方法也不同。即使是在同一家企业，员工的工作岗位不同，工资的计算方法也不同。

例 7.5　企业员工工资明细表的编制，具体流程如下：

第一步，导入基本数据资料。从图 7-4 所示的 A 公司员工基本信息表中，导入【员工代码】【员工姓名】【基本工资】的数据资料，如图 7-15 所示。

图 7-15　导入 A 公司员工基本数据资料

第二步，计算员工岗位工资。设经理级补贴 200 元/月，主管级补贴 100 元/月，则在单元格 D4 中输入公式 "=IF(OR(员工基本信息表!I4="销售经理",员工基本信息表!I4="部门经理"),200,IF(员工基本信息表!I4="财务主管",100,0))"，并将公式下拉复制到 D5:D11 区域，计算每个员工的岗位工资，如图 7-16 所示。

图 7-16　计算员工岗位工资

第三步，计算员工绩效工资。在单元格 E4 中输入公式 "=VLOOKUP(A4,员工当月绩效工资!$A$3:$F$11,6,0)"，并将公式下拉复制到 E5:E11 区域，即可计算每个员工的绩效工资，如图 7-17 所示。

	A	B	C	D	E	F	G	H	I	J	K	L	M	N
E4				fx	=VLOOKUP(A4,员工当月绩效工资!$A$3:$F$11,6,0)									
1						A公司2022年1月份工资明细表								
2	日期:	2022-2-10												
3	员工代码	员工姓名	基本工资	岗位工资	绩效工资	工龄工资	全勤奖	迟到扣款	事假扣款	病假扣款	应发工资	代扣社保和公积金	代扣个税	实发工资
4	YJ001	王德海	6500		100									
5	YJ002	李梅	5000	200	231.64									
6	YJ003	王冲	4000		156									
7	YJ004	葛瑞燕	6000		190									
8	YJ005	刘建新	4000	200	4900									
9	YJ006	刘建伟	3200		990									
10	YJ007	王凯	5000	100	152									
11	YJ008	张学光	5000		750									

图 7-17　计算员工绩效工资

第四步，计算员工工龄工资。设工龄≥5 年，工龄工资 200 元/月；3 年≤工龄<5 年，工龄工资 100 元/月；1 年≤工龄<3 年，工龄工资为 50 元/月；1 年<工龄，不计工龄工资。在单元格 F4 中输入公式 "=IF(员工基本信息表!H4<1,0,IF(员工基本信息表!H4<3,50,IF(员工基本信息表!H4<5,100,200)))"，并将公式下拉复制到 F5:F11 区域，即可计算每个员工的工龄工资，如图 7-18 所示。

	A	B	C	D	E	F	G	H	I	J	K	L	M	N
F4				fx	=IF(员工基本信息表!H4<1,0,IF(员工基本信息表!H4<3,50,IF(员工基本信息表!H4<5,100,200)))									
1						A公司2022年1月份工资明细表								
2	日期:	2022-2-10												
3	员工代码	员工姓名	基本工资	岗位工资	绩效工资	工龄工资	全勤奖	迟到扣款	事假扣款	病假扣款	应发工资	代扣社保和公积金	代扣个税	实发工资
4	YJ001	王德海	6500		100	200								
5	YJ002	李梅	5000	200	231.64	200								
6	YJ003	王冲	4000		156	200								
7	YJ004	葛瑞燕	6000		190	200								
8	YJ005	刘建新	4000	200	4900	200								
9	YJ006	刘建伟	3200		990	200								
10	YJ007	王凯	5000	100	152	200								
11	YJ008	张学光	5000		750	100								

图 7-18　计算员工工龄工资

第五步，计算员工全勤奖。在单元格 G4 中输入公式 "=IF(AND(员工当月考勤表!D4=0,员工当月考勤表!E4=0,员工当月考勤表!F4=0),200,0)"，并将公式下拉复制到 G5:G11 区域，即可计算员工是否有全勤奖，如图 7-19 所示。

	A	B	C	D	E	F	G	H	I	J	K	L	M	N
G4				fx	=IF(AND(员工当月考勤表!D4=0,员工当月考勤表!E4=0,员工当月考勤表!F4=0),200,0)									
1						A公司2022年1月份工资明细表								
2	日期:	2022-2-10												
3	员工代码	员工姓名	基本工资	岗位工资	绩效工资	工龄工资	全勤奖	迟到扣款	事假扣款	病假扣款	应发工资	代扣社保和公积金	代扣个税	实发工资
4	YJ001	王德海	6500		100	200								
5	YJ002	李梅	5000	200	231.64	200								
6	YJ003	王冲	4000		156	200								
7	YJ004	葛瑞燕	6000		190	200								
8	YJ005	刘建新	4000	200	4900	200								
9	YJ006	刘建伟	3200		990	200								
10	YJ007	王凯	5000	100	152	200	200							
11	YJ008	张学光	5000		750	100	200							

图 7-19　计算员工全勤奖

第六步，计算员工各种考勤扣款。设迟到扣款 20 元/次，病假扣除当天基本工资的30%，事假扣除当天基本工资，月平均天数为 21.75 天。在单元格 H4 中输入公式 "=员工当月考勤表!D4*20"，并将公式下拉复制到 H5:H11 区域，如图 7-20(a)所示；在单元格 I4 中输入公式 "=ROUND(C4/21.75*员工当月考勤表!E4,2)"，并将公式下拉复制到 I5:I11 区域，如图 7-20(b)所示；在单元格 J4 中输入公式 "=ROUND(C4/21.75*30%*员工当月考勤表!F4,2)"，并将公式下拉复制到 J5:J11 区域，如图 7-20(c)所示。

H4　　fx　=员工当月考勤表!D4*20

A公司2022年1月份工资明细表

日期：2022-2-10

员工代码	员工姓名	基本工资	岗位工资	绩效工资	工龄工资	全勤奖	迟到扣款	事假扣款	病假扣款	应发工资	代扣社保和公积金	代扣个税	实发工资
YJ001	王德海	6500		100	200		20						
YJ002	李梅	5000	200	231.64	200								
YJ003	王冲	4000		156	200		40						
YJ004	葛瑞燕	6000		190	200								
YJ005	刘建新	4000	200	4900	200		40						
YJ006	刘建伟	3200		990	200								
YJ007	王凯	5000	100	152	200	200							
YJ008	张学光	5000		750	100	200							

(a)

I4　　fx　=ROUND(C4/21.75*员工当月考勤表!E4,2)

A公司2022年1月份工资明细表

日期：2022-2-10

员工代码	员工姓名	基本工资	岗位工资	绩效工资	工龄工资	全勤奖	迟到扣款	事假扣款	病假扣款	应发工资	代扣社保和公积金	代扣个税	实发工资
YJ001	王德海	6500		100	200		20						
YJ002	李梅	5000	200	231.64	200			229.9					
YJ003	王冲	4000		156	200		40						
YJ004	葛瑞燕	6000		190	200								
YJ005	刘建新	4000	200	4900	200		40						
YJ006	刘建伟	3200		990	200			147.1					
YJ007	王凯	5000	100	152	200	200							
YJ008	张学光	5000		750	100	200							

(b)

J4　　fx　=ROUND(C4/21.75*30%*员工当月考勤表!F4,2)

A公司2022年1月份工资明细表

日期：2022-2-10

员工代码	员工姓名	基本工资	岗位工资	绩效工资	工龄工资	全勤奖	迟到扣款	事假扣款	病假扣款	应发工资	代扣社保和公积金	代扣个税	实发工资
YJ001	王德海	6500		100	200		20						
YJ002	李梅	5000	200	231.64	200			229.9					
YJ003	王冲	4000		156	200		40						
YJ004	葛瑞燕	6000		190	200				82.8				
YJ005	刘建新	4000	200	4900	200		40						
YJ006	刘建伟	3200		990	200			147.1					
YJ007	王凯	5000	100	152	200	200							
YJ008	张学光	5000		750	100	200							

(c)

图 7-20　计算员工各种考勤扣款

第七步，计算员工应发工资。在单元格 K4 中输入公式 "=C4+D4+E4+F4+G4-H4-I4-

J4"，并将公式下拉复制到 K5:K11 区域，计算每个员工的应发工资，如图 7-21 所示。

图 7-21 计算员工应发工资

第八步，引入员工的社保和公积金。通过图 7-13 所示的社会保险明细表，财务可以获取员工社保和公积金数据信息：在单元格 L4 中输入公式"=VLOOKUP(A4,社会保险明细表!$A$3:$O$12,15,0)"，并将公式下拉复制到 L5:L11 区域，如图 7-22 所示。

图 7-22 导入员工的社保和公积金

第九步，计算代扣的员工个税。现行的个税税率表如图 7-23 所示。

个人所得税预扣率表 (居民个人工资、薪金所得预扣预缴适用)			
级数	累计预扣预缴应纳税所得额	预扣率/%	速算扣除数/元
1	不超过36000元部分	3	0
2	超过36000元至144000元	10	2520
3	超过144000元至300000元	20	16920
4	超过300000元至420000元	25	31920
5	超过420000元至660000元	30	52920
6	超过660000元至960000元	35	85920
7	超过960000元	45	181920

图 7-23 个人所得税预扣率表

居民个人工资、薪金个人所得税的计算公式如下：

本期应预扣预缴税额 = 本期应预扣预缴应纳税所得额 × 预扣率 − 速算扣除数 −
累计减免税额 − 累计已预扣预缴税额

本期应预扣预缴应纳税所得额 = 累计收入 − 累计免税收入 − 累计减除费用 −
累计专项扣除 − 累计专项附加扣除 −
累计依法确定的其他扣除

其中：累计减除费用是按照 5000 元/月乘以纳税人当年截至本月在本单位的任职受雇月份数计算；累计专项扣除为纳税人当年截至本月累计交纳的社保公积金；累计专项附加扣除为纳税人符合扣除条件的子女教育、继续教育、赡养老人、住房利息(或租金)支出。

假设 A 公司员工均没有专项附加扣除项目，则在单元格 M4 中输入公式"=ROUND (MAX((K4-L4-5000)*{0.03,0.1,0.2,0.25,0.3,0.35,0.45}-{0,2520,16920,31920,52920,85920,181920}, 0),2)"，并将公式下拉复制到 M5:M11 区域，如图 7-24 所示。

图 7-24　计算代扣的员工个税

第十步，计算员工实发工资。在单元格 N4 中输入公式"=K4-L4-M4"，并将公式复制到 N5:N11 区域，计算员工最终实发的工资。至此，员工工资明细表制作完成，如图 7-25 所示。

图 7-25　完成的员工工资明细表

7.2.3　制作工资条

工资条是员工所在单位定期发给员工的、反映工资情况的凭证，是以员工工资明细表为基础编制的，包含每个员工的工资构成及扣款事项。

例 7.6　制作工资条的具体操作如下：

第一步，新建【员工工资条】工作表，复制员工工资明细表，如图 7-26 所示。

图 7-26　新建【员工工资条】工作表

第二步，复制员工工资明细表的标题行。选择 A1:N1 区域，将其复制到 A15:N15 区域，如图 7-27 所示。

员工代码	员工姓名	基本工资	岗位工资	绩效工资	工龄工资	全勤奖	迟到扣款	事假扣款	病假扣款	应发工资	代扣社保	代扣个税	实发工资
YJ001	王德海	6500		100	200		20			6780	356.07	42.72	6381.21
YJ002	李梅	5000	200	231.64	200			229.89		5401.75	356.07	1.37	5044.31
YJ003	王冲	4000		156	200		40			4316	356.07		3959.93
YJ004	葛瑞燕	6000		190	200				82.76	6307.24	356.07	28.54	5922.63
YJ005	刘建新	4000	200	4900	200		40			9260	356.07	117.12	8786.81
YJ006	刘建伟	3200		990	200			147.13		4242.87	356.07		3886.8
YJ007	王凯	5000	100	152	200	200				5652	356.07	8.88	5287.05
YJ008	张学光	5000		750	100	200				6050	356.07	20.82	5673.11
员工代码	员工姓名	基本工资	岗位工资	绩效工资	工龄工资	全勤奖	迟到扣款	事假扣款	病假扣款	应发工资	代扣社保	代扣个税	实发工资

图 7-27　复制员工工资明细表的标题行

第三步，建立工资条与原工资明细表的链接。选择 A2:N2 区域，单击鼠标右键，在弹出的菜单中选择【复制】，然后选择 A16:N16 区域，单击鼠标右键，在弹出的菜单中选择【粘贴链接】命令，如图 7-28 所示。

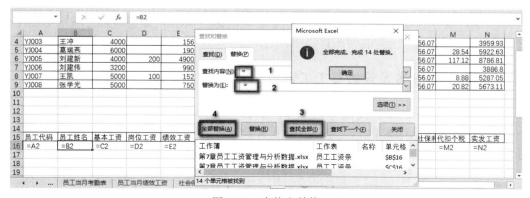

图 7-28　建立链接

第四步，选择 A16:N16 区域，在【开始】工具栏的【编辑】组中选择【查找和选择】→【替换】，在弹出的【查找和替换】对话框的【查找内容】中输入"="，在【替换为】中输入" ="(逗号前面加一个空格)，然后单击【查找全部】按钮，再单击【全部替换】按钮进行替换，如图 7-29 所示。

图 7-29　查找和替换

第五步，选择 A15:N16 区域，向下拖动，直至生成所有员工的工资条信息，如图 7-30 所示。

	A	B	C	D	E	F	G	H	I	J	K	L	M	N
15	员工代码	员工姓名	基本工资	岗位工资	绩效工资	工龄工资	全勤奖	迟到扣款	事假扣款	病假扣款	应发工资	代扣社保	代扣个税	实发工资
16	=A2	=B2	=C2	=D2	=E2	=F2	=G2	=H2	=I2	=J2	=K2	=L2	=M2	=N2
17	员工代码	员工姓名	基本工资	岗位工资	绩效工资	工龄工资	全勤奖	迟到扣款	事假扣款	病假扣款	应发工资	代扣社保	代扣个税	实发工资
18	=A3	=B3	=C3	=D3	=E3	=F3	=G3	=H3	=I3	=J3	=K3	=L3	=M3	=N3
19	员工代码	员工姓名	基本工资	岗位工资	绩效工资	工龄工资	全勤奖	迟到扣款	事假扣款	病假扣款	应发工资	代扣社保	代扣个税	实发工资
20	=A4	=B4	=C4	=D4	=E4	=F4	=G4	=H4	=I4	=J4	=K4	=L4	=M4	=N4
21	员工代码	员工姓名	基本工资	岗位工资	绩效工资	工龄工资	全勤奖	迟到扣款	事假扣款	病假扣款	应发工资	代扣社保	代扣个税	实发工资
22	=A5	=B5	=C5	=D5	=E5	=F5	=G5	=H5	=I5	=J5	=K5	=L5	=M5	=N5
23	员工代码	员工姓名	基本工资	岗位工资	绩效工资	工龄工资	全勤奖	迟到扣款	事假扣款	病假扣款	应发工资	代扣社保	代扣个税	实发工资
24	=A6	=B6	=C6	=D6	=E6	=F6	=G6	=H6	=I6	=J6	=K6	=L6	=M6	=N6
25	员工代码	员工姓名	基本工资	岗位工资	绩效工资	工龄工资	全勤奖	迟到扣款	事假扣款	病假扣款	应发工资	代扣社保	代扣个税	实发工资
26	=A7	=B7	=C7	=D7	=E7	=F7	=G7	=H7	=I7	=J7	=K7	=L7	=M7	=N7
27	员工代码	员工姓名	基本工资	岗位工资	绩效工资	工龄工资	全勤奖	迟到扣款	事假扣款	病假扣款	应发工资	代扣社保	代扣个税	实发工资
28	=A8	=B8	=C8	=D8	=E8	=F8	=G8	=H8	=I8	=J8	=K8	=L8	=M8	=N8
29	员工代码	员工姓名	基本工资	岗位工资	绩效工资	工龄工资	全勤奖	迟到扣款	事假扣款	病假扣款	应发工资	代扣社保	代扣个税	实发工资
30	=A9	=B9	=C9	=D9	=E9	=F9	=G9	=H9	=I9	=J9	=K9	=L9	=M9	=N9

图 7-30　生成全部人员的工资条信息

第六步，选择 A15:N30 区域，反向重复第四步操作(即将所选区域中前面有空格的逗号"="替换成前面没有空格的逗号"=")，最终完成的工资条如图 7-31 所示。

	A	B	C	D	E	F	G	H	I	J	K	L	M	N
15	员工代码	员工姓名	基本工资	岗位工资	绩效工资	工龄工资	全勤奖	迟到扣款	事假扣款	病假扣款	应发工资	代扣社保	代扣个税	实发工资
16	YJ001	王德海	6500		100	200		20			6780	356.07	42.72	6381.21
17	员工代码	员工姓名	基本工资	岗位工资	绩效工资	工龄工资	全勤奖	迟到扣款	事假扣款	病假扣款	应发工资	代扣社保	代扣个税	实发工资
18	YJ002	李梅	5000	200	231.64	200			229.89		5401.75	356.07	1.37	5044.31
19	员工代码	员工姓名	基本工资	岗位工资	绩效工资	工龄工资	全勤奖	迟到扣款	事假扣款	病假扣款	应发工资	代扣社保	代扣个税	实发工资
20	YJ003	王冲	4000		156	200		40			4316	356.07		3959.93
21	员工代码	员工姓名	基本工资	岗位工资	绩效工资	工龄工资	全勤奖	迟到扣款	事假扣款	病假扣款	应发工资	代扣社保	代扣个税	实发工资
22	YJ004	葛瑞燕	6000		190	200			82.76		6307.24	356.07	28.54	5922.63
23	员工代码	员工姓名	基本工资	岗位工资	绩效工资	工龄工资	全勤奖	迟到扣款	事假扣款	病假扣款	应发工资	代扣社保	代扣个税	实发工资
24	YJ005	刘建新	4000	200	4900	200		40			9260	356.07	117.12	8786.81
25	员工代码	员工姓名	基本工资	岗位工资	绩效工资	工龄工资	全勤奖	迟到扣款	事假扣款	病假扣款	应发工资	代扣社保	代扣个税	实发工资
26	YJ006	刘建伟	3200		990	200			147.13		4242.87	356.07		3886.8
27	员工代码	员工姓名	基本工资	岗位工资	绩效工资	工龄工资	全勤奖	迟到扣款	事假扣款	病假扣款	应发工资	代扣社保	代扣个税	实发工资
28	YJ007	王凯	5000	100	152	200	200				5652	356.07	8.88	5287.05
29	员工代码	员工姓名	基本工资	岗位工资	绩效工资	工龄工资	全勤奖	迟到扣款	事假扣款	病假扣款	应发工资	代扣社保	代扣个税	实发工资
30	YJ008	张学光	5000		750	100	200				6050	356.07	20.82	5673.11

图 7-31　完成的工资条效果图

至此员工工资条制作完成，打印后裁切发放给员工个人即可。

7.3　员工工资水平分析

员工工资明细表不仅可用于查询工资和制作工资条，也是财务和人力资源部门分析与调控员工工资水平的有力工具。本节将介绍如何使用频率分布表和直方图对员工工资水平进行分析，从而为企业的薪酬决策提供有力支持。

7.3.1　使用频率分布表分析员工工资

通过对员工工资水平的分析，企业可以了解各个工资段的员工人数分布情况，从而更好地进行薪酬分析及决策。然而，在企业人数较多且工资水平参差不齐的情况下，用一般的统计方法计算工资水平分布可能会非常复杂和烦琐。Excel 的 FREQUENCY 函数可以轻松解决这个问题。

FREQUENCY 函数是以一列垂直数组的形式，返回所选区域中数据的频率分布，可以计算出给定接受区间内每个区间出现的数据个数。

语法：FREQUENCY(data_array,bins_array)。

- ◇ data_array：用于计算频率的一个数组，或对数组单元区域的引用。
- ◇ bins_array：数据接受区间，为一个数组或对数组区域的引用，设定对 data_array 进行频率计算的分段点。

例 7.7　用 FREQUENCY 函数分析员工工资的方法，操作步骤如下：

第一步，在工作表的 A1:B21 区域建立工资简表，并在 D5:E7 区域建立计算表格，如图 7-32(a)所示。

第二步，在单元格 E5 中输入公式"=MAX(B2:B21)"；在单元格 E6 中输入公式"=MIN(B2:B21)"，计算员工月工资的最大值和最小值；在单元格 E7 中输入公式"=E5-E6"，计算全距(一组同质观察值中最大值与最小值之差)。设置结果如图 7-32(b)所示。

(a)　　　　　　　　　　　　　　(b)

图 7-32　表格样式及建立最大值、最小值、全距的计算表格

第三步，计算员工工资频率分布。在 G2:J10 区域建立如图 7-33 所示的员工月工资频率表，计算员工工资的频率分布。在单元格 I3 中输入公式"=FREQUENCY(B2:B21,H3:H10)"，向下填充至 I10，得出每个区间的工资分布次数，如图 7-33 所示。

图 7-33　计算员工工资频率分布

第四步，计算员工工资累计频率。设 2500 元以下的累计频率等于频率 1，在单元格 J3 中输入公式"=I3"，在单元格 J4 中输入公式"= I4+J3"并下拉复制至 J10，即可计算

员工工资的累计频率，如图 7-34 所示。

	A	B	C	D	E	F	G	H	I	J
	J10				fx	=J9+I10				
1	编号	员工月工资					根据工资水平分组	上限值	频率	累计频率
2	YJ001	5866.6					2500元以下	2499	1	1
3	YJ002	3594.4					2500元至3000元	2999	3	4
4	YJ003	3281.4					3000元至3500元	3499	7	11
5	YJ004	3201		最大值	5866.6		3500元至4000元	3999	4	15
6	YJ005	3131.6		最小值	1984.6		4000元至4500元	4499	0	15
7	YJ006	3232.6		全距	3882		4500元至5000元	4999	4	19
8	YJ007	4886.2					5000元至5500元	5499	0	19
9	YJ008	3517					5500元至6000元	5999	1	20
10	YJ009	4997								

图 7-34　计算员工工资累积频率

7.3.2　用直方图分析员工工资

7.3.1 节用 FREQUENCY 函数统计的员工工资频率分布是以表格的形式呈现的，而如果想要得到更直观的分布图，可以使用 Excel 提供的直方图工具来实现。

例 7.8　使用 Excel 提供的直方图分析员工工资，操作步骤如下：

第一步，加载分析工具库。打开图 7-34 所示的员工工资水平分析表，在【文件】工具栏中选择【选项】命令，在弹出的【Excel 选项】对话框中选择左侧列表中的【加载项】，然后单击右侧界面中的【转到】按钮，打开【加载项】对话框，在对话框中的【可用加载宏】列表中选择【分析工具库】，然后单击【确定】按钮，即可加载分析工具库，如图 7-35 所示。

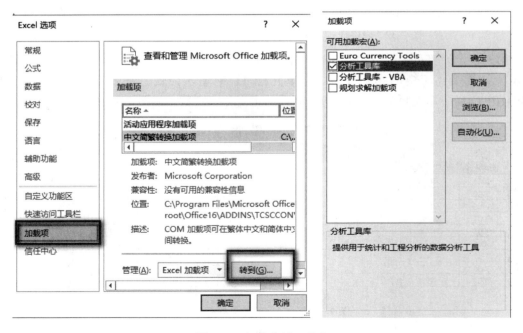

图 7-35　加载分析工具库

第二步，选择直方图分析工具。加载分析工具库后，在【数据】工具栏的【分析】组中选择【数据分析】，在弹出的【数据分析】对话框中选择【分析工具】列表中的【直方图】，然后单击【确定】按钮，如图 7-36 所示。

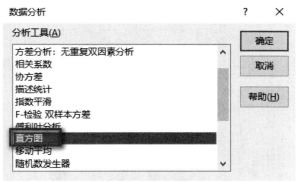

图 7-36　选择直方图分析工具

第三步，设定直方图工具参数(如图 7-37 所示)。在弹出的【直方图】对话框中，将【输入区域】设置为"$B$2:$B$21"；【接收区域】设置为"$H$3:$H$10"；【输出选项】选择【新工作表组】，并勾选【图表输出】复选框，最后单击【确定】按钮。

图 7-37　设定直方图工具参数

第四步，显示建立的直方图。在新的工作表中建立了工资分布的直方图。由于所有待分析的工资数据都包含在分组范围"$H$3:$H$10"中，【其他】范围内的数据为 0，故将区域 A10:B10 中的内容删除，效果如图 7-38 所示。

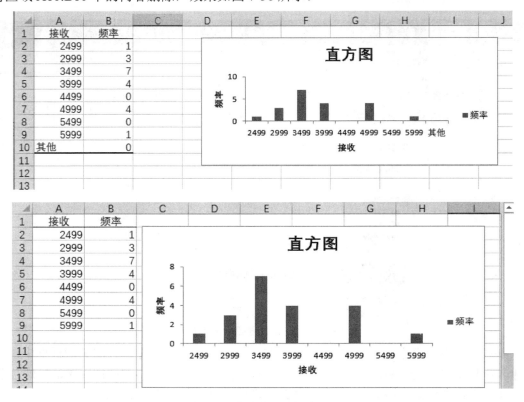

图 7-38 修改前、后的直方图

第五步，修改标题并添加数据标签。将图表标题修改为【员工工资分布图】，将 X 轴标题设置为【工资区间(单位：元)】，Y 轴标题设置为【员工人数】，最后添加数据标签，完成后的效果如图 7-39 所示。

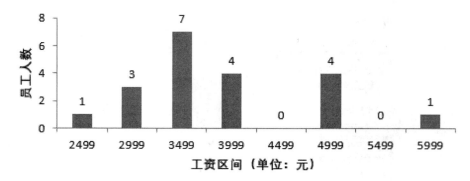

图 7-39 完成的员工工资分布图

通过员工工资分布图，用户可以清楚看到工资分布频率最高的区间是 3000～3500 元，其次是 3500～4000 元和 4500～5000 元。由此可知工资的主要分布区间为 3000～5000 元，低于 2500 元和高于 5000 元的各只有一人。

本 章 小 结

本章从财务的角度，使用 Excel 软件来高效管理员工的工资信息，特别适合中小规模企业的工资核算，有助于这些企业切实有效地解决工资计算和分析的问题。

若要制作工资明细表和工资条，首先要编制员工基础资料表。员工基础资料表包括员工基本信息表、员工当月考勤表、员工当月绩效统计表和社会保险明细表。

不同的企业有不同的工资计算方式，主要有基本工资加绩效工资、计时工资、计件工资等。通常工资中除了相对固定的基本工资外，根据实际情况还会增设工龄工资、岗位工资以及绩效工资等。因此，员工工资明细表包括的主要项目有基本工资、岗位工资、工龄工资、绩效工资、全勤工资、扣款事项、代扣社保和公积金等。

分析员工工资水平时常用 FREQUENCY 函数。FREQUENCY 函数的作用是以一列或一行数组返回指定区域中数据的频率分布，可以计算出在给定的值域和接受区间内，每个区间出现的数据个数。其语法结构为 FREQUENCY(data_array,bins_array)。

本 章 练 习

扫描右边二维码，根据给定的数据表完成以下任务。

实操项目 1

应用 RIGHT 和 YEAR 函数计算员工基本信息表中的【年龄】，应用 TRUNC 和 DAYS360 函数计算该表中的【工龄】。

实操项目 2

假设 B 公司的销售提成计算方法为：总销售额大于等于 300 000 时，提成 3%；总销售额大于等于 100 000 且小于 300 000 时，提成 2%；总销售额小于 100 000 时，提成 1%。现要求依据员

扫一扫获取数据源

工当月绩效工资表，应用数据透视表汇总计算李梅、王洋及张学光三位员工各自的当月总销售额，然后添加计算项【提成率】和【提成金额】，将三位员工计算出的业绩提成金额添加到员工工资明细表【业绩提成】列中。

实操项目 3

假设 B 公司的养老保险个人扣款比例为基数的 8%，医疗保险个人扣款比例为基数的 2%，失业保险个人的扣款比例为基数的 0.3%，公积金的扣款比例为基数的 4%。现要求计算社保和公积金明细表中的各种保险和公积金金额及全公司合计金额，并对每个员工

的社保公积金金额进行分别合计。

实操项目 4

假设 B 公司的工龄工资计算标准为"入职不满一年的员工没有工龄工资，入职大于等于一年的员工每年 50 元"。现要求根据员工基本信息表中的【工龄】，计算员工工资明细表中的【工龄工资】。

实操项目 5

假设 B 公司的考勤规则为"迟到一次扣款 10 元，请一天事假扣款金额为基本工资/21.75，请一天病假的扣款金额为基本工资/21.75*30%，全勤奖的金额为 200 元/月"。现要求计算员工工资明细表中的【迟到扣款】【事假扣款】【病假扣款】及【全勤奖】。

实操项目 6

计算员工工资明细表中的【应发工资】【代扣个税】及【实发工资】。

实操项目 7

根据员工工资明细表制作工资条。

实操项目 8

参考图 7-32，建立员工工资简表，计算【最大值】【最小值】和【全距】，分别应用 FREQUENCY 函数和直方图展示工资分布。

第8章　收入及成本分析

本章目标

- 了解收入及成本的含义
- 掌握收入结构分析表的编制方法
- 掌握收入结构分析图的编制方法
- 掌握收入比较分析图的编制方法
- 掌握收入复合增长率的分析方法
- 了解成本结构分析表的编制方法
- 了解成本结构分析图的编制方法
- 掌握利用趋势线分析生产成本变动趋势的方法
- 了解本量利分析的相关理论基础
- 掌握本量利分析的相关模型应用

重点难点

重点：

- ◇ 收入结构分析表、收入结构分析图的编制方法
- ◇ 收入复合增长率的分析方法
- ◇ 利用趋势线分析生产成本变动趋势的方法
- ◇ 本量利分析的相关模型应用

难点：

- ◇ 利用趋势线分析生产成本变动趋势的方法
- ◇ 本量利分析的相关模型应用

收入成本核算分析是财务工作的一项重要内容。利用收入成本核算的资料，分析收入成本水平与构成的变动情况，研究影响收入成本升降的各种因素及变动原因，寻找增加收入、降低成本的途径，是企业收入成本管理的重要内容。

8.1 收入分析

收入是指企业在日常活动中形成的、会导致所有者权益增加的、与所有者投入资本无关的经济利益的总流入。其中，日常活动是指企业为完成其经营目标所从事的经常性活动以及与之有关的其他活动。

8.1.1 收入构成分析

本小节阐述收入构成分析的基本过程，包括如何对收入进行分类，如何编制收入结构分析表以及收入结构分析图的制作方法。

1. 收入的分类

(1) 按照企业从事日常活动的性质分类。

按照企业从事日常活动的性质，可将收入分为销售商品收入、提供劳务收入、让渡资产使用权收入、建造合同收入等。其中，销售商品收入是指企业通过销售商品实现的收入；提供劳务收入是指企业通过提供劳务实现的收入；让渡资产使用权收入是指企业通过让渡资产使用权实现的收入；建造合同收入是指企业承担建筑合同所形成的收入。

(2) 按照企业从事日常活动的重要性分类。

按照企业从事日常活动的重要性，可将收入分为主营业务收入和其他业务收入。其中，主营业务收入是指企业为完成其经营目标所从事的经常性活动实现的收入；其他业务收入是指企业为完成其经营目标所从事的与经常性活动相关的收入。企业利润表中的营业收入项目由主营业务收入和其他业务收入组成。

2. 收入结构分析表

从市场竞争的角度看，企业一般会从事多种商品或劳务的经营活动，占总收入比重大的商品或劳务是企业业绩的主要增长点。企业应重点分析营业收入的构成，构成可以按经营活动类型进行分析，也可以按销售区域进行分析。在按企业经营活动类型对构成进行分析时，应计算各经营品种的收入占全部营业收入的比重。实务操作中，财务人员一般是通过创建收入结构分析表对收入结构进行分析。

例 8.1 根据如图 8-1 所示的 A 公司 2022—2023 年收入明细表，编制收入结构分析表，具体操作如下：

收入类别	2022年	2023年
电视	1,844,532.53	1,944,261.75
空调冰箱	874,140.25	829,052.82
IT产品	1,197,045.76	1,093,861.81
通讯产品	112,490.37	135,270.78
机顶盒	131,951.92	86,834.14
电池	66,289.00	54,885.16
数码影音	108,590.74	171,585.48
系统工程	12,717.33	12,912.22
厨卫产品	19,570.47	17,420.12
中间产品	777,610.62	767,969.02
运输、加工	40,646.12	28,753.87
其他	47,829.79	41,176.36
合计	5,233,414.90	5,183,983.53

图 8-1　A 公司 2022—2023 年收入明细表

第一步，建立收入结构分析表(如图 8-2 所示)。在单元格 A1 中输入表题"收入结构分析表"；在单元格 A2 中输入"年份产品名称"，然后合并单元格 A2 和 A3；在单元格 B2、D2、F2 中分别输入"2023 年金额""2022 年金额""同期百分比"；在单元格 B3 至 E3 中依次输入"营业收入""百分比""营业收入""百分比"。

	A	B	C	D	E	F
1	收入结构分析表					
2	年份产品名称	2023年金额		2022年金额		同期百分比
3		营业收入	百分比	营业收入	百分比	

图 8-2　建立 A 公司收入结构分析表

第二步，调整收入结构分析表(如图 8-3 所示)。选择区域 A1:F1，合并居中单元格，并根据需要设置内容的字体字号；然后分别选择区域 A2:A3、B2:C2、D2:E2、F2:F3，设置内容的字体字号，合并居中单元格；之后选择区域 A2:F3，填充颜色；再右键单击合并后的 A2 和 A3 单元格，在【设置单元格格式】命令弹出对话框的【边框】选项卡中为合并单元格插入斜线；最后调整各单元格的行列宽度以及各单元格内容的水平位置。

	A	B	C	D	E	F
1	收入结构分析表					
2	年份产品名称	2023年金额		2022年金额		同期百分比
3		营业收入	百分比	营业收入	百分比	

图 8-3　调整 A 公司收入结构分析表

第三步，设置内容正文的格式(如图 8-4 所)。将图 8-1 中收入明细表的内容填充到对应的单元格中。在【开始】工具栏的【字体】组中将数字的字体设置为【Times New Roman】，文字的字体设置为【宋体】，数字及文字的大小均设置为【9】；然后在【对齐方式】组中单击 ≡ (居中)按钮；在【数字】组中单击 ，(为数字添加千分位标识)按钮，并单击两次 ⁗₀₀ (增加小数位数)按钮，保留 2 位小数位数示。

收入结构分析表

年份 产品名称	2023年金额		2022年金额		同期百分比
	营业收入	百分比	营业收入	百分比	
电视	1,844,532.53		1,944,261.75		
空调冰箱	874,140.25		829,052.82		
IT产品	1,197,045.76		1,093,861.81		
通讯产品	112,490.37		135,270.78		
机顶盒	131,951.92		86,834.14		
电池	66,289.00		54,885.16		
数码影音	108,590.74		171,585.48		
系统工程	12,717.33		12,912.22		
厨卫产品	19,570.47		17,420.12		
中间产品	777,610.62		767,969.02		
运输、加工	40,646.12		28,753.87		
其他	47,829.79		41,176.36		
合计	5,233,414.90				

图 8-4　调整完毕的 A 公司收入结构分析表

第四步，设置合计数、百分比公式(如图 8-5 所示)。在单元格 B16 中输入"=SUM(B4:B15)"，设置合计数；在单元格 C4 中输入"=B4/$B$16"，设置百分比。继续右键单击单元格 C4，在弹出的快捷菜单中选择【设置单元格格式】命令，然后在打开的【设置单元格格式】对话框中选择【数字】选项卡中的【百分比】，将显示的数值设置为百分比格式。

图 8-5　设置合计数及百分比公式

第五步，设置百分比的数值警示提醒功能(如图 8-6 所示)。选择 C4:C15 区域，在【开始】工具栏的【样式】组中选择【条件格式】→【突出显示单元格规则】→【大于】，此时弹出【大于】对话框，在第一个文本框中输入上限数值"20%"，并在后面的下拉菜单中将显示样式设置为【绿填充色深绿色文本】，单击【确定】按钮；然后在【样式】组中选择【条件格式】/【突出显示单元格规则】→【小于】，在弹出的【小于】对话框中输入下限数值"2%"，并将显示样式设置为【浅红填充色深红色文本】，单击【确定】按钮。接着采用相同方法，对 E4:E15 区域设置数值警示提醒。

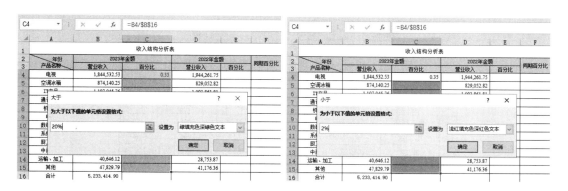

图 8-6 设置百分比的数值警示提醒功能

第六步，设置同期百分比的公式及数值警示提醒功能。在单元格 F4 中输入"=(B4−D4)/D4"，并将单元格设置为百分比格式，保留 2 位小数，将格式复制到其他单元格中。选择 F4:F16 区域，在【开始】工具栏的【样式】组中选择【条件格式】→【突出显示单元格规则】→【大于】，此时弹出【大于】对话框，在第一个文本框中输入上限数值"0"，并将显示样式设置为【自定义格式】，在弹出的【设置单元格格式】对话框中，将【字体】选项卡中的【颜色】设置为红色，将【填充】选项卡中的【背景颜色】设置为【无颜色】，然后单击【确定】按钮，如图 8-7 所示。然后选择【条件格式】→【突出显示单元格规则】→【小于】，将单元格的数值下限界定数值设置为"0"，并将显示的字体颜色设置为黑色，背景颜色设置为无。

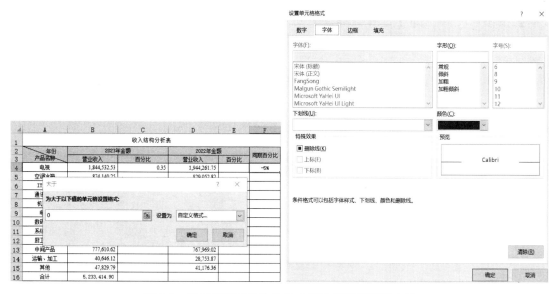

图 8-7 设置同期百分比的公式及数值警示提醒功能

第七步，完成收入结构分析表。选择 A2:F16 区域，在其中单击鼠标右键，在弹出的快捷菜单中选择【设置单元格格式】命令，在打开的【设置单元格格式】对话框的【边框】选项卡中，对表格内框线与外框线的线型进行设置，最终效果如图 8-8 所示。

	收入结构分析表				
年份 产品名称	2023年金额		2022年金额		同期百分比
	营业收入	百分比	营业收入	百分比	
电视	1,844,532.53	35.25%	1,944,261.75	37.51%	-5.13%
空调冰箱	874,140.25	16.70%	829,052.82	15.99%	5.44%
IT产品	1,197,045.76	22.87%	1,093,861.81	21.10%	9.43%
通讯产品	112,490.37	2.15%	135,270.78	2.61%	-16.84%
机顶盒	131,951.92	2.52%	86,834.14	1.68%	51.96%
电池	66,289.00	1.27%	54,885.16	1.06%	20.78%
数码影音	108,590.74	2.07%	171,585.48	3.31%	-36.71%
系统工程	12,717.33	0.24%	12,912.22	0.25%	-1.51%
厨卫产品	19,570.47	0.37%	17,420.12	0.34%	12.34%
中间产品	777,610.62	14.86%	767,969.02	14.81%	1.26%
运输、加工	40,646.12	0.78%	28,753.87	0.55%	41.36%
其他	47,829.79	0.91%	41,176.36	0.79%	16.16%
合计	5,233,414.90	100.00%	5,183,983.53	100.00%	0.95%

图 8-8　A 公司收入结构分析表最终效果图

3. 收入结构分析图

收入结构分析表可以对收入构成进行数字量化分析，而收入结构分析图则能以形象且直观的方式帮助用户进行收入的分析和把控。

例 8.2　根据 A 公司财务数据，创建收入结构分析图，具体操作步骤如下：

第一步，新建收入结构分析图。首先在【插入】工具栏的【图表】组中选择【饼图】→【三维饼图】，然后在【图表工具】→【设计】工具栏的【数据】组中单击【选择数据】按钮，在弹出的【选择数据源】对话框中，单击【图表数据区域】后面的输入框，输入 A4:B15 区域，确保将本年的各项收入项目涵盖其中，最后单击【确定】按钮，如图 8-9 所示。

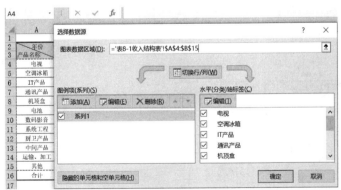

图 8-9　新建收入结构分析图

第二步，设置绘图区域背景。在新建的收入分析结构图上单击鼠标右键，在弹出的快捷菜单中选择【设置绘图区域格式】命令，在窗口右侧出现【设置图表区格式】对话框，将【图表选项】下的【填充】设置为【图案填充】，并选择左起第一列第 2 行的图案，整个图表区域的背景即呈现该图案的效果(如果选择【图片或纹理填充】，则可以将自定义的图片文件作为该区域的背景)，最后单击【确定】按钮，如图 8-10 所示。

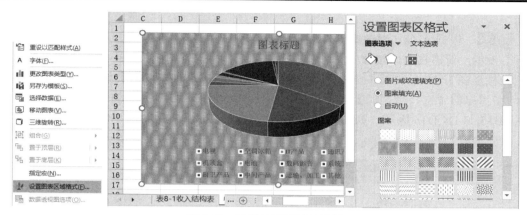

图 8-10　设置绘图区域的背景

第三步，设置收入结构分析图的标题和数据标签(如图 8-11 所示)。首先单击收入结构分析图的图表标题，将其修改为"收入结构图"；然后单击绘图区域，在【图表工具】下的【设计】工具栏的【图表布局】组中选择【添加图表元素】→【数据标签】→【其他数据标签选项】，在窗口右侧出现的【设置数据标签格式】对话框中勾选【标签选项】下的【百分比】，并将【数字】下的【类别】设置为【百分比】，【小数位数】设置为"2"，即保留两位小数。

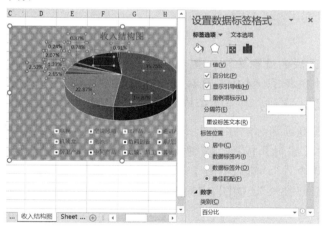

图 8-11　设置图表标题和数据标签

8.1.2　收入比较分析

用户在进行收入比较分析时，经常会用到收入比较分析图。Excel 提供的图表有柱状图、折线图、饼图、条形图、面积图、散点图等，用户可以根据不同的财务需求选用最合适的图形。

收入比较分析图要求将各项收入情况与基期进行比较，可以比较直观地呈现各项收入数据的增减变化。从这个角度来看，柱状图显然比饼图和折线图更适合用于收入比较分析，因为饼图不能反映增减变化的趋势，而折线图虽然能反映增减变化的趋势，但不能做到每个项目的逐一对应、逐一对比，且容易将不同项目混杂在一起，使得对比口径混乱。

例 8.3 根据 A 公司财务数据，创建收入比较分析图，具体操作步骤如下：

第一步，新建收入比较分析图。在【插入】工具栏的【图表】组中选择【柱形图】→【三维柱形图】；然后在【图表工具】的【设计】工具栏的【数据】组中单击【选择数据】，在弹出的【选择数据源】对话框中单击【图表数据区域】后面的输入框，选择图表的 A4:B15 与 D4:D15 区域，如图 8-12 所示。

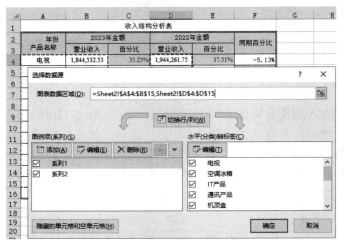

图 8-12 建立收入比较分析图

不连贯数据区域的选取方法：拖动鼠标选择数据源时，默认只能选择连贯的区域，如本例中选择了 A4:B15 区域后，D4:D15 区域会因与之不连贯而无法选取。此时应按住【Ctrl】键，即可选择与之前选区不连贯的数据区域，如 D4:D15 区域。

第二步，设置图例项名称。在【选择数据源】对话框的【图例项】列表中选择【系列 1】，单击上方的【编辑】按钮，在弹出的【编辑数据系列】对话框中，将【系列名称】设置为"2023 年收入"，然后单击【确定】按钮。采用相同方法，将系列 2 的【系列名称】设置为"2022 年收入"，如图 8-13 所示。

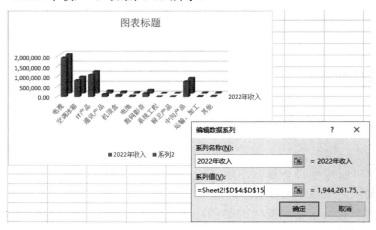

图 8-13 设置图例项名称

　　第三步，设置图表背景和绘图区背景(如图 8-14 所示)。在图表区域单击鼠标右键，在弹出的快捷菜单中选择【设置图表区域格式】命令，在窗口右侧出现的【设置图表区格式】对话框中，将【填充】设置为【图片或纹理填充】，并单击【文件】按钮，从已保存的图片中选择一张作为图表背景；然后在绘图区域单击鼠标右键，在弹出的快捷菜单中选择【设置背景墙格式】，在窗口右侧出现的【设置背景墙格式】对话框中，将【填充与线条】选项卡下的【填充】设置为【图案填充】，并选择左上角第一个图案。

图 8-14　设置图表背景和绘图区背景

　　第四步，将图表标题修改为"收入比较分析图"，并调整标题位置，完成后的效果如图 8-15 所示。

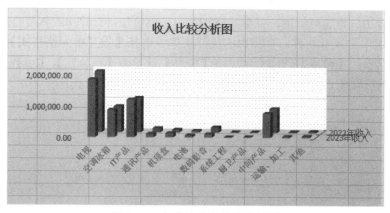

图 8-15　完成的收入比较分析图

8.1.3　收入复合增长率分析

　　收入复合增长率能够体现企业在一段时间内收入的平均增长速度。对该项指标进行分析，不仅有利于企业管理者把控企业的发展速度，也能够帮助投资者了解企业的长期发展情况。

1. 收入复合增长率的含义

　　收入复合增长率即年复合增长率，是衡量一项投资在特定时间段内年均增长速度的指标，计算公式如下：

$$收入复合增长率 = \left(\frac{现有价值}{基础价值}\right)^{\frac{1}{年数}} - 1$$

复合增长率(Compound Annual Growth Rate，CAGR)并不等于现实生活中简单增长率(Growth Rate，GR)的数值，它并非直接反映每一年的实际增长情况，而是基于初始和最终价值，通过一种平滑计算得出的一个假想的年化增长率，用以描述若投资回报以恒定速率增长，最终能达到的相同水平。

2. 收入复合增长率分析

在 Excel 中计算复合增长率通常采用的方法有公式法与函数法两类。

(1) 公式法。

例 8.4 采用公式法，计算 A 公司 2019—2023 年的收入复合增长率，具体操作如下：

	A	B
1	时间	收入
2	2019.1.1	¥518
3	2020.1.1	¥591
4	2021.1.1	¥595
5	2022.1.1	¥625
6	2023.1.1	¥666

图 8-16 在收入复合增长率分析表中输入基础数据

第一步，新建收入复合增长率分析表，输入基础数据。选择【收入】数列，在其中的单元格上单击鼠标右键，在弹出的快捷菜单中选择【设置单元格格式】，在【设置单元格格式】对话框的【数字】选项卡中，将【分类】设置为【货币】，即将数据设置为货币格式，如图 8-16 所示。

第二步，输入计算公式，设置结果数据格式。在单元格 C6 中输入 "=(B6/B2)^(1/5)-1"，即以单元格 B6 为现有价值，以单元格 B2 为基础价值，计算出收入复合增长率，然后在单元格 C6 中单击鼠标右键，在弹出的快捷菜单中选择【设置单元格格式】，在【设置单元格格式】对话框的【数字】选项卡中，将【分类】设置为【百分比】，【小数位数】设置为 "2"，即将数据设置为百分比格式并保留两位小数，如图 8-17 所示。

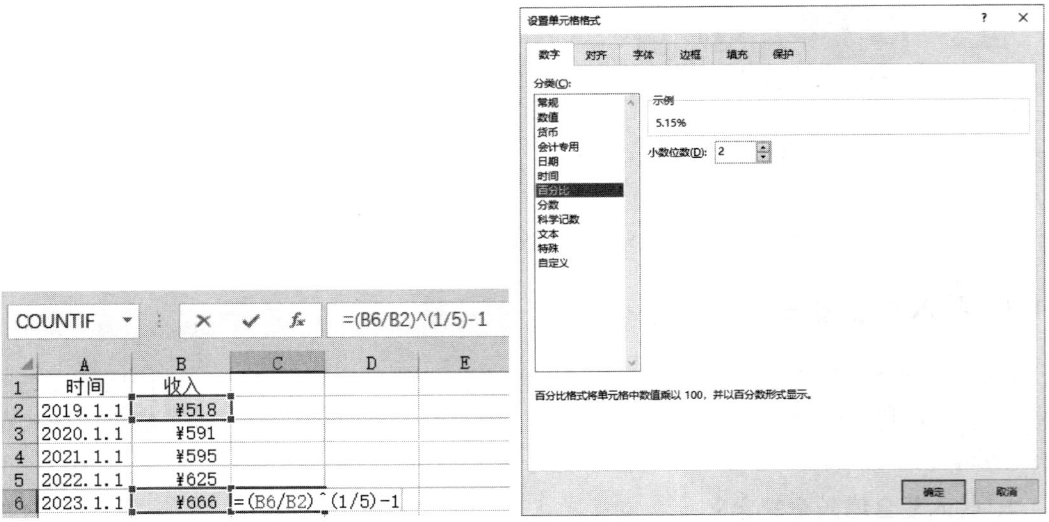

图 8-17 采用公式法计算 A 公司 2019—2023 年收入复合增长率

（2）函数法。

使用函数进行收入复合增长率的计算时，经常要用到 POWER 函数，该函数可返回给定数字的乘幂。

语法：POWER(number，power)。

✧　number 表示底数。

✧　power 表示指数。

两个参数可以是任意实数，当参数 power 取值为小数时，表示计算的是开方；当参数 number 取值小于 0 且参数 power 为小数时，POWER 函数将返回错误值"#NUM!"。

例 8.5　采用函数法，计算 A 公司 2020—2023 年收入复合增长率，具体操作如下：

第一步，新建收入复合增长率分析表，输入基础数据，如图 8-18 所示。

	A	B
1	收入（万元）	
2	2020年收入	100
3	2023年收入	190

图 8-18　在收入复合增长率分析表中输入基础数据

第二步，设置函数调用与编辑。选择单元格 B7，单击窗口上方的【fx】按钮，在弹出的【插入函数】对话框中选择 POWER 函数，单击【确定】按钮，然后在打开的【函数参数】对话框中，将【Number】设置为"B3/B2"，【Power】设置为"1/3"，如图 8-19(a)所示；单击【确定】按钮，在插入的 POWER 函数后减 1，计算收入复合增长率，如图 8-19(b)所示。

(a)

(b)

图 8-19　采用函数法计算 A 公司 2020—2023 年收入复合增长率

8.2 成本分析

成本分析是利用成本核算及其他相关资料，分析成本水平与构成的变动情况，研究影响成本升降的各种因素及其变动原因，以寻找降低成本途径的分析方法。成本分析是成本管理的重要组成部分，其作用是正确评价企业成本计划的执行结果，揭示成本升降变动的原因，为编制成本计划和制定经营决策提供重要依据。

有效的成本分析是企业在激烈的市场竞争中能否成功的基本要素。不完善的成本分析会导致单纯地压缩成本，从而使企业丧失活力。科学合理的成本分析与控制系统，能让企业的管理者清楚地掌握公司的成本构架、盈利情况和正确决策方向，为企业内部决策提供关键支持，从根本上改善企业成本状况。

常用的成本分析方法有对比分析法，这是通过成本指标在不同时期(或不同情况下)的数据对比来揭露矛盾的一种成本分析方法。对比成本指标时必须注意指标的可比性。常见的比较方法有绝对数比较、增减数比较与指数比较。通过这些方法的计算分析，用户可以进一步了解企业成本变动情况。

8.2.1 成本结构分析

本小节简要介绍成本结构分析表与成本结构分析图的基本知识。这两个工具是企业财务管理的重要辅助，有助于直观地展示企业的成本构成。

1. 成本结构分析表

成本结构分析表是将成本按照主营业务的不同项目进行分类，分类的标准与收入项目完全相同，目的是使收入与成本相对应，从而分析企业的成本构成。

例如，以 A 公司 2022—2023 年的成本明细表为基础，参考收入结构分析表的制作方法，编制出的成本结构分析表，如图 8-20 所示。

A公司2022-2023年成本明细　　单位：元

成本类别	2023年	2022年
电视	1,408,116.92	1,430,517.68
空调冰箱	647,352.74	633,943.56
IT产品	1,141,045.84	1,042,115.34
通讯产品	103,303.59	121,428.81
机顶盒	105,489.09	75,618.75
电池	46,297.19	34,422.47
数码影音	63,684.07	110,896.67
系统工程	9,904.04	10,467.49
厨卫产品	18,302.23	12,704.25
中间产品	686,779.21	708,240.22
运输、加工	33,432.15	23,801.61
其他	37,295.20	38,649.81
合计	4,301,002.27	4,242,806.66

	A	B	C	D	E	F
1	成本结构分析表					
2	年份	2023年金额		2022年金额		同期百分比
3	产品名称	营业成本	百分比	营业成本	百分比	
4	电视	1,408,116.92	32.74%	1,430,517.68	33.72%	-1.57%
5	空调冰箱	647,352.74	15.05%	633,943.56	14.94%	2.12%
6	IT产品	1,141,045.84	26.53%	1,042,115.34	24.56%	9.49%
7	通讯产品	103,303.59	2.40%	121,428.81	2.86%	-14.93%
8	机顶盒	105,489.09	2.45%	75,618.75	1.78%	39.50%
9	电池	46,297.19	1.08%	34,422.47	0.81%	34.50%
10	数码影音	63,684.07	1.48%	110,896.67	2.61%	-42.57%
11	系统工程	9,904.04	0.23%	10,467.49	0.25%	-5.38%
12	厨卫产品	18,302.23	0.43%	12,704.25	0.30%	44.06%
13	中间产品	686,779.21	15.97%	708,240.22	16.69%	-3.03%
14	运输、加工	33,432.15	0.78%	23,801.61	0.56%	40.46%
15	其他	37,295.20	0.87%	38,649.81	0.91%	-3.50%
16	合计	4,301,002.27	100.00%	4,242,806.66	100.00%	99.15%

图 8-20　A 公司 2022—2023 年成本结构分析表

2. 成本结构分析图

成本结构分析图是将成本按照主营业务的不同项目进行分类，通过各项目成本占总成本的比例,直观反映企业的资源消耗情况。成本结构分析图的制作方法与收入结构分析图的制作方法基本相同。根据图 8-20 中表格制作的成本结构分析图的最终效果如图 8-21 所示。

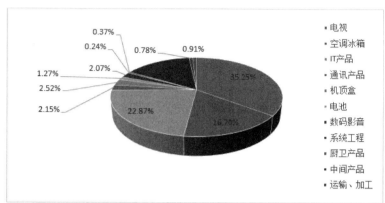

图 8-21   A 公司成本结构分析图

8.2.2   利用趋势线分析生产成本变动趋势

趋势线是数据趋势的图形化形式,可用于回归分析。通过回归分析,还可以将图表中的趋势线延伸至已有数据之外,从而预测未来的值。

Excel 2016 提供了 6 种不同的趋势线类型可供选择,分别是线性趋势线、对数趋势线、多项式趋势线、乘幂趋势线、指数趋势线与移动平均曲线。特定类型的数据具有特定类型的趋势线,要获得最精确的预测,为数据选择最合适的趋势线非常重要。

(1) 线性趋势线适用于对简单线性数据集进行最佳拟合。如果数据点构成的图案类似于一条直线,则表明数据是线性的。线性趋势线通常表示事物以恒定速率增加或减少。

(2) 对数趋势线适用于增加或减少速度很快但又迅速趋近于平稳的数据。

(3) 多项式趋势线是数据波动较大时适用的曲线,它可以用于分析大量数据的偏差。多项式的阶数可由数据波动的次数或曲线中拐点(峰和谷)的个数确定:二阶多项式趋势线通常只有一个峰或谷;三阶多项式趋势线通常有一个或两个峰和谷;四阶通常多达三个。

(4) 乘幂趋势线是一种适用于以特定速度增加的数据集的曲线,例如赛车一秒内的加速度。注意:如果数据集中含有零或负数值,就不能适用乘幂趋势线。

(5) 指数趋势线是一种适用于速度递减越来越快的数据集的曲线。注意:如果数据集中含有零或负值,就不能适用指数趋势线。

(6) 移动平均曲线用于平滑处理数据中的微小波动,从而更加清晰地显示数据变化趋势。移动平均曲线使用特定数目的数据点(由"周期"选项设置),取其平均线,然后由平均值作为趋势线中的一个点。例如,如果"周期"设置为 2,那么开头两个数据点的平均值就是移动平均趋势线中的第一个点,第二个和第三个数据点的平均值就是趋势线的第二个点,以此类推。

例 8.6 利用趋势线分析 B 公司各月生产成本的变动趋势，数据如图 8-22 所示。

成本项目	1月	2月	3月	4月	5月	6月	7月	8月	9月	10月	11月	12月
				各月生产成本分析								
直接材料	502	510	480	482	492	485	510	523	539	501	460	460
直接人工	370	380	367	326	310	410	400	395	380	378	380	380
制造费用	256	230	160	100	99	102	110	109	108	110	130	130
产品生产成本												

图 8-22　B 公司各月生产成本数据

第一步，计算各月产品生产总成本。选择 B3:M5 区域，在【公式】工具栏的【函数库】组中，单击【∑自动求和】按钮，计算 1 月的生产成本，并将公式复制到 C6:M6，计算出各月的生产成本，如图 8-23 所示。

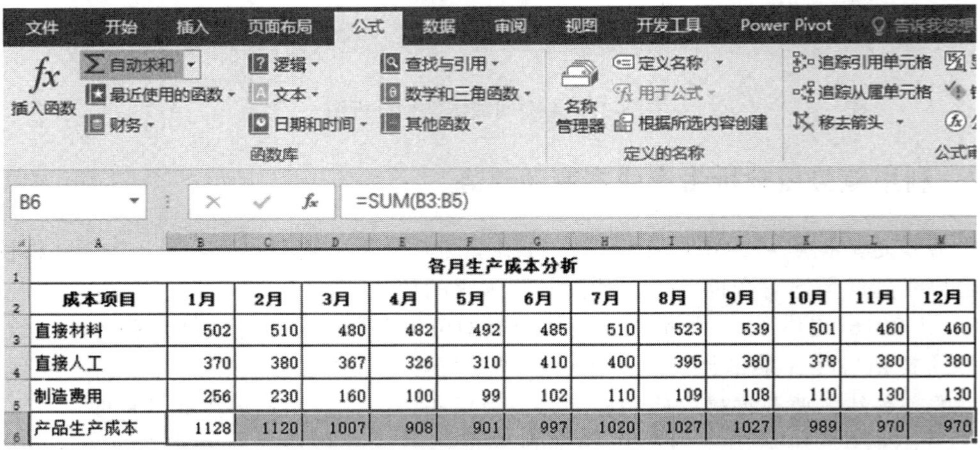

图 8-23　计算 B 公司各月产品生产总成本

第二步，插入折线图。按住【Ctrl】键，分别选择 A2:M2 与 A6:M6 区域，然后在【插入】工具栏的【图表】组中选择【折线图】→【二维折线图】，插入二维折线图，如图 8-24 所示。

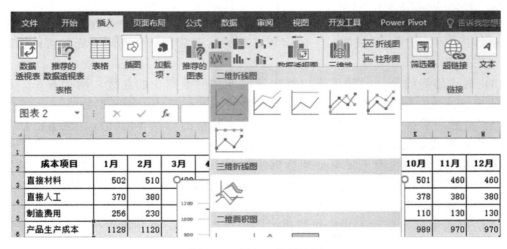

图 8-24　插入二维折线图

第三步，隐藏折线图的网格线。单击插入的折线图，在【图表工具】的【设计】工具栏的【图表布局】组中选择【添加图表元素】→【网格线】→【更多网格线选项】，然后在窗口右侧出现的【设置主要网格线格式】对话框中，将【填充与线条】选项卡下的【线条】设置为【无线条】，如图 8-25 所示。

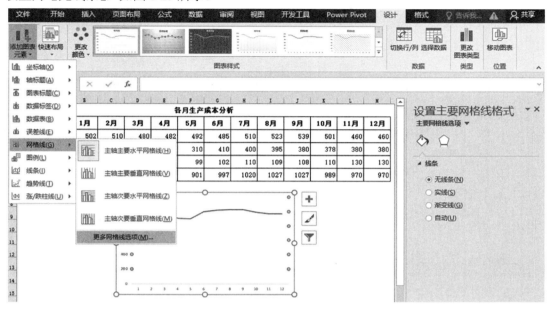

图 8-25 隐藏折线图的网络线

第四步，显示模拟运算表。依次选择【添加图表元素】→【数据表】→【其他模拟运算表选项】，如图 8-26 所示。

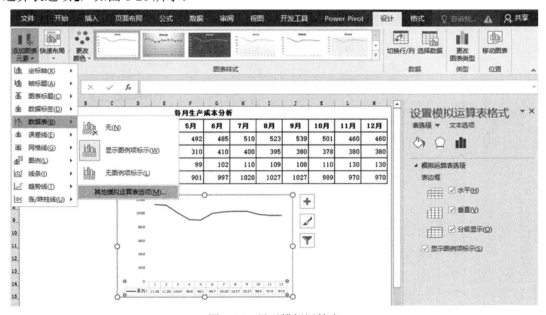

图 8-26 显示模拟运算表

第五步，设置数据系列所代表图形的样式。右键单击图中代表产品生产成本数据系列的折线，在弹出的快捷菜单中选择【设置数据系列格式】，在窗口右侧出现的【设置数据系列格式】对话框中，将【效果】选项卡下【发光】的【预设】设置为列表中的一种样式，让折线以指定的样式呈现发光效果，如图 8-27 所示。

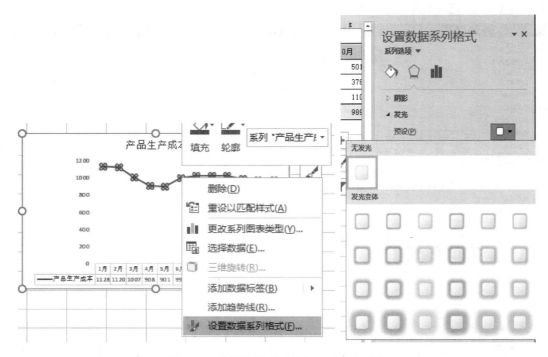

图 8-27　设置数据系列所代表图形的样式

第六步，设置图表标题。将标题修改为"各月生产成本趋势分析"，如图 8-28 所示。

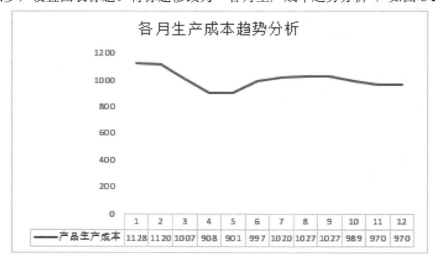

图 8-28　设置图表标题

第七步，添加并设置趋势线(如图 8-29 所示)。在【图表工具】的【设计】工具栏的【图表布局】组中选择【添加图表元素】→【趋势线】→【其他趋势线选项】，然后在窗口右侧出现的【设置趋势线格式】对话框中，将【趋势线选项】设置为【多项式】，并将【阶数】设置为"6"；将【趋势线名称】设置为【自定义】，并输入趋势线的名称；将【趋势预测】的【向前】设置为"2"，并勾选【显示 R 平方值】。

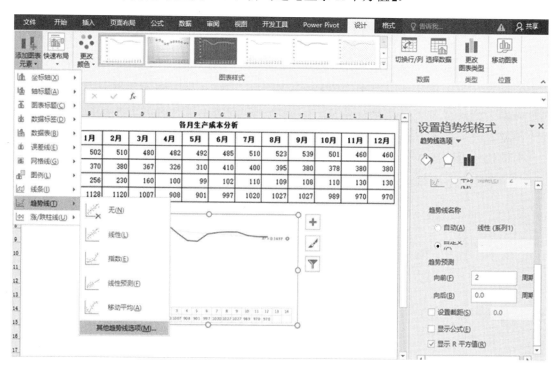

图 8-29　添加并设置趋势线

最终完成的各月生产成本趋势分析图如图 8-30 所示。注意：此时 R 的平方值为 0.9733，接近 1，说明所选择的趋势线类型与数据的情况相符合。

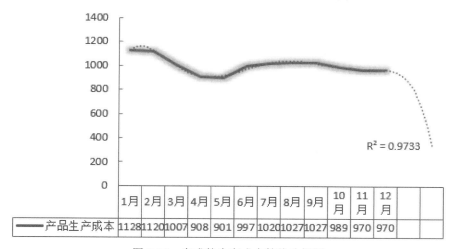

图 8-30　完成的生产成本趋势分析图

8.2.3 本量利分析

本量利分析是成本-产量(或销售量)-利润依存关系分析的简称，也称为 CVP 分析 (Cost-Volume-Profit Analysis)。本小节主要介绍本量利分析模型、盈亏平衡分析模型及利润敏感性分析模型。

1. 本量利分析模型的建立

本量利分析是指在变动成本计算模式的基础上，以数学化的会计模型与图文来揭示固定成本、变动成本、销售量、单价、销售额、利润等变量之间的内在规律性联系，为会计预测、决策和规划提供必要财务信息的一种定量分析方法。

本量利分析的基本公式为

$$税前利润 = 销售收入 - 总成本$$
$$= 销售收入 - 变动成本 - 固定成本$$
$$= 边际贡献 - 固定成本$$
$$= (销售单价 - 单位变动成本) \times 销售量 - 固定成本$$
$$= 单位边际贡献 \times 销售量 - 固定成本$$
$$= 边际贡献率 \times 销售收入 - 固定成本$$

经加工整理可得

$$税前利润 = P \times Q - V \times Q - F = (P - V)Q - F$$

式中：P 表示销售单价，Q 表示销售量，F 表示固定成本，V 表示单位变动成本。

2. 盈亏平衡分析模型的建立

盈亏临界点是指企业收入和成本相等时的特殊经营状态，即边际贡献(销售收入总额减去变动成本总额)等于固定成本时，企业处于既不盈利也不亏损的状态，故盈亏临界点分析也称保本点分析。通过盈亏临界点分析，用户可以建立盈亏平衡分析模型。

(1) 单一产品的盈亏临界点。

企业只销售单一产品，则该产品的盈亏临界点计算比较简单。当企业不赢不亏时，利润为零，此时的销售量即为企业的盈亏临界点销售量，相关公式如下：

$$0 = (销售单价 - 单位变动成本) \times 盈亏临界点销售量 - 固定成本$$

$$盈亏临界点销售量 = \frac{固定成本}{销售单价 - 单位变动成本} = \frac{固定成本}{单位边际贡献}$$

$$盈亏临界点销售额 = 盈亏监界点销售量 \times 销售单价 = \frac{固定成本}{边际贡献率}$$

(2) 多种产品的盈亏临界点。

现实生活中，多数企业生产经营的产品都不止一种。这种情况下企业的盈亏临界点就不能用实物单位表示，因为不同产品的实物计量单位是不同的，所以在产销多种产品的情况下，只能用金额表示企业的盈亏临界点，即只能计算企业盈亏临界点的销售额。

计算多产品企业盈亏临界点的常用方法有综合边际贡献率法、联合单位法、主要品种法和分算法等。下文以综合边际贡献率法为例，详细介绍企业盈亏临界点的计算方法。

综合边际贡献率法是指将各种产品的边际贡献率按各自的销售比重这一权数进行加权平均，得出综合边际贡献率，然后据此计算企业的盈亏临界点销售额和每种产品的盈亏临界点的方法。具体计算步骤如下：

(1) 计算综合边际贡献率，公式为

$$某产品的销售比重 = \frac{该产品销售额}{全部产品销售总额} \times 100\%$$

 注意　销售比重是销售额的比重而不是销售量的比重。

$$综合边际贡献率 = \sum(各种产品边际贡献率 \times 该产品销售比重)$$
$$= \frac{各种产品边际贡献额之和}{销售收入总额}$$

(2) 计算企业盈亏临界点销售额，公式为

$$企业盈亏临界点销售额 = \frac{企业固定成本总额}{综合边际贡献率}$$

(3) 计算产品盈亏临界点销售额，公式为

某产品盈亏临界点销售额 = 企业盈亏临界点销售额 × 该产品的销售比重

例 8.7　C 公司只生产一种产品，预计的产品单位变动成本为 60 元/件，固定成本为 360 000 元，单价为 120 元/件，预计销售量为 7000 件，要求使用 Excel 建立一个计算盈亏临界点的模型，具体操作步骤如下：

第一步，建立盈亏临界点计算表，输入相关数据，如图 8-31 所示。

	A	B	C	D
1		盈亏临界点计算表		
2		基本数据区		
3	项目		预测值	
4	销售量（件）		7000	
5	单价（元/件）		120	
6	单位变动成本（元/件）		60	
7	固定成本（元）		360000	
8		计算过程与结果		
9	项目		可变单元格	目标函数
10	盈亏临界点销售量（件）			
11	盈亏临界点单价（元/件）			
12	盈亏临界点单位变动成本（元/件）			
13	盈亏临界点固定成本（元）			

图 8-31　建立盈亏临界点计算表

第二步，填写目标函数。运用单变量求解工具，分析在基本数据下，已知销售量、单价、单位变动成本和固定成本之中的三个参数时，令目标函数等于 0，即利润为 0 时，计算另一参数的值。目标函数栏为利润值，盈亏临界点即为利润值为 0 时的状态。此时，D10 = D11 = D12 = D13 = 0。

第三步，计算盈亏临界点销售量。在单元格 D10 中输入"=C10*(C5-C6)-C7"，执行"单变量求解"命令。选择【数据】工具栏的【预测】组中的【模拟分析】→【单变量求解】，如图 8-32(a)所示；在弹出的【单变量求解】对话框中，将【目标单元格】设置为"$D$10"，将【目标值】设置为"0"，将【可变单元格】设置为"$C$10"，然后单击【确定】按钮；在弹出的【单变量求解状态】对话框中继续单击【确定】按钮，得到盈亏临界点销售量为 6000 件，如图 8-32(b)所示。

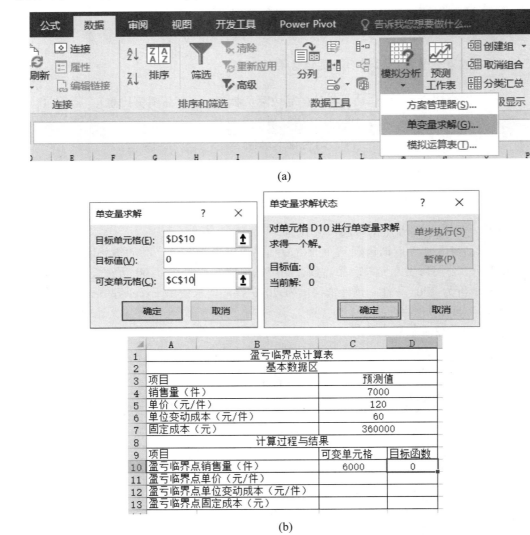

(a)

(b)

图 8-32　计算盈亏临界点销售量

第四步，计算盈亏临界点单价。在单元格 D11 中输入"=C4*(C11-C6)-C7"，执行"单变量求解"命令。在弹出的【单变量求解】对话框中，将【目标单元格】设置为"$D$11"，将【目标值】设置为"0"，将【可变单元格】设置为"$C$11"，然后单击【确定】按钮，在弹出的【单变量求解状态】对话框中继续单击【确定】按钮，即可得到盈亏临界点单价为 111.428 571 4 元/件(可进行四舍五入保留有效数字)，如图 8-33 所示。

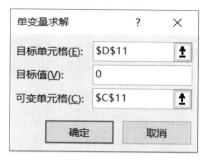

	A	B	C	D
1		盈亏临界点计算表		
2		基本数据区		
3	项目		预测值	
4	销售量（件）		7000	
5	单价（元/件）		120	
6	单位变动成本（元/件）		60	
7	固定成本（元）		360000	
8		计算过程与结果		
9	项目		可变单元格	目标函数
10	盈亏临界点销售量（件）		6000	0
11	盈亏临界点单价（元/件）		111.4285714	0
12	盈亏临界点单位变动成本（元/件）			
13	盈亏临界点固定成本（元）			

图 8-33　计算盈亏平衡点单价

第五步，计算盈亏临界点单位变动成本。在单元格 D12 中输入"=C4*(C5-C12)-C7"，执行"单变量求解"命令。在弹出的【单变量求解】对话框中，将【目标单元格】设置为"$D$12"，将【目标值】设置为"0"，将【可变单元格】设置为"$C$12"，然后单击【确定】按钮，在弹出的【单变量求解状态】对话框中继续单击【确定】按钮，即可得到盈亏临界点单位变动成本为 68.571 428 57 元/件(可进行四舍五入保留有效数字)，如图 8-34 所示。

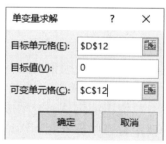

	A	B	C	D
1		盈亏临界点计算表		
2		基本数据区		
3	项目		预测值	
4	销售量（件）		7000	
5	单价（元/件）		120	
6	单位变动成本（元/件）		60	
7	固定成本（元）		360000	
8		计算过程与结果		
9	项目		可变单元格	目标函数
10	盈亏临界点销售量（件）		6000	0
11	盈亏临界点单价（元/件）		111.4285714	0
12	盈亏临界点单位变动成本（元/件）		68.57142857	0
13	盈亏临界点固定成本（元）			

图 8-34　计算盈亏临界点单位变动成本

第六步，计算盈亏临界点固定成本。在单元格 D13 中输入"=C4*(C5-C6)-C13"，执行"单变量求解"命令。在弹出的【单变量求解】对话框中，将【目标单元格】设置为"$D$13"，将【目标值】设置为"0"，将【可变单元格】设置为"$C$13"，然后单击【确定】按钮，在弹出的【单变量求解状态】对话框中继续单击【确定】按钮，即可得到盈亏临界点固定成本为 420 000 元，如图 8-35 所示。

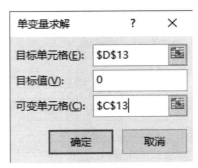

	A	B	C	D
1		盈亏临界点计算表		
2		基本数据区		
3	项目		预测值	
4	销售量（件）		7000	
5	单价（元/件）		120	
6	单位变动成本（元/件）		60	
7	固定成本（元）		360000	
8		计算过程与结果		
9	项目		可变单元格	目标函数
10	盈亏临界点销售量（件）		6000	0
11	盈亏临界点单价（元/件）		111.4285714	0
12	盈亏临界点单位变动成本（元/件）		68.57142857	0
13	盈亏临界点固定成本（元）		420000	0

图 8-35　计算产品盈亏临界点固定成本

3. 利润敏感性分析模型的建立

利润敏感性分析是研究在制约利润的有关因素发生某种变化时的利润变化程度的一种分析方法。

企业中影响利润的因素很多，单价、销售量、变动成本、固定成本等因素都经常会随时间变化。企业管理者不仅需要了解哪些因素对利润增减有影响，而且还需要知道影响的程度，才能掌控影响企业利润增长的因素，从而做出更有效的决策。

企业的预计利润计算公式为：

$$预计利润=[单价×(1+变动率)]-单位变动成本×(1+变动率)×$$
$$[销售量×(1+变动率)]-固定成本×(1+变动率)$$

$$利润增减额 = 预计利润 - 利润$$

通常情况下，我们把对利润影响大的因素称为敏感因素，反之称为非敏感因素。反映敏感程度的指标是敏感系数，其计算公式为

$$某因素的敏感系数 = \frac{利润变化(\%)}{该因素变化(\%)}$$

 若敏感系数的绝对值＞1，则该影响因素为敏感因素；若敏感系数的绝对值≤1，则该影响因素为非敏感因素。

例 8.8　根据数据资料建立模型，并控制因素变动率，对利润进行单因素与多因素敏感性分析。假设各因素的变动百分比范围为[-50%，50%]，变动增减幅度为 1%。具体操作步骤如下：

第一步，建立各因素预测值变动计算表，输入基本数据，如图 8-36 所示。

	A	B	C	D	E	F
1	基本数据		各因素预测值变动			
2	项目	初始预测值	变动后数值	因素变动率	因素变动率选择控件	
3	销售量（件）	6000				
4	单价（元/件）	80				
5	单位变动成本（元/件）	45				
6	固定成本（元）	40000				

图 8-36　建立各因素预测值变动表

第二步，设置各因素预测值变动。

(1) 添加因素变动率控制滚动条。调用"滚动条(窗体控件)"命令，分别在 E3:F3、E4:F4、E5:F5、E6:F6 区域，添加滚动条(窗体控件)按钮。具体操作为：选择 E3:F3 区域，在【开发工具】工具栏的【控件】组中选择【插入】→【滚动条】，在该区域中添加一个滚动条，如图 8-37 所示。

图 8-37　在选择的单元格区域中插入滚动条

(2) 在插入的滚动条上单击鼠标右键，在弹出菜单中选择【设置控件格式】命令，在随后弹出的【设置对象格式】对话框中，将【当前值】设置为"50"，【最小值】设置为"0"，【最大值】设置为"100"，【步长】设置为"1"，【页步长】设置为"5"，【单元格链接】设置为"$E$3"，然后单击【确定】按钮，如图 8-38 所示。接着采用相同方法，分别在 E4:F4、E5:F5、E6:F6 区域中都添加滚动条按钮。

(3) 建立因素变动率与控制滚动条之间的联系，且变化范围为 -50%～50%：在单元格 D3 中输入"=E3/100-50%"，并将 D3 设置为百分比格式；在单元格 D4 中输入"=E4/100-50%"，并将 D4 设置为百分比格式；在单元格 D5 中输入"=E5/100-50%"，并将 D5 设置为百分比格式；在单元格 D6 中输入"=E6/100-50%"，并将 D6 设置为百分比格式。

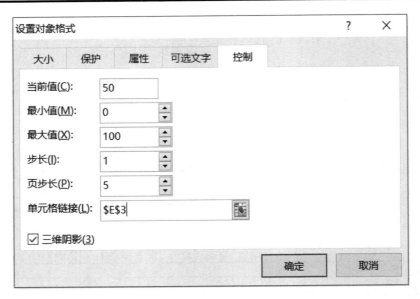

图 8-38　添加因素变动率控制滚动条

设置完毕后，当单击该滚动条两端箭头时，【因素变动率】单元格中的数值会以每单击一次增加或减少 1%的幅度来变化；当在滚动条上任意单击时，【因素变动率】单元格中的数值以"页步长"的 5%幅度增减变化；当滚动条的滑块处于滚动条中间位置时，【因素变动率】单元格中的数值为 0。

(4) 建立变动后数值与初始预测值及因素变动率的联系，即计算因素变动后的数值：在单元格 C3 中输入"=B3*(1+D3)"；在单元格 C4 中输入"=B4*(1+D4)"；在单元格 C5 中输入"=B5*(1+D5)"；在单元格 C6 中输入"=B6*(1+D6)"。计算结果即为各因素变化后的数值，如图 8-39 所示。

	基本数据		各因素预测值变动		
	A	B	C	D	E	F
1	基本数据			各因素预测值变动		
2	项目	初始预测值	变动后数值	因素变动率	因素变动率选择控件	
3	销售量（件）	6000	6840	14.00%	‹	›
4	单价（元/件）	80	77.6	-3.00%	‹	›
5	单位变动成本（元/件）	45	42.75	-5.00%	‹	›
6	固定成本（元）	40000	38000	-5.00%	‹	›

图 8-39　各因素预测值变动表

注意

除在单元格 C3:C6 及 D3:D6 中输入相同格式的公式外，也可以在这两个区域中直接输入数组公式：选择 D3:D6 区域输入"=E3:E6/100-50%"，即可得到区域中各因素变动率的值；选择 C3:C6 区域输入"=B3:B6*(1+D3:D6)"，即可得到区域中各因素变动后的值。

第三步，按初始预测值计算盈亏临界点销售量与预计利润(如图 8-40 所示)。在单元格 B8 中输入"=B6/(B4-B5)"，计算得出初始预测值的盈亏临界点销量为 1143 件；在单元格 F8 中输入"=B3*(B4-B5)-B6"，计算得出初始预测值的预计利润为 170 000 元。

	A	B	C	D	E	F
1	基本数据		各因素预测值变动			
2	项目	初始预测值	变动后数值	因素变动率	因素变动率选择控件	
3	销售量（件）	6000	6840	14.00%	‹ ▮ ›	
4	单价（元/件）	80	77.6	-3.00%	‹ ▮ ›	
5	单位变动成本（元/件）	45	42.75	-5.00%	‹ ▮ ›	
6	固定成本（元）	40000	38000	-5.00%	‹ ▮ ›	
7	按初始预测值计算的盈亏临界点销售量和预计利润					
8	盈亏临界点销售量（件）	1143	初始情况的预计利润（元）			170000

图 8-40　按初始预测值计算盈亏临界点销售量与预计利润

第四步，建立单因素敏感性分析表，如图 8-41 所示。

	A	B	C	D	E	F
1	基本数据		各因素预测值变动			
2	项目	初始预测值	变动后数值	因素变动率	因素变动率选择控件	
3	销售量（件）	6000	6840	14.00%	‹ ▮ ›	
4	单价（元/件）	80	77.6	-3.00%	‹ ▮ ›	
5	单位变动成本（元/件）	45	42.75	-5.00%	‹ ▮ ›	
6	固定成本（元）	40000	38000	-5.00%	‹ ▮ ›	
7	按初始预测值计算的盈亏临界点销售量和预计利润					
8	盈亏临界点销售量（件）	1143	初始情况的预计利润（元）			170000
9	单因素敏感性分析					
10	项目	因素变动率	变动后盈亏临界点销售量（件）	对利润的影响		
11				变动后利润	利润变动额	利润变动率
12	销售量（件）					
13	单价（元/件）					
14	单位变动成本（元/件）					
15	固定成本（元）					

图 8-41　建立单因素敏感性分析表

进行以下计算：

(1) 选择 B12:B15 区域，输入数组公式"=D3:D6"，计算因素变动率数据；

在单元格 C12 中输入"=B6/(B4-B5)"，计算销售量变动后的盈亏临界点销售量；

在单元格 C13 中输入"=B6/(C4-B5)"，计算单价变动后的盈亏临界点销售量；

在单元格 C14 中输入"=B6/(B4-C5)"，计算单位变动成本变动后的盈亏临界点销售量；

在单元格 C15 中输入"=C6/(B4-B5)"，计算固定成本变动后的盈亏临界点销售量；

在单元格 D12 中输入"=C3*(B4-B5)-B6"，计算销售量变动后的预计利润；

在单元格 D13 中输入"=B3*(C4-B5)-B6"，计算单价变动后的预计利润；

在单元格 D14 中输入"=B3*(B4-C5)-B6"，计算单位变动成本变动后的预计利润；

在单元格 D15 中输入"=B3*(B4-B5)-C6"，计算固定成本变动后的预计利润。

(2) 选择 E12:E15 区域，输入"=D12:D15-F8"，计算各因素变动后的利润变动额；

(3) 选择 F12:F15 区域，输入"=E12:E15/F8"，计算各因素变动后的利润变动率。

完成单因素敏感性分析模型后，单击滚动条控件改变某一因素的变动率，即可自动得到该因素变化对盈亏临界点销售量和利润的影响。例如，分别假设销售量变动 14%、单价变动 -3%、单位成本变动 -5%、固定成本变动 -5%，上述四种因素单独变动对盈亏临界点销量和利润额的影响如图 8-42 所示。

	A	B	C	D	E	F
1	基本数据			各因素预测值变动		
2	项目	初始预测值	变动后数值	因素变动率	因素变动率选择控件	
3	销售量（件）	6000	6840	14.00%	<	>
4	单价（元/件）	80	77.6	-3.00%	<	>
5	单位变动成本（元/件）	45	42.75	-5.00%	<	>
6	固定成本（元）	40000	38000	-5.00%	<	>
7	按初始预测值计算的盈亏临界点销售量和预计利润					
8	盈亏临界点销售量（件）	1143	初始情况的预计利润（元）			170000
9	单因素敏感性分析					
10	项目	因素变动率	变动后盈亏临界点销售量（件）	对利润的影响		
11				变动后利润	利润变动额	利润变动率
12	销售量（件）	14.00%	1143	199400	29400	17.29%
13	单价（元/件）	-3.00%	1227	155600	-14400	-8.47%
14	单位变动成本（元/件）	-5.00%	1074	183500	13500	7.94%
15	固定成本（元）	-5.00%	1086	172000	2000	1.18%

图 8-42　单因素敏感分析计算结果

第五步，建立多因素敏感性分析表，如图 8-43 所示。

	A	B	C	D	E	F
1	基本数据			各因素预测值变动		
2	项目	初始预测值	变动后数值	因素变动率	因素变动率选择控件	
3	销售量（件）	6000	6840	14.00%	<	>
4	单价（元/件）	80	77.6	-3.00%	<	>
5	单位变动成本（元/件）	45	42.75	-5.00%	<	>
6	固定成本（元）	40000	38000	-5.00%	<	>
7	按初始预测值计算的盈亏临界点销售量和预计利润					
8	盈亏临界点销售量（件）	1143	初始情况的预计利润（元）			170000
9	单因素敏感性分析					
10	项目	因素变动率	变动后盈亏临界点销售量（件）	对利润的影响		
11				变动后利润	利润变动额	利润变动率
12	销售量（件）	14.00%	1143	199400	29400	17.29%
13	单价（元/件）	-3.00%	1227	155600	-14400	-8.47%
14	单位变动成本（元/件）	-5.00%	1074	183500	13500	7.94%
15	固定成本（元）	-5.00%	1086	172000	2000	1.18%
16	多因素敏感性分析					
17	变动后的盈亏临界点销售量（件）		变动后的利润（元）			
18	利润变动额（元）		利润变动率			

图 8-43　多因素敏感分析表

进行以下计算：

在单元格 B17 中输入"=C6/(C4-C5)"，计算各因素均变动后的盈亏临界点销售量；

在单元格 E17 中输入 "=C3*(C4-C5)-C6"，计算各因素均变动后的利润额；

在单元格 B18 中输入 "=E17-F8"，计算各因素均变动后的利润变动额；

在单元格 E18 中输入 "=B18/F8"，计算各因素均变动后的利润变动率。

完成多因素敏感性分析模型后，单击滚动条控件改变某几项因素的变动率，即可自动得到该因素变化对盈亏临界点销售量和利润的影响。例如，设销售量变动 14%、单价变动 -3%、单位变动成本变动 -5%、固定成本变动 -5%，上述四种因素同时变动对盈亏临界点销售量和利润的影响如图 8-44 所示。

	A	B	C	D	E	F
1	基本数据			各因素预测值变动		
2	项目	初始预测值	变动后数值	因素变动率	因素变动率选择控件	
3	销售量（件）	6000	6840	14.00%	‹ ►	
4	单价（元/件）	80	77.6	-3.00%	‹ ►	
5	单位变动成本（元/件）	45	42.75	-5.00%	‹ ►	
6	固定成本（元）	40000	38000	-5.00%	‹ ►	
7	按初始预测值计算的盈亏临界点销售量和预计利润					
8	盈亏临界点销售量（件）	1143		初始情况的预计利润（元）		170000
9	单因素敏感性分析					
10	项目	因素变动率	变动后盈亏临界点销售量（件）	对利润的影响		
11				变动后利润	利润变动额	利润变动率
12	销售量（件）	14.00%	1143	199400	29400	17.29%
13	单价（元/件）	-3.00%	1227	155600	-14400	-8.47%
14	单位变动成本（元/件）	-5.00%	1074	183500	13500	7.94%
15	固定成本（元）	-5.00%	1086	172000	2000	1.18%
16	多因素敏感性分析					
17	变动后的盈亏临界点销售量（件）	1090		变动后的利润（元）		200374
18	利润变动额（元）	30374		利润变动率		17.87%

图 8-44　多因素敏感分析计算结果

本 章 小 结

收入的增加预示着企业的生存能力增强，企业盈利的空间增加，反之则有亏损的可能；成本的增加预示着企业的消耗增多，而是否会造成潜在的亏损，则需要将成本与收入的变化情况进行综合考虑。因此在 Excel 中创建收入成本分析图表对其进行分析，有助于更好了解企业的收入成本变化对利润的影响程度。

分析营业收入时，应重点分析营业收入的构成。构成可以按企业经营活动的类型进行分析，也可以按销售区域进行分析。在按企业经营活动的类型进行构成分析时，通常先计算各经营活动类型的收入占全部营业收入的比重，各类经营活动的收入比重变化可以反映企业经营活动的结构变化情况、企业经营活动是否符合市场需求以及企业未来的整体发展方向。财务人员一般通过创建收入结构分析表辅助进行收入结构分析。

收入结构分析表将收入构成进行了数字量化分析，收入结构分析图则可以形象且直观地帮助使用者进行收入的分析和把控。

收入比较分析图要求将各项收入情况与基期进行比较，直观反映各项收入的增减变化情况，柱形图更适合反映此类变化情况。

收入复合增长率是指营业收入在特定时期内的年度增长率，计算方法为总增长率百分比的 n 次方根，n 为特定时期的年数。

成本结构分析图是将成本按照主营业务的不同项目进行分类归集，通过各成本项目占总成本的比例，直观反映企业的资源消耗情况。

Excel 2016 中提供了六种趋势线类型，分别为线性趋势线、对数趋势线、多项式趋势线、乘幂趋势线、指数趋势线与移动平均曲线。特定类型的数据适用特定类型的趋势线，要获得最精确的预测，为数据选择最合适的趋势线非常重要。

本量利分析是指在变动成本计算模式的基础上，以数学化的会计模型与图文来揭示固定成本、变动成本、销售量、单价、销售额、利润等变量之间的内在规律性联系，为会计预测、决策和规划提供必要财务信息的一种定量分析方法。掌握本量利分析模型、盈亏临界点分析模型、利润敏感性分析模型的基本原理之后，就可以通过调整销售量、单价、单位变动成本、固定成本等因素来分析这些因素变动对盈亏临界点销量和利润的影响情况。

本 章 练 习

实操项目 1

假设光明公司 2023 年度只生产和销售一种产品，该产品的单价为 50 元，单位变动成本为 25 元，固定成本总额为 4500 元，销售利润率需要达到 40%。若不考虑所得税，要求使用 Excel 建立模型，运用单变量求解工具计算要达到的销售量。

实操项目 2

假设光明公司 2023 年度只生产和销售一种产品，该产品的单价为 15 元，单位变动成本为 6 元，固定成本总额为 12 000 元，税前目标利润为 50 000 元。要求使用 Excel 建立模型，运用滚动条控件计算以下三种情况的盈亏临界点销售量与销售额：

(1) 该产品的单价增加10%；

(2) 该产品的单价和固定成本不变，单位变动成本增加10%；

(3) 该产品的单价和单位变动成本不变，固定成本总额增加10%；

(4) 该产品的单价增加10%，单位变动成本增加10%，固定成本总额增加10%。

第9章 财务分析

本章目标

- 了解财务分析的内涵与作用
- 了解财务分析的方法和内容
- 熟悉财务指标体系内容
- 掌握建立财务比率分析模型的方法
- 掌握建立财务报表分析模型的方法
- 掌握建立综合分析模型的方法

重点难点

重点：
◇ 财务比率分析模型的建立
◇ 财务报表分析模型的建立
◇ 杜邦分析法的应用

难点：
◇ 杜邦分析体系的创建

　　资产负债表、利润表和现金流量表是企业财务的三大报表，彼此存在紧密的钩稽与关联关系，共同构建了企业的财务状况、经营成果和资金流转情况的全貌。三大报表为企业管理者提供了关于企业经营状况的重要信息，为其后续的经营决策奠定了坚实的数据基础。然而，财务报表所表述的内容只是对企业的财务状况和经营成果的一个概括性叙述，无法充分、有效地反映企业在各专项领域的经营情况，例如企业的偿债能力、盈利能力、资金周转效率等关键领域的强弱情况。因此，财务分析成为弥补这一不足的必要工具。通过深入分析企业的财务结构、财务比率及变化趋势，能为决策者提供更详尽、专业的见解。本章将结合 Excel 工具指导读者进行财务分析，以更好地洞察企业的真实财务状况与经营效能。

9.1　财务分析概述

　　财务分析是以会计核算和报表资料及其他相关资料为依据，采用一系列专门的分析技术和方法，对企业等经济组织过去和现在的有关筹资、投资、经营、分配等活动的盈利能力、营运能力、偿债能力和发展能力进行分析与评价的经济管理活动。想要更好地理解和运用财务分析，首先要了解财务分析所起的作用，以及财务分析的方法和内容。

9.1.1　财务分析的作用

　　财务分析是一门经济应用学科，它旨在为企业的投资者、债权人、经营者以及其他关心企业的组织或个人提供准确的信息或依据，以了解企业的过去、评价企业的现状以及预测企业的未来。

1. 财务分析是评价财务状况及经营业绩的重要依据

　　通过财务分析，可以了解企业偿债能力、营运能力、盈利能力和现金流量状况，合理评价经营者的经营业绩，起到奖优罚劣、促进管理水平提高的作用。

2. 财务分析是实现理财目标的重要手段

　　企业理财的根本目标是实现企业价值最大化。企业通过财务分析，揭露各方面的矛盾，找出实际与目标的差距，充分认识未被利用的人力、物力资源，探究利用不当的原因，不断挖掘潜力，确保企业经营活动始终围绕实现企业价值最大化这一根本目标进行。

　　财务分析是投资者实施正确投资决策的重要环节。投资者通过财务分析，可以了解企业的获利能力、偿债能力，从而进一步预测投资后的收益水平和风险程度，并做出正确的投资决策。

9.1.2　财务分析的方法和内容

　　一般来说，财务分析主要运用比较分析法、比率分析法和因素分析法等方法，对企业的偿债能力、营运能力、盈利能力和发展能力这四个方面进行分析和评价。

1. 财务分析的方法

(1) 比较分析法是通过对比两期或连续数期财务报告中的相同指标，确定其增减变动的方向、数额和幅度，来说明企业财务状况或经营成果变动趋势的一种方法。采用这种方法，可以分析引起变动的主要原因与变动的性质，并预测企业未来的发展趋势。比较分析法的具体运用主要包括重要财务指标的比较、会计报表的比较和会计报表项目构成的比较。

(2) 比率分析法是通过计算各种比率指标来确定财务活动变动程度的方法。比率指标的类型主要有构成比率、效率比率和相关比率。

(3) 因素分析法是依据分析指标与其影响因素的关系，从数量上确定各因素对分析指标影响方向和影响程度的一种方法。因素分析法主要有连环替代法和差额分析法。

2. 财务分析的内容

财务分析信息的需求者主要包括企业所有者、企业债权人、企业经营决策者和政府等。不同主体出于不同的利益考虑，对财务分析信息有着不同的要求，具体包括以下几个方面。

(1) 企业所有者作为投资人，关心其资本的保值和增值状况，因此较为重视企业获利能力指标，主要进行企业盈利能力分析。

(2) 企业债权人不参与企业剩余收益分享，所以关注的是其投资的安全性，因此更重视企业偿债能力指标，主要进行企业偿债能力分析，同时也关注企业盈利能力分析。

(3) 企业经营决策者必须对企业经营理财的各个方面，包括运营能力、偿债能力、获利能力及发展能力的全部信息予以详尽的了解和掌握，主要进行各方面综合分析，并关注企业财务风险和经营风险。

(4) 政府兼具多重身份，既是宏观经济管理者，又是国有企业的所有者和重要的市场参与者，因此政府对企业财务分析的关注点因所具身份不同而有所差异。

9.2　财务比率分析模型

财务比率分析是以财务报表中的数据为主要依据，利用指标间一系列比率分析公式来计算比值，以考察、计量、评价和反映企业经济活动效益的一种数学分析。财务比率分析模型以财务比率分析为基础，运用 Excel 建立一个基本模式，使管理者能够准确、简单、快捷地把握企业财务状况。

9.2.1　财务指标概述

财务指标分析对财务报表中两个或多个项目之间的关系进行分析，计算出它们之间的内在比率，进而对企业的财务和经营状况进行评价，计算得出的结果统称为财务指标。本章所述的财务指标分析主要涉及对偿债能力、营运能力、盈利能力和发展能力这四个方面的分析。

1. 偿债能力分析

偿债能力是指企业偿还到期债务(包括本金和利息)的能力。偿债能力分析包括短期偿债能力分析和长期偿债能力分析。

(1) 短期偿债能力分析。

短期偿债能力是指企业流动资产对流动负债及时足额偿还的保证程度,是衡量企业当前财务能力,特别是流动资产变现能力的重要标志。企业短期偿债能力分析主要采用比率分析法,衡量指标主要有流动比率、速动比率和现金比率。

流动比率是流动资产与流动负债的比率,表示企业每 1 元流动负债有多少流动资产作为偿还的保证,反映了企业的流动资产偿还流动负债的能力,其计算公式为

$$流动比率 = \frac{流动资产}{流动负债} \times 100\%$$

速动比率是企业速动资产与流动负债的比率,其计算公式为

$$速动比率 = \frac{速动资产}{流动负债} \times 100\%$$

$$速动资产 = 流动资产 - 存货$$

现金比率又称即付比率,是指企业现金类资产与流动负债之间的比率关系,其计算公式为

$$现金比率 = \frac{现金 + 现金等价物}{流动负债 - 预收账款 - 预提费用 - 6个月以上的短期借款} \times 100\%$$

(2) 长期偿债能力分析。

长期偿债能力是指企业偿还长期负债的能力,是反映企业财务状况稳定与否及安全程度高低的重要标志。企业长期偿债能力衡量指标主要有资产负债率、产权比率、权益乘数和利息保障倍数。

资产负债率又称负债比率,是负债总额与资产总额的比率,表示企业资产总额中债权人提供资金所占的比重,以及企业资产对债权人权益的保障程度,其计算公式为

$$资产负债率 = \frac{负债总额}{资产总额} \times 100\%$$

产权比率也称资本负债率,是指负债总额与所有者权益总额的比率,是企业财务结构稳健与否的重要标志,其计算公式为

$$产权比率 = \frac{负债总额}{所有者权益总额} \times 100\%$$

权益乘数是资产总额和所有者权益总额的比率关系,表示资产总额相当于所有者权益的倍数,其计算公式为

$$权益乘数 = \frac{资产总额}{所有者权益总额}$$

利息保障倍数又称为已获利息倍数,是企业息税前利润与财务费用的比率,用来衡

量企业偿付负债利息能力的指标，其计算公式为

$$利息保障倍数 = \frac{营业利润 + 财务费用}{财务费用}$$

2. 营运能力分析

营运能力分析是指通过计算企业资金周转的有关指标分析其资产利用的效率，是对企业管理层管理水平和资产运用能力的分析。企业营运能力分析衡量指标主要有应收账款周转率、存货周转率、总资产周转率、固定资产周转率、流动资产周转率。

(1) 应收账款周转率。

应收账款周转率也称应收账款周转次数，是企业一定时期内主营业务收入净额与应收账款平均余额的比值，是反映应收款项周转速度的一项指标，其衍生指标为应收账款周转天数，计算公式为

$$应收账款周转率(次数) = \frac{主营业务收入净额}{应收账款平均余额}$$

$$应收账款周转天数 = \frac{365}{应收账款周转率} = \frac{应收账款平均余额 \times 365}{主营业务收入净额}$$

其中：

$$主营业务收入净额 = 主营业务收入 - 销售折让与折扣$$

$$应收账款平均余额 = \frac{期初应收账款 + 期末应收账款}{2}$$

(2) 存货周转率。

存货周转率也称存货周转次数，是企业一定时期内的主营业务成本与存货平均余额的比率。它是反映企业的存货周转速度和销货能力的一项指标，也是衡量企业生产经营中存货营运效率的一项综合性指标，其衍生指标为存货周转天数，计算公式为

$$存货周转率(次数) = \frac{主营业务成本}{存货平均余额}$$

$$存货周转天数 = \frac{365}{存货周转率} = \frac{存货平均余额 \times 365}{主营业务成本}$$

其中：

$$存货平均余额 = \frac{期初存货 + 期末存货}{2}$$

(3) 总资产周转率。

总资产周转率是企业主营业务收入净额与平均总资产的比率。它可以用来反映企业全部资产的利用效率，其计算公式为

$$总资产周转率 = \frac{主营业务收入净额}{平均总资产}$$

$$平均总资产 = \frac{期初资产总额 + 期末资产总额}{2}$$

(4) 固定资产周转率。

固定资产周转率是指企业年销售收入净额与固定资产平均净值的比率。它是反映企业固定资产周转情况,从而衡量固定资产利用效率的一项指标,其计算公式为

$$固定资产周转率 = \frac{年销售收入净额}{固定资产平均净值}$$

$$固定资产平均净值 = \frac{期初固定资产净值 + 期末固定资产净值}{2}$$

(5) 流动资产周转率。

流动资产周转率是反映企业流动资产周转速度的指标,是一定时期的销售收入净额和平均流动资产余额的比率,通常也叫流动资产周转次数,用时间表示的流动资产周转率就是流动资产周转天数,其计算公式为

$$流动资产周转率 = \frac{销售收入净额}{流动资产平均余额}$$

$$流动资产周转天数 = \frac{计算期天数(365)}{流动资产周转率}$$

其中:

$$流动资产平均余额 = \frac{期初流动资产 + 期末流动资产}{2}$$

3. 盈利能力分析

盈利能力就是企业资金增值的能力,它通常体现为企业收益数额的大小与水平的高低。企业盈利能力分析衡量指标主要有主营业务毛利率、主营业务利润率、总资产收益率、净资产收益率。

(1) 主营业务毛利率。

主营业务毛利率是销售毛利与主营业务收入净额之比,其计算公式为

$$主营业务毛利率 = \frac{销售毛利}{主营业务收入净额} \times 100\%$$

(2) 主营业务利润率。

主营业务利润率是企业的利润与主营业务收入净额的比率,其计算公式为

$$主营业务利润率 = \frac{利润}{主营业务收入净额} \times 100\%$$

(3) 总资产收益率。

总资产收益率是企业净利润与平均总资产的比率。它是反映企业资产综合利用效果的指标,其计算公式为

$$总资产收益率 = \frac{净利润}{平均总资产} \times 100\%$$

(4) 净资产收益率。

净资产收益率亦称净值报酬率或权益报酬率,是指企业一定时期内的净利润与平均净资产的比率。它可以反映投资者投入企业的自有资本获取净收益的能力,即反映投资

与报酬的关系，因而是评价企业资本经营效率的核心指标，其计算公式为

$$净资产收益率 = \frac{净利润}{平均净资产} \times 100\%$$

4. 发展能力分析

发展能力是企业在生存的基础上，扩大规模、壮大实力的潜在能力。企业发展能力分析衡量指标主要有营业(销售)增长率、资本积累率、总资产增长率、固定资产成新率。

(1) 营业(销售)增长率.

营业(销售)增长率是指企业本年营业(销售)收入增长额同上年营业(销售)收入总额的比率。这里，企业营业(销售)收入是指企业的主营业务收入。营业(销售)增长率表示与上年相比，企业营业(销售)收入的增减变化情况，是评价企业成长状况和发展能力的重要指标，其计算公式为

$$营业(销售)增长率 = \frac{本年营业(销售)收入增长额}{上年营业(销售)收入总额}$$

$$= \frac{本年营业(销售)额 - 上年营业(销售)额}{上年营业(销售)收入总额} \times 100\%$$

(2) 资本积累率。

资本积累率是指企业本年所有者权益增长额同年初所有者权益的比率。它反映了企业当年资本的积累能力，是评价企业发展潜力的重要指标，其计算公式为

$$资本积累率 = \frac{本年所有者权益增长额}{年初所有者权益} \times 100\%$$

(3) 总资产增长率。

总资产增长率是企业本年总资产增长额同年初资产总额的比率。它可以衡量企业本期资产规模的增长情况，评价企业经营规模总量上的扩张程度，其计算公式为

$$总资产增长率 = \frac{本年总资产增长额}{年初资产总额} \times 100\%$$

(4) 固定资产成新率。

固定资产成新率是企业当期平均固定资产净值同平均固定资产原值的比率，其计算公式为

$$固定资产成新率 = \frac{平均固定资产净值}{平均固定资产原值} \times 100\%$$

需要强调的是，上述四类指标并不是独立的，它们相辅相成，存在一定的内在联系。企业的资金周转能力强，获利能力就强，企业的偿债能力和发展能力会提高，反之亦然。

9.2.2　建立财务比率分析模型的具体方法

例 9.1　根据如图 9-1、图 9-2 所示的 A 公司资产负债表和利润表，编制财务指标分析表。

资产负债表

资产	行次	期末余额	年初余额	负债和所有者权益	行次	期末余额	年初余额
单位：A公司			日期：2019-12-31				单位：元
流动资产：				**流动负债：**			
货币资金	1	1,087,831.30	1,115,078.45	短期借款	32	1,038,281.52	886,696.49
交易性金融资产	2	2,812.00	5,180.02	交易性金融负债	33	9,691.15	3,943.01
应收票据	3	864,584.97	907,685.91	应付票据	34	538,055.22	487,059.54
应收账款	4	653,686.71	592,994.52	应付账款	35	921,960.36	792,217.88
预付款项	5	127,944.51	107,778.00	预收款项	36	143,416.37	151,294.42
应收利息	6	5,226.49	642.59	应付职工薪酬	37	49,259.49	46,408.32
应收股利	7			应交税费	38	-60,476.52	-28,892.54
其他应收款	8	48,883.54	66,616.11	应付利息	39	6,063.77	5,331.07
存货	9	1,255,601.33	1,004,708.54	应付股利	40	4,127.38	779.87
一年到期的非流动资产	10			其他应付款	41	218,530.87	166,500.06
其他流动资产	11	549.99	1,195.29	一年到期的非流动负债	42	208,169.55	132,737.73
流动资产合计	12	4,047,120.84	3,801,879.43	其他流动负债	43		
非流动资产：				**流动负债合计**		3,077,079.16	2,644,075.85
可供出售金融资产	13			**非流动负债：**			
持有至到期投资	14	3,000.00	7,000.00	长期借款	44	148,233.46	349,066.81
长期应收款	15			应付债券	45	290,835.21	277,062.63
长期股权投资	16	76,036.78	61,109.60	长期应付款	46		
投资性房地产	17	40,122.83	6,933.58	专项应付款	47		1,849.50
固定资产	18	827,361.50	810,449.20	预计负债	48	48,721.33	45,949.21
在建工程	19	51,112.92	82,566.24	递延所得税负债	49	11,114.90	14,483.82
工程物资	20			其他非流动负债	50	67,465.44	48,166.63
固定资产清理	21			**非流动负债合计**	51	566,370.34	736,578.60
生产性生物资产	22			**负债合计**	52	3,643,449.50	3,380,654.45
油气资产	23			**所有者权益(或股东权益)：**			
无形资产	24	337,247.13	326,358.54	实收资本(或股本)	53	461,624.42	461,624.42
开发支出	25	54,436.54	47,986.81	资本公积	54	850,510.38	851,176.61
商誉	26			减：库存股	55		
长期待摊费用	27	1,585.67	1,058.18	盈余公积	56	341,527.57	338,795.69
递延所得税资产	28	16,529.85	19,764.84	未分配利润	57	157,442.19	132,855.25
其他非流动资产	29			**所有者权益(或股东权益)合计**	58	1,811,104.56	1,784,451.97
非流动资产合计	30	1,407,433.22	1,363,226.99				
资产总计	31	5,454,554.06	5,165,106.42	**负债和所有者权益(或股东权益)总计**	59	5,454,554.06	5,165,106.42

图 9-1 A 公司资产负债表

利润表

项目	行次	本期金额	上期金额
单位：A公司		日期：2019-12-31	单位：元
一、营业收入	1	821,170.00	783,027.00
减：营业成本	2	495,600.00	363,240.00
营业税金及附加	3	1,200.00	980
销售费用	4	10,000.00	9,860.00
管理费用	5	76,100.00	65,000.00
财务费用	6	51,800.00	49,700.00
资产减值损失	7	25,400.00	11,300.00
加：公允价值变动收益(损失以"－"号填列)	8	—	
投资收益(损失以"－"号填列)	9	110,000.00	100,000.00
其中：对联营企业和合营企业的投资收益	10	—	
二、营业利润(亏损以"－"号填列)	11	271,070.00	382,947.00
加：营业外收入	12	76,000.00	69,000.00
减：营业外支出	13	3,000.00	2,000.00
其中：非流动资产处置损失	14		
三：利润总额(亏损总额以"－"号填列)	15	344,070.00	449,947.00
减：所得税费用	16	39,246.00	40,570.00
四、净利润(净亏损以"－"号填列)	17	304,824.00	409,377.00

图 9-2 A 公司利润表

编制财务指标分析表的具体操作步骤如下：

第一步，新建【财务指标分析表】，并对表格框架项的格式进行设置，如图 9-3 所示。

图 9-3　设置财务指标分析表格式

第二步，设置财务指标分析表公式。在表格的【公式】一列中输入各项目对应的计算公式，如图 9-4 所示。

图 9-4　设置财务指标分析表公式

第三步，设置比率单元格格式。在单元格 B4 中输入 "=资产负债表!C16/资产负债表!G17"，输入完毕后，将单元格 B4 设置为【百分比】格式，【小数位数】保留 2 位，如图 9-5 所示。

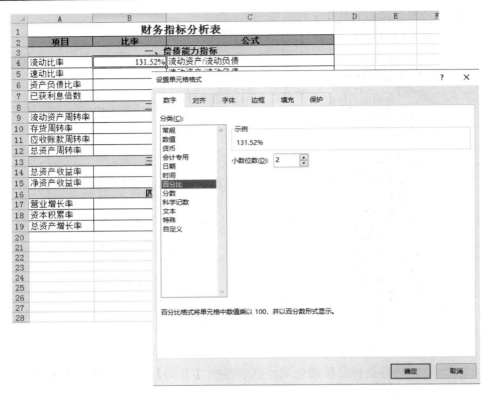

图 9-5   设置比率单元格格式

第四步，完成财务指标分析表，如图 9-6 所示：

计算流动比率：在单元格 B5 中输入"=(资产负债表!C16-资产负债表!C13)/资产负债表!G17"，单元格格式设置为【百分比】，【小数位数】保留 2 位。

计算速动比率：在单元格 B6 中输入"=资产负债表!G27/资产负债表!C36"，单元格格式设置为【百分比】，【小数位数】保留 2 位。

计算已获利息倍数：在单元格 B7 中输入"=(利润表!C14+利润表!C9)/利润表!C9"，单元格格式设置为【数值】，【小数位数】保留 2 位。

计算流动资产周转率：在单元格 B9 中输入"=利润表!C4/((资产负债表!C16+资产负债表!D16)/2)"，单元格格式设置为【数值】，【小数位数】保留 2 位。

计算存货周转率：在单元格 B10 中输入"=利润表!C5/((资产负债表!C13+资产负债表!D13)/2)"，单元格格式设置为【数值】，【小数位数】保留 2 位。

计算应收账款周转率：在单元格 B11 中输入"=利润表!C4/((资产负债表!C8+资产负债表!D8)/2)"，单元格格式设置为【数值】，【小数位数】保留 2 位。

计算总资产周转率：在单元格 B12 中输入"=利润表!C4/((资产负债表!C36+资产负债表!D36)/2)"，单元格格式设置为【数值】，【小数位数】保留 2 位。

计算总资产收益率：在单元格 B14 中输入"=利润表!C20/((资产负债表!C36+资产负债表!D36)/2)"，单元格格式设置为【百分比】，【小数位数】保留 2 位。

计算净资产收益率：在单元格 B15 中输入"=利润表!C20/((资产负债表!G34+资产负债表!H34)/2)"，单元格格式设置为【百分比】，【小数位数】保留 2 位。

计算营业增长率：在单元格 B17 中输入"=(利润表!C4-利润表!D4)/利润表!D4"，单元格格式设置为【百分比】，【小数位数】保留 2 位。

计算资本积累率：在单元格 B18 中输入"=(资产负债表!G34-资产负债表!H34)/资产负债表!H34"，单元格格式设置为【百分比】，【小数位数】保留 2 位。

计算总资产增长率：在单元格 B19 中输入"=(资产负债表!C36-资产负债表!D36)/资产负债表!D36"，单元格格式设置为【百分比】，【小数位数】保留 2 位。

	A	B	C
1		财务指标分析表	
2	项目	比率	公式
3	一、偿债能力指标		
4	流动比率	131.52%	流动资产 / 流动负债
5	速动比率	90.72%	（流动资产 - 存货） / 流动负债
6	资产负债比率	66.80%	总负债 / 总资产
7	已获利息倍数	6.23	（营业利润 + 财务费用） / 财务费用
8	二、营运能力指标		
9	流动资产周转率	0.21	销售收入净额 / 流动资产平均余额
10	存货周转率	0.44	主营业务成本 / 存货平均余额
11	应收账款周转率	1.32	赊销收入净额 / 应收账款平均余额
12	总资产周转率	0.15	销售收入净额 / 平均总资产
13	三、获利能力指标		
14	总资产收益率	5.74%	净利润 / 平均总资产
15	净资产收益率	16.96%	净利润 / 平均净资产
16	四、发展能力指标		
17	营业增长率	4.87%	本年营业收入增长额 / 上年营业收入总额
18	资本积累率	1.49%	本年所有者权益增长额 / 年初所有者权益
19	总资产增长率	5.60%	本年总资产增长额 / 年初资产总额

图 9-6 完成财务指标分析表

9.3 财务报表分析模型

财务报表分析模型是一种用于评估和分析公司财务状况的工具，它基于财务数据和指标，帮助管理层和投资者了解公司的盈利能力、偿债能力和运营效率等关键方面。常见的财务报表分析模型包括资产负债表分析模型、利润表分析模型、现金流量表分析模型。

9.3.1 资产负债表分析模型

资产负债表是企业财务报表中的重要组成部分，可反映企业在特定时间点的财务状况。企业资产负债表中的各项指标对企业偿债能力、资产结构以及盈利能力等都有一定的影响。因此，企业资产负债表分析模型是对企业财务状况进行准确评估和决策的重要工具。

1. 资产负债表分析模型概述

(1) 资产负债表的概念。

资产负债表是反映企业某一特定日期财务状况的报表，它列出了企业在该日期所拥有的资产总量及其构成，也列出了企业在该日期所承担的负债总额及其构成，表明了企业未来拥有多少资产或劳务清偿债务，以及债务的清偿时间。资产负债表可以反映企业在某一特定日期所拥有或控制的经济资源、所承担的现时义务以及所有者对净资产的要求权，这些信息可以用来评估企业资本保值和增值情况，以及企业对负债的保障程度。

此外，资产负债表还能提供财务分析的基础资料。例如，将资产负债表中的流动资产与流动负债数值进行比较，计算出流动比率；或将资产负债表中的速动资产与流动负债数值进行比较，计算出速动比率等，从而得知企业的变现能力、偿债能力和资金周转能力，帮助报表使用者做出正确的经济决策。

(2) 资产负债表分析的类型。

对资产负债表的分析分为比较分析和结构分析两类。

① 比较分析：将前后两期的资产负债表数据进行对比，计算各项数据的增减变动额和增减变动幅度。

② 结构分析：以资产总额为 100%，计算资产负债表上各个项目占资产总额的百分比。

(3) 资产负债表分析的函数。

在建立资产负债表分析模型的过程中，需要使用 ISBLANK、IF、AND 等函数。

① ISBLANK 函数

类型：IS 类函数。

功能：判断指定的单元格是否为空。

语法：ISBLANK(value)。

❖ value 为需要进行检验的数值。如果参数 value 引用的是空单元格，则 ISBLANK 函数返回逻辑值 TRUE；否则，返回 FALSE。

例如，在单元格 A1 中输入数字 1，在单元格 B1 中输入公式"=ISBLANK(A1)"，则 B1 中的返回值为 FALSE；在单元格 A2 中不输入数字，在单元格 B2 中输入公式"=ISBLANK(A2)"，则 B2 中的返回值为 TRUE。

② IF 函数。

类型：逻辑函数。

功能：用于对条件进行判断，条件结果采用 TRUE 或 FALSE 表示，IF 根据该结果执行不同的操作。

语法：IF(logical_test,value_if_true,value_if_false)。

❖ logical_test：这是一个条件表达式，其结果必须为 TRUE 或 FALSE。这个测试决定了接下来的操作：如果测试结果为 TURE，则执行 value_if_true；如果为 FALSE，则执行 value_if_false。

❖ value_if_true：当 logical_test 的结果为 TRUE 时，IF 函数将返回这个值或执行这个参数中的公式。

❖ value_if_false：当 logical_test 的结果为 FALSE 时，函数将返回这个值或执行这个参数中的公式。

③ AND 函数。

类型：逻辑函数。

功能：所有参数的计算结果为 TRUE 时，返回 TRUE；只要有一个参数的计算结果为 FALSE，即返回 FALSE。

语法：AND(logical1,logical2,...)。

◇ logical1,logical2，…：为 1～255 个逻辑值参数，各逻辑值参数可以为单个逻辑值 TRUE 或 FALSE，也可以是包含逻辑值的数组(单元格)引用。

◇ 参数的计算结果必须是逻辑值(如 TRUE 或 FALSE)，或者是包含逻辑值的数组(单元格)引用。

◇ AND 函数至少要有一个参数，最多可设置 255 个参数。

◇ AND 函数的一种常见用途是扩大执行逻辑检验的其他函数的效用。例如，采用 IF 函数执行逻辑检验，要求在计算结果为 TRUE 时返回一个值，在计算结果为 FALSE 时返回另一个值。此时如果将 AND 函数作为 IF 函数的 logical_test 参数，则可以检验多个不同的条件，而不仅仅是一个条件。

例如，在单元格 A1 中输入 50，在单元格 B1 中输入公式"=AND(A1>1，A1<100)"，表示如果 A1 中的数字介于 1 和 100 之间，则显示 TRUE；然后在单元格 A2 中输入 108，在单元格 B2 中输入公式"=IF(AND(A2>1，A2<100),A2,"数值超出范围")"，表示如果 A2 中的数字介于 1 和 100 之间，则显示该数字，否则显示"数值超出范围"。本例中，B2 中返回的计算结果为 108。

2. 建立资产负债表分析模型的具体方法

例 9.2　根据 A 公司如图 9-7 所示的资产负债表，建立资产负债表分析模型。建立模型的具体操作步骤如下：

	A	B	C	D	E	F
1				资产负债表		
2	编制单位：A公司		2023年12月31日			单位：万元
3	资产	年末数	年初数	负债及所有者权益	年末数	年初数
4	流动资产			流动负债		
5	货币资金	990	780	短期借款	2400	2100
6	以公允价值计量且变动计入当期损益	450	950	应付票据及应付账款	2260	1900
7	应收票据及应收账款	1850	1400	流动负债合计	4660	4000
8	存货	6100	4900	非流动负债		
9	流动资产合计	9390	8030	长期借款	1600	1470
10	非流动资产			应付债券	400	260
11	可供出售金融资产	780	570	非流动负债合计	2000	1730
12	长期应收款	460	150	负债合计	6660	5730
13	长期股权投资	880	720	所有者权益		
14	固定资产	14480	12600	股本	11600	11600
15	在建工程	1020	890	资本公积	200	200
16	无形资产	980	500	盈余公积	1700	1700
17	非流动资产合计	18600	15430	未分配利润	7830	4230
18				所有者权益合计	21330	17730
19	资产合计	27990	23460	负债和所有者权益合计	27990	23460

图 9-7　A 公司 2023 年资产负债表

第一步，搭建资产负债表分析模型框架。在工作表【A 公司 2023 年资产负债表】的 H1:Q20 区域中搭建 A 公司资产负债表分析模型的框架，如图 9-8 所示。

	H	I	J	K	L	M	N	O	P	Q
1					资产负债表					
2	编制单位：A公司				2023年12月31日					单位：万元
3	资产	年末与年初比较		结构分析		负债及所有者权益	年末与年初比较		结构分析	
4		增减额	增减幅度	年末结构	年初结构		增减额	增减幅度	年末结构	年初结构
5	**流动资产**					**流动负债**				
6	货币资金					短期借款				
7	以公允价值计量且变动计入当期损益					应付票据及应付账款				
8	应收票据及应收账款					流动负债合计				
9	存货					**非流动负债**				
10	流动资产合计					长期借款				
11	**非流动资产**					应付债券				
12	可供出售金融资产					非流动负债合计				
13	长期应收款					负债合计				
14	长期股权投资					**所有者权益**				
15	固定资产					股本				
16	在建工程					资本公积				
17	无形资产					盈余公积				
18	非流动资产合计					未分配利润				
19						所有者权益合计				
20	资产合计					负债和所有者权益合计				

图 9-8　搭建 A 公司 2023 年资产负债表分析模型框架

第二步，输入公式。

在单元格 I5 中输入“=IF(AND(ISBLANK(B5), ISBLANK(C5)), "", B5-C5)”；在单元格 J5 中输入“=IF(AND(ISBLANK(B5), ISBLANK(C5)), "", IF(C5=0,"无意义", (B5-C5)/C5))”；在单元格 K5 中输入“=IF(ISBLANK(B5),"", B5/$B$19)”；在单元格 L5 中输入“=IF(ISBLANK(C5), "", C5/$C$19)”；然后选择 I5:L5 区域，将其中的公式下拉填充到 I6:L20 区域中。

在单元格 N5 中输入“=IF(AND(ISBLANK(E5),ISBLANK(F5)),"",E5-F5)”；在单元格 O5 中输入“=IF(AND(ISBLANK(E5),ISBLANK(F5)),"",IF(F5=0,"无意义",(E5-F5)/F5))”；在单元格 P5 中输入“=IF(ISBLANK(E5),"",E5/$E$19)”；在单元格 Q5 中输入“=IF(ISBLANK(F5),"",F5/$F$19)”；然后选择 N5:Q5 区域，将其中的公式下拉填充到 N6:Q20 区域中。建立的资产负债表分析模型如图 9-9 所示。

	H	I	J	K	L	M	N	O	P	Q
1					资产负债表					
2	编制单位：A公司				2023年12月31日					单位：万元
3	资产	年末与年初比较		结构分析		负债及所有者权益	年末与年初比较		结构分析	
4		增减额	增减幅度	年末结构	年初结构		增减额	增减幅度	年末结构	年初结构
5	**流动资产**	210	26.92%	3.54%	3.32%	**流动负债**				
6	货币资金	-500	-52.63%	1.61%	4.05%	短期借款	300	14.29%	8.57%	8.95%
7	以公允价值计量且变动计入当期损益	450	32.14%	6.61%	5.97%	应付票据及应付账款	360	18.95%	8.07%	8.10%
8	应收票据及应收账款	1200	24.49%	21.79%	20.89%	流动负债合计	660	16.50%	16.65%	17.05%
9	存货	1360	16.94%	33.55%	34.23%	**非流动负债**				
10	流动资产合计					长期借款	130	8.84%	5.72%	6.27%
11	**非流动资产**	210	36.84%	2.79%	2.43%	应付债券	140	53.85%	1.43%	1.11%
12	可供出售金融资产	310	206.67%	1.64%	0.64%	非流动负债合计	270	15.61%	7.15%	7.37%
13	长期应收款	160	22.22%	3.14%	3.07%	负债合计	930	16.23%	23.79%	24.42%
14	长期股权投资	1880	14.92%	51.73%	53.71%	**所有者权益**				
15	固定资产	130	14.61%	3.64%	3.79%	股本	0	0.00%	41.44%	49.45%
16	在建工程	480	96.00%	3.50%	2.13%	资本公积	0	0.00%	0.71%	0.85%
17	无形资产	3170	20.54%	66.45%	65.77%	盈余公积	0	0.00%	6.07%	7.25%
18	非流动资产合计					未分配利润	3600	85.11%	27.97%	18.03%
19						所有者权益合计	3600	20.30%	76.21%	75.58%
20	资产合计					负债和所有者权益合计	4530	19.31%	100.00%	100.00%

图 9-9　完成 A 公司 2023 年资产负债表分析模型

在【结构分析】的【年末结构】及【年初结构】分析中，需分别计算资产类各项目占【资产合计】的比重，以及负债和所有者权益类的各项目占【负债和所有者权益合计】的比重。

如果想要更直观地反映财务状况的变动趋势，可使用图解法进行财务状况趋势分析。图解法是将企业连续几个会计期间的财务数据或财务指标绘制成图，并根据图形走势来判断企业财务状况及其变化趋势的方法。

例 9.3　根据如图 9-10 所示的 A 公司 2018 年至 2023 年营业收入明细数据，使用图解法分析 A 公司营业收入的变化趋势。

	A	B	C	D	E	F	G
1	A公司2018年至2023年营业收入（单位：万元）						
2	年度	2018年	2019年	2020年	2021年	2022年	2023年
3	营业收入	7800	11300	15800	19200	23100	21600

图 9-10　A 公司 2018 年至 2023 年营业收入数据

(1) 使用折线图分析 A 公司营业收入的变化趋势，具体操作如下：

选择 A2:G3 区域，在【插入】工具栏中选择【折线图】。根据需求，可选择折线图中的任何一种类型。这里以选择【二维折线图】→【堆积折线图】为例，建立 A 公司 2018 年至 2023 年营业收入的趋势图，如图 9-11 所示。

(2) 使用柱形图分析 A 公司营业收入的变化趋势，具体操作如下：

选择 A2:G3 区域，在【插入】工具栏选择【柱形图】。根据需求，可选择柱形图中的任何一种类型。这里以选择【柱形图】→【三维簇状柱形图】为例，建立如图 9-12 所示的 A 公司 2018 年至 2023 年营业收入的趋势图。

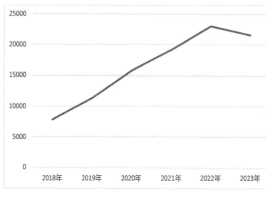

图 9-11　A 公司 2018 年至 2023 年营业
收入趋势图(折线图)

图 9-12　A 公司 2018 年至 2023 年营业
收入趋势图(柱状图)

除折线图、柱形图以外，还可以根据需要，将趋势图调整为饼图、条形图、面积图、散点图等。

从以上趋势图中可以发现：A 公司营业收入自 2018 年至 2022 年一直呈上升趋势，并在 2022 年达到高峰，2023 年出现下降趋势。这就要求企业找出 2023 年营业收入发生下滑的原因，以便采取应对措施。

9.3.2　利润表分析模型

利润表是反映企业经营成果的报表。企业通过对利润表的分析来评估企业的盈利能力和经营效益。本小节主要介绍利润表的分析方法和建立利润表分析模型的方法。

1. 利润表分析模型概述

(1) 利润表的概念。

利润表是反映企业在一定会计期间经营成果的报表。利润表可以反映企业一定会计期间的收入实现情况，如实现的营业收入、投资收益、营业外收入各多少；可以反映一定会计期间的费用耗用情况，如耗费的营业成本、营业税费、销售费用、管理费用、财务费用、营业外支出各多少；可以反映企业生产经营活动的成果，即净利润的实现情况，据以判断资本保值、增值情况。将利润表的信息与资产负债表中的信息相结合，还可以提供财务分析的基本资料。如将利润表中的销货成本与存货平均余额进行比较，计算存货周转率；将利润表中的净利润与资产总额进行比较，计算资产收益率。存货周转率和资产收益率等财务指标可以反映企业资金周转情况以及企业的盈利能力和水平，便于报表使用者判断企业未来的发展趋势，做出经营决策。

(2) 对利润表的分析类型。

对利润表的分析分为比较分析和结构分析两类。

① 比较分析：将前后两期的利润表数据进行对比，计算各项数据的增减变动额和增减变动幅度。

② 结构分析：一般以营业收入为 100%，计算利润表上各个项目占营业收入的百分比。

2. 建立利润表分析模型的具体方法

例 9.4 根据如图 9-13 所示的 A 公司 2023 年利润表有关数据，建立利润表分析模型。建立模型的具体操作步骤如下：

	A	B	C
1	利润表		
2	编制单位：A公司	2023年度	单位：万元
3	项目	本月数	上期金额
4	一、营业收入	23,100.00	19,200.00
5	减：营业成本	13,800.00	11,450.00
6	税金及附加	1,260.00	1,060.00
7	销售费用	1,950.00	1,600.00
8	管理费用	1,100.00	910.00
9	研发费用	0.00	0.00
10	财务费用	360.00	300.00
11	资产减值损失	0.00	0.00
12	加：其他收益	0.00	0.00
13	投资收益	320.00	260.00
14	公允价值变动收益	0.00	0.00
15	资产处置收益	0.00	0.00
16	二、营业利润	4,950.00	4,140.00
17	加：营业外收入	120.00	80.00
18	减：营业外支出	260.00	92.00
19	三、利润总额	4,810.00	4,128.00
20	减：所得税费用	1,210.00	1,050.00
21	四、净利润	3,600.00	3,078.00

图 9-13　A 公司 2023 年利润表

第一步，搭建利润表分析模型框架。在工作表【A 公司 2023 年利润表分析】的 E2:I21 区域搭建 A 公司利润表分析模型的框架，如图 9-14 所示。

	E	F	G	H	I
1		A公司2023年利润表分析（单位：万元）			
2	项目	与上期比较分析		结构分析	
3		增减额	增减幅度	本期结构	上期结构
4	一、营业收入				
5	减：营业成本				
6	税金及附加				
7	销售费用				
8	管理费用				
9	研发费用				
10	财务费用				
11	资产减值损失				
12	加：其他收益				
13	投资收益				
14	公允价值变动收益				
15	资产处置收益				
16	二、营业利润				
17	加：营业外收入				
18	减：营业外支出				
19	三、利润总额				
20	减：所得税费用				
21	四、净利润				

图 9-14　建立 A 公司 2023 年利润表分析模型框架

第二步，输入公式。在单元格 F4 中输入"=B4-C4"；在单元格 G4 中输入"=IF(C4=0,"无意义",F4/C4)"；在单元格 H4 中输入"=B4/$B$4"；在单元格 I4 中输入"=C4/$C$4"。然后选择 F4:I4 区域，将公式下拉复制到 F5:I21 区域。建立的利润表分析模型如图 9-15 所示。

	E	F	G	H	I
1		A公司2023年利润表分析（单位：万元）			
2	项目	与上期比较分析		结构分析	
3		增减额	增减幅度	本期结构	上期结构
4	一、营业收入	3900.00	20.31%	100.00%	100.00%
5	减：营业成本	2350.00	20.52%	59.74%	59.64%
6	税金及附加	200.00	18.87%	5.45%	5.52%
7	销售费用	350.00	21.88%	8.44%	8.33%
8	管理费用	190.00	20.88%	4.76%	4.74%
9	研发费用	0.00	无意义	0.00%	0.00%
10	财务费用	60.00	20.00%	1.56%	1.56%
11	资产减值损失	0.00	无意义	0.00%	0.00%
12	加：其他收益	0.00	无意义	0.00%	0.00%
13	投资收益	60.00	23.08%	1.39%	1.35%
14	公允价值变动收益	0.00	无意义	0.00%	0.00%
15	资产处置收益	0.00	无意义	0.00%	0.00%
16	二、营业利润	810.00	19.57%	21.43%	21.56%
17	加：营业外收入	40.00	50.00%	0.52%	0.42%
18	减：营业外支出	168.00	182.61%	1.13%	0.48%
19	三、利润总额	682.00	16.52%	20.82%	21.50%
20	减：所得税费用	160.00	15.24%	5.24%	5.47%
21	四、净利润	522.00	16.96%	15.58%	16.03%

图 9-15　完成 A 公司 2023 年利润表分析模型

9.3.3　现金流量表分析模型

现金流量表是反映企业现金流动状况的报表，通过对现金流量表的分析，报表使用者可以评估企业的现金流动能力和经营活动的质量。本小节主要介绍现金流量表分析的方法和建立现金流量表分析模型的方法。

1. 现金流量表分析模型概述

(1) 现金流量表的概念。

现金流量表是反映企业在一定会计期间现金与现金等价物流入和流出的报表。从编制原则上看，现金流量表按照收付实现制原则编制，将权责发生制下的盈利信息调整为收付实现制下的现金流量信息，便于信息使用者了解企业净利润的质量。通过现金流量表，报表使用者能够了解现金流量的影响因素，评价企业的支付能力、偿债能力和周转能力，预测企业未来现金流量，为决策提供有力依据。

(2) 对现金流量表的分析类型。

现金流量表分析分为比较分析和结构分析两类。

① 比较分析：将前后两期的现金流量表数据进行对比，计算各项数据的增减变动额和增减变动幅度。

② 结构分析：包括现金流入量结构分析、现金流出量结构分析和现金流量净额结构分析。通过对现金流量表的分析，可以反映企业的现金流入量、现金流出量和现金流量净额的构成情况。

2. 建立现金流量表分析模型的具体方法

例 9.5 根据如图 9-16 所示的 A 公司 2023 年现金流量表有关数据，建立现金流量表分析模型，进行比较分析和结构分析。建立模型的具体操作步骤如下：

	A	B	C
1	现金流量表		
2	编制单位：A公司　　2023年度		单位：万元
3	项目	本期金额	上期金额
4	一、经营活动产生的现金流量：		
5	销售商品、提供劳务收到的现金	14408	11460
6	经营活动现金流入小计	14408	11460
7	购买商品、接受劳务支付的现金	12290	9349
8	支付给职工以及为职工支付的现金	263	167
9	经营活动现金流出小计	12553	9516
10	经营活动产生的现金流量净额	1855	1944
11	二、投资活动产生的现金流量：		
12	收回投资收到的现金	0	0
13	取得投资收益收到的现金	320	260
14	投资活动现金流入小计	320	260
15	构建固定资产、无形资产和其他长期资产支付的现金	1900	1560
16	投资支付的现金	370	520
17	支付其他与投资活动有关的现金	2	3
18	投资活动现金流出小计	2272	2083
19	投资活动产生的现金流量净额	-1952	-1823
20	三、筹资活动产生的现金流量：		
21	发行债券所收到的现金	140	60
22	取得借款收到的现金	430	320
23	筹资活动现金流入小计	570	380
24	支付其他与筹资活动有关的现金	263	176
25	筹资活动现金流出小计	263	176
26	筹资活动产生的现金流量净额	307	204
27	四、汇率变动对现金及现金等价物的影响	0	0
28	五、现金及现金等价物净增加额	210	325

图 9-16　A 公司 2023 年现金流量表

第一步，搭建现金流量表分析模型框架。在工作表【A 公司 2023 年现金流量表分析】的 E1:M28 区域中搭建 A 公司现金流量表分析模型的框架，如图 9-17 所示。

	E	F	G	H	I	J	K	L	M
1		A公司2023年现金流量表分析（单位：万元）							
2	项目	与上期比较分析		本期结构分析			上期结构分析		
3		增减额	增减幅度	流入结构	流出结构	净额结构	流入结构	流出结构	净额结构
4	一、经营活动产生的现金流量：								
5	销售商品、提供劳务收到的现金								
6	经营活动现金流入小计								
7	购买商品、接受劳务支付的现金								
8	支付给职工以及为职工支付的现金								
9	经营活动现金流出小计								
10	经营活动产生的现金流量净额								
11	二、投资活动产生的现金流量：								
12	收回投资收到的现金								
13	取得投资收益收到的现金								
14	投资活动现金流入小计								
15	构建固定资产、无形资产和其他长期资产支付的现金								
16	投资支付的现金								
17	支付其他与投资活动有关的现金								
18	投资活动现金流出小计								
19	投资活动产生的现金流量净额								
20	三、筹资活动产生的现金流量：								
21	发行债券所收到的现金								
22	取得借款收到的现金								
23	筹资活动现金流入小计								
24	支付其他与筹资活动有关的现金								
25	筹资活动现金流出小计								
26	筹资活动产生的现金流量净额								
27	四、汇率变动对现金及现金等价物的影响								
28	五、现金及现金等价物净增加额								

图 9-17　建立 A 公司 2023 年现金流量表分析模型框架

第二步，输入公式。建立的现金流量表分析模型如图 9-18 所示。

	E	F	G	H	I	J	K	L	M
1		A公司2023年现金流量表分析（单位：万元）							
2	项目	与上期比较分析		本期结构分析			上期结构分析		
3		增减额	增减幅度	流入结构	流出结构	净额结构	流入结构	流出结构	净额结构
4	一、经营活动产生的现金流量：								
5	销售商品、提供劳务收到的现金	2948	25.72%						
6	经营活动现金流入小计	2948	25.72%	94.18%			94.71%		
7	购买商品、接受劳务支付的现金	2941	31.46%						
8	支付给职工以及为职工支付的现金	96	57.49%						
9	经营活动现金流出小计	3037	31.91%		83.20%			80.82%	
10	经营活动产生的现金流量净额	−89	−4.58%			883.33%			598.15%
11	二、投资活动产生的现金流量：								
12	收回投资收到的现金	0	无意义						
13	取得投资收益收到的现金	60	23.08%						
14	投资活动现金流入小计	60	23.08%	2.09%			2.15%		
15	构建固定资产、无形资产和其他长期资产支付的现金	340	21.79%						
16	投资支付的现金	−150	−28.85%						
17	支付其他与投资活动有关的现金	−1	−33.33%						
18	投资活动现金流出小计	189	9.07%		15.06%			17.69%	
19	投资活动产生的现金流量净额	−129	7.08%			−929.52%			−560.92%
20	三、筹资活动产生的现金流量：								
21	发行债券所收到的现金	80	133.33%						
22	取得借款收到的现金	110	34.38%						
23	筹资活动现金流入小计	190	50.00%	3.73%			3.14%		
24	支付其他与筹资活动有关的现金	87	49.43%						
25	筹资活动现金流出小计	87	49.43%		1.74%			1.49%	
26	筹资活动产生的现金流量净额	103	50.49%			146.19%			62.77%
27	四、汇率变动对现金及现金等价物的影响	0	无意义						
28	五、现金及现金等价物净增加额	−115	−35.38%	100.00%	100.00%	100.00%	100.00%	100.00%	100.00%

图 9-18　完成 A 公司 2023 年现金流量表分析模型

在单元格 F5 中输入 "=IF(AND(ISBLANK(B5),ISBLANK(C5)),"",B5-C5)"；在单元格 G5 中输入 "=IF(AND(ISBLANK(B5),ISBLANK(C5)),"",IF(C5=0,"无意义",F5/C5))"。然后选择 F5:G5 区域，将其中的公式下拉复制到 F6:G28 区域。

在单元格 H6 中输入 "=B6/SUM($B$6,$B$14,$B$23)"，并将其复制到单元格 H14 和 H23 中。

在单元格 I9 中输入 "=B9/SUM($B$9,$B$18,$B$25)"，并将其复制到单元格 I18 和 I25 中。

在单元格 J10 中输入 "=B10/SUM($B$10,$B$19,$B$26)"，并将其复制到单元格 J19 和 J26 中。

在单元格 K6 中输入 "=C6/SUM($C$6,$C$14,$C$23)"，并将其复制到单元格 K14 和 K23 中。

在单元格 L9 中输入 "=C9/SUM($C$9,$C$18,$C$25)"，并将其复制到单元格 L18 和 L25 中。

在单元格 M10 中输入 "=C10/SUM($C$10,$C$19,$C$26)"，并将其复制到单元格 M19 和 M26 中。

在单元格 H28 中输入 "=SUM(H6:H27)"，并将其复制到单元格 I28:M28 中。

9.4　综合分析模型

综合财务分析是指对企业的财务状况和经营成果等各方面进行综合评价。只有系统、综合地分析各项财务指标，深入了解内部各项因素及其相互关系，才能对企业的财务状况和经营成果做出全面且合理的评价。

综合财务分析的方法主要有杜邦分析法(DuPont Analysis)和沃尔评分法两种。

9.4.1　杜邦分析法

杜邦分析法是一种用来评价公司盈利能力和股东权益回报水平，从财务角度评价企业绩效的一种经典方法。本小节主要介绍杜邦分析体系构成要素及构建步骤。

1. 杜邦分析法概述

杜邦分析法是一种经典的企业财务分析方法，它通过分析几种主要财务比率之间的关系来综合评价企业的财务状况，旨在说明公司盈利能力和股东权益回报水平，并从财务角度评估企业绩效。杜邦分析法的基本思想是将企业的净资产收益率逐级分解为多项财务比率的乘积，这样做有助于深入分析和比较企业的经营业绩。由于这种分析方法最早由美国杜邦公司使用，故名杜邦分析法。杜邦分析法最显著的特点是将若干个用于评估企业经营效率和财务状况的比率按其内在联系有机地结合起来，形成一个完整的指标体系，并最终通过权益收益率这一指标进行综合反映。

在杜邦体系中，包括以下几种主要的指标关系：

(1) 净资产收益率。它是整个分析系统的起点和核心，由销售报酬率、总资产周转率和权益乘数所决定。该指标的高低反映了投资者的净资产获利能力的大小。

(2) 权益乘数。它是资产权益率的倒数，表明了企业的负债程度。该指标越大，企业的负债程度越高。

(3) 总资产收益率。它是销售利润率和总资产周转率的乘积，是企业销售成果和资产运营状况的综合反映。要提高总资产收益率，必须增加销售收入，降低资金占用额。

(4) 总资产周转率。它反映企业资产实现销售收入的综合能力。分析时，必须综合销售收入分析企业资产结构是否合理，即流动资产和长期资产的结构比率关系是否合理。同时，还要分析流动资产周转率、存货周转率、应收账款周转率等有关资产使用效率指标，探究总资产周转率高低变化的确切原因。

2. 杜邦分析体系的创建

杜邦分析体系的创建过程，就是将杜邦分析法中所用到的财务分析指标进行分步列示和计算的过程。

例 9.6　杜邦分析体系的创建，具体步骤如下：

第一步，新建工作表，命名为【杜邦分析体系】，并设置相关财务指标参数。

在单元格 I3 中输入"净资产收益率"，并将 I3:I4 区域加外边框。

在单元格 E6 中输入"总资产净利率"，并将 E6:E7 区域加外边框。

在单元格 N6 中输入"权益乘数"，并将 N6:N7 区域加外边框。

在单元格 C9 中输入"营业净利率"，并将 C9:C10 区域加外边框。

在单元格 G9 中输入"总资产周转率"，并将 G9:G10 区域加外边框。

在单元格 N9 中输入"1/(1-资产负债率)"，并将 N9:N10 区域加外边框。

在单元格 A12 中输入"净利润"，并将 A12:A13 区域加外边框。

在单元格 E12 中输入"营业收入"，并将 E12:E13 区域加外边框。

在单元格 I12 中输入"资产平均总额"，并将 I12:I13 区域加外边框。

在单元格 A16 中输入"营业收入"，并将 A16:A17 区域加外边框。

在单元格 C16 中输入"成本费用"，并将 C16:C17 区域加外边框。

在单元格 E16 中输入"投资收益"，并将 E16:E17 区域加外边框。

在单元格 G16 中输入"营业外收支净额"，并将 G16:G17 区域加外边框。

在单元格 I16 中输入"所得税费用"，并将 I16:I17 区域加外边框。

在单元格 L16 中输入"负债平均总额"，并将 L16:L17 区域加外边框。

在单元格 P16 中输入"资产平均总额"，并将 P16:P17 区域加外边框。

在单元格 A20 中输入"营业成本"，并将 A20:A21 区域加外边框。

在单元格 C20 中输入"营业税金及附加"，并将 C20:C21 区域加外边框。

在单元格 E20 中输入"销售费用"，并将 E20:E21 区域加外边框。

在单元格 G20 中输入"管理费用"，并将 G20:G21 区域加外边框。

在单元格 I20 中输入"财务费用"，并将 I20:I21 区域加外边框。

在单元格 L20 中输入"流动负债"，并将 L20:L21 区域加外边框。

在单元格 N20 中输入"非流动负债"，并将 N20:N21 区域加外边框。

在单元格 P20 中输入"流动资产"，并将 P20:P21 区域加外边框。

在单元格 R20 中输入"非流动资产",并将 R20:R21 区域加外边框。

将上述单元格的字体统一设置为【Times New Roman】,对齐方式设置为【居中】,然后调整单元格至适合大小。

第二步,设置各比率指标的连接线并进行连接。在【插入】工具栏的【插图】组中选择【形状】→【线条】→【直线】,然后按照杜邦分析体系的钩稽关系,将各比率用线条连接起来,如图 9-19 所示。

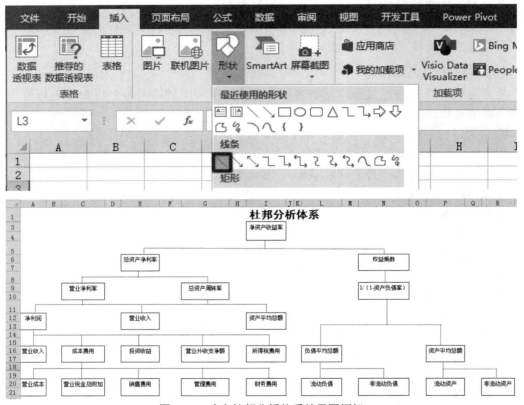

图 9-19 建立杜邦分析体系效果图框架

第三步,输入公式,引入图 9-7 中 A 公司的【资产负债表】和图 9-13 中 A 公司的【利润表】中相应的数据,并进行计算。

在单元格 A21 中输入"='利润表'!B5",引入【营业成本】的数据。

在单元格 C21 中输入"='利润表'!B6",引入【营业税金及附加】的数据。

在单元格 E21 中输入"='利润表'!B7",引入【销售费用】的数据。

在单元格 G21 中输入"='利润表'!B8",引入【管理费用】的数据。

在单元格 I21 中输入"='利润表'!B10",引入【财务费用】的数据。

在单元格 A17 中输入"='利润表'!B4",引入【营业收入】的数据。

在单元格 C17 中输入"=A21+C21+E21+G21+I21",计算【成本费用】的总额。

在单元格 E17 中输入"='利润表'!B13",引入【投资收益】的数据。

在单元格 G17 中输入"='利润表'!B17-'利润表'!B18",引入营业外收支的数据,计算【营业外收支净额】。

在单元格 I17 中输入 "='利润表'!B20"，引入【所得税费用】的数据。

在单元格 A13 中输入 "='利润表'!B21"，引入【净利润】的数据。

在单元格 E13 中输入 "='利润表'!B4"，引入【营业收入】的数据。

在单元格 I13 中输入 "=('资产负债表'!C19+'资产负债表'!B19)/2"，计算【资产平均总额】。

在单元格 C10 中输入 "='利润表'!B21/'利润表'!B4"，计算【营业净利率】。

在单元格 G10 中输入 "='利润表'!B4/(('资产负债表'!B19+'资产负债表'!C19)/2)"，计算【总资产周转率】。

在单元格 E7 中输入 "='利润表'!B21/(('资产负债表'!B19+'资产负债表'!C19)/2)"，计算【总资产净利率】。

在单元格 L20 中输入 "='资产负债表'!E7"，计算【流动负债】，即流动负债平均总额。

在单元格 N20 中输入 "='资产负债表'!E11"，计算【非流动负债】，即非流动负债平均总额。

在单元格 P20 中输入 "='资产负债表'!B9"，计算【流动资产】，即流动资产平均总额。

在单元格 R20 中输入 "='资产负债表'!B17"，计算【非流动资产】，即非流动资产平均总额。

在单元格 L17 中输入 "=流动负债+非流动负债"，计算【负债平均总额】。

在单元格 P17 中输入 "=流动资产+非流动资产"，计算【资产平均总额】。

在单元格 N10 中输入 "=1/(1-负债平均总额/资产平均总额)"，计算【1/(1-资产负债率)】，相当于权益乘数。

在单元格 N7 中输入 "=资产平均总额/(资产平均总额-负债平均总额)"，计算【权益乘数】。

在单元格 I4 中输入 "=总资产净利率*权益乘数"，计算【净资产收益率】。

经过上述步骤，我们就完成了整个杜邦分析体系的 Excel 计算设置，计算结果如图 9-20 所示。

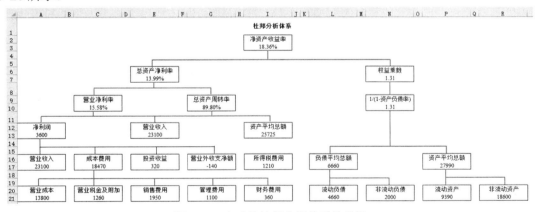

图 9-20　完成的杜邦分析体系效果图

9.4.2　沃尔评分法

沃尔评分法是一种财务比率综合评分法。该方法将选定的财务比率用线性关系结合起来，并为每个比率分配特定的分数比重，然后将这些比率与标准比率进行比较，以确定各项指标的得分以及总体指标的累计分数，从而对企业的信用水平作出评价。

1. 沃尔评分法概述

1928 年，亚历山大·沃尔(Alexander Wole)在他的著作《信用晴雨表研究》和《财务报表比率分析》中，首次提出了信用能力指数的概念。他选择了 7 个关键的财务比率，即流动比率、产权比率、固定资产比率、存货周转率、应收账款周转率、固定资产周转率和自有资金周转率，针对每个比率分别设定了特定的比重，并以行业平均数为基础设定了标准比率；接着，他将实际比率与标准比率进行比较，计算出相对比率；最后，将相对比率与各个指标的比重相乘，确定各项指标的得分及总体指标的累计得分，从而对企业的信用水平作出评价。

沃尔评分法的基本步骤如下：

(1) 选择评价指标并分配指标权重。

在选择财务比率时，要考虑以下三个方面：一是指标要具有全面性，能反映企业财务能力的各项财务比率都应包括在内；二是指标要具有代表性，要选择能够说明问题的财务比率；三是指标要具有变化分析的一致性，当财务比率增加时表示财务状况的改善，当财务比率减少时表示财务状况的恶化。

确定各指标权重是沃尔评分法的重点问题，它直接影响到企业财务状况的评分高低。确定各指标权重时，应根据企业的经营业务、生产规模等因素对各项财务比率的重要性做出判断。可以参考财政部《企业效绩评价操作细则(修订)》中的企业绩效评价指标体系，建立评价指标和各评价指标的权数。各指标权重之和为 100。

(2) 确定各项评价指标的标准值。财务指标的标准值一般以行业平均数、企业历史先进数、国家有关标准或者国际公认数为基准来确定。

(3) 计算企业在一定时期各项比率指标的实际值。

(4) 对各项评价指标计分并计算综合分数。

$$指标得分 = 指标权重 \times \frac{指标实际值}{指标标准值}$$

$$综合得分 = \sum 各项评价指标得分$$

(5) 形成评价结果。最终综合得分若大于 100，则说明企业的财务状况比较好；反之，则说明企业的财务状况低于同行业平均水平，或者本企业历史先进水平。

2. 沃尔评分表的创建

选定了评价指标后，需要分配各个指标的权重以及确定各个指标的标准值，并通过建立沃尔评分表来计算企业的各个指标得分和综合信用评分。

例9.7　沃尔评分表的创建，具体操作步骤如下：

第一步，建立沃尔评分表框架。

如图 9-21 所示，在单元格 A2:E2 中，依次输入"选定的指标""权重①""标准值②""实际值③""得分④=(③/②)*①"；在单元格 A3:A15 中，依次输入"一、偿债能力指标""1、资产负债率""2、已获利息倍数""二、获利能力指标""1、净资产收益率"

"2、总资产收益率""三、营运能力指标""1、总资产周转率""2、流动资产周转率"
"四、发展能力指标""1、营业增长率""2、资本积累率""五、综合得分"。

图 9-21　建立沃尔评分表框架

第二步，设置标题格式，如图 9-22 所示。

设置 A1:E1 区域的主标题格式：在【开始】工具栏的【对齐方式】组中选择【合并
后居中】，在【字体】组中将字体设置为【黑体】，字号设置为【14】，并单击加粗按钮。

设置 A2:E2 区域的列标题格式：在【开始】工具栏的【对齐方式】组中选择【居
中】，在【字体】组中将字体设置为【黑体】，字号设置为【11】，填充颜色设置为【橙
色，个性色 6，淡色 40%】，并单击加粗按钮。

设置 A3:E15 区域的行标题格式：在【开始】工具栏的【字体】组中单击边框按钮右
侧下拉菜单，在出现的菜单中选择【所有边框】，然后将字体设置为【Times New Roman】，
字号设置为【10】，各副标题行的填充颜色设置为【橙色，个性色 6，淡色 60%】。

图 9-22　设置沃尔评分表标题格式

第三步，设置权重数值分配及标准值，如图 9-23 所示。

在 B4:B5、B7:B8、B10:B11、B13:B14 区域分别输入权重数值 12、8、25、13、9、
9、12、12；在单元格 B3、B6、B9、B12、B15 中分别输入 "=B4+B5" "=B7+B8"
"=B10+B11" "=B13+B14" "=B3+B6+B9+B12"，各项权重比合计为 100。

在 C4:C5、C7:C8、C10:C11、C13:C14 区域中分别输入标准值 60%、6、8%、6%、

10、6、15%、10%。

图 9-23　设置各项指标权重和标准值

第四步，输入公式，引入图 9-6 数据并进行计算。

在单元格 D4 中输入"=财务指标分析表!B6"，引入【资产负债率】数值。

在单元格 D5 中输入"=财务指标分析表!B7"，引入【已获利息倍数】数值。

在单元格 D7 中输入"=财务指标分析表!B15"，引入【净资产收益率】数值。

在单元格 D8 中输入"=财务指标分析表!B14"，引入【总资产收益率】数值。

在单元格 D10 中输入"=财务指标分析表!B12"，引入【总资产周转率】数值。

在单元格 D11 中输入"=财务指标分析表!B9"，引入【流动资产周转率】数值。

在单元格 D13 中输入"=财务指标分析表!B17"，引入【营业增长率】数值。

在单元格 D14 中输入"=财务指标分析表!B18"，引入【资本积累率】数值。

经过上述步骤，我们就完成了沃尔评分表的计算，结果如图 9-24 所示。

图 9-24　计算各项指标的实际值

第五步，设置各项得分及综合得分的公式，计算结果如图 9-25 所示。

在单元格 E4 中输入"=(D4/C4)*B4"；接着选择单元格 E15，在【开始】工具栏的

【编辑】组中单击【∑自动求和】，在 E15 中输入"=SUM(E4:E5,E7:E8,E10:E11,
E13:E14)"；然后在【字体】组中，将字体设置为【Times New Roman】，字号设置为
【10】，在【数字】组中将小数位数设置为 2 位。

	A	B	C	D	E
1	沃尔评分表				
2	选定的指标	权重①	标准值②	实际值③	得分④=（③/②）*①
3	一、偿债能力指标	20			
4	1、资产负债率	12	60%	66.80%	13.36
5	2、已获利息倍数	8	6	6.23	8.31
6	二、获利能力指标	38			
7	1、净资产收益率	25	8%	16.96%	52.99
8	2、总资产收益率	13	6%	5.74%	12.44
9	三、营运能力指标	18			
10	1、总资产周转率	9	10	0.15	0.14
11	2、流动资产周转率	9	6	0.21	0.31
12	四、发展能力指标	24			
13	1、营业增长率	12	15%	4.87%	3.90
14	2、资本积累率	12	10%	1.49%	1.79
15	五、综合得分	100			93.24

图 9-25　设置各项指标得分及综合得分的公式

本 章 小 结

　　财务分析是采用一系列的专业分析技术和方法，对企业等经济组织过去和现在有关
活动的状况进行分析与评价。

　　本章使用 Excel 建立财务比率分析模型、三大财务报表分析模型及杜邦分析法和沃尔
评分法两种综合分析模型，将晦涩的财务报表及其他相关专业财务数据通过可视化这种
更加简练的形式进行展示，提高了财务报表的可阅读性。

本 章 练 习

扫描右侧二维码获取数据源，并进行以下练习。

实操项目 1

　　根据右侧二维码中的华夏公司 2021—2023 年财务报表资料
完成实操项目练习。要求在 Excel 中建立华夏公司的资产负债
表、利润表及现金流量表分析模型。

实操项目 2

　　根据右侧二维码中的华夏公司 2023 年财务报表资料完成实
操项目练习。要求利用华夏公司三张主要财务报表数据，在 Excel
中建立杜邦分析模型并进行财务比率分析。

扫一扫获取数据源

参 考 文 献

[1] 青岛英谷教育科技股份有限公司. Excel 数据处理与财务分析[M]. 西安：西安电子科技大学出版社，2016.

[2] 李宗民，姬昂. Excel 2016 在财务管理中的应用[M]. 北京：人民邮电出版社，2021.

[3] 张明真. Excel 2019 公式、函数应用大全[M]. 北京：机械工业出版社，2021.

[4] 郑小玲，王静奕. Excel 数据处理与分析实例教程[M]. 北京：人民邮电出版社，2021.

[5] 龙马高新教育. Word/Excel/PPT 2021 办公应用实战从入门到精通[M]. 北京：人民邮电出版社，2022.

[6] 陕娟娟. 数据可视化技术应用[M]. 北京：中国铁道出版社，2022.

[7] 王新玲. Excel 2016 在财务中的应用[M]. 北京：人民邮电出版社，2022.

[8] 赵萍. Excel 财务数据分析与可视化[M]. 北京：人民邮电出版社，2022.

[9] 博蓄诚品. 秒懂 Excel 函数应用技巧[M]. 北京：化学工业出版社，2023.

[10] 金源，庄璐怡，魏振，等. 基于 ChatGPT 的财务分析：框架、应用与效果评估[J]. 中国史研究，2023：44(19).

[11] 中国注册会计师协会. 会计[M]. 北京：中国财政经济出版社，2023.